壹卷
YE BOOK

洞见人和时代

桑兵 著

新文化运动的兴起

四川人民出版社

图书在版编目（CIP）数据

新文化运动的兴起 / 桑兵著. -- 成都：四川人民出版社，2024.11. -- ISBN 978-7-220-13837-9

Ⅰ.K261.107

中国国家版本馆CIP数据核字第2024LX4289号

XINWENHUAYUNDONG DE XINGQI
新文化运动的兴起

桑　兵　著

出 版 人	黄立新
策划组稿	封　龙
责任编辑	封　龙　李如一
版式设计	张迪茗
封面设计	周伟伟
责任印制	周　奇
出版发行	四川人民出版社（成都市三色路238号）
网　　址	http://www.scpph.com
E-mail	scrmcbs@sina.com
新浪微博	@四川人民出版社
微信公众号	四川人民出版社
发行部业务电话	（028）86361653　86361656
防盗版举报电话	（028）86361653
照　　排	四川最近文化传播有限公司
印　　刷	成都东江印务有限公司
成品尺寸	150mm×227mm
印　　张	29.75
字　　数	290千
版　　次	2024年11月第1版
印　　次	2024年11月第1次印刷
书　　号	ISBN 978-7-220-13837-9
定　　价	98.00元

■版权所有·侵权必究

本书若出现质量问题，请与我社发行部联系更换

电话：（028）86361656

目 录

绪论 新文化运动史的逼真与如实 001
  第一节 重写大历史 001
  第二节 何时是百年 007
  第三节 事实与认识 013
  第四节 突进与限度 021
  第五节 重现历史本相 030

第一章 "新文化运动"的缘起 041
  第一节 何来"新文化运动" 043
  第二节 恢复原状与创造新文化 048
  第三节 以"新文化运动"为革命方法 055
  第四节 "新文化运动"演讲会 062
  第五节 北京大学的"运动家" 074
  第六节 并非结语 081

第二章 《新青年》的无缘与有份 085
第一节 自称：《新青年》同人的两歧 088
第二节 他指：若即若离的牵连 100
第三节 差异：新思潮与新文化运动 113
第四节 后认：链接新文化运动 123
第五节 "五四新文化"说的内在紧张 131

第三章 北京大学的角色 139
第一节 胡适：没有新文化运动 140
第二节 陈独秀：我们新文化运动 154
第三节 新文化运动巨子 162
第四节 北京大学的新文化运动 180
第五节 新思想的摇篮 190
第六节 新文化运动的真精神 200

第四章 少年中国学会的进止 219
第一节 为文化的运动 221
第二节 创造中国的新文化 233
第三节 以运动收文化之效 246
第四节 新文化的真义 259
第五节 标明本会主义 278
第六节 止步于社会活动 294

第五章　浙江一师风潮 303
　　第一节　教育革新 305
　　第二节　文化运动 319
　　第三节　誓为教育改革和文化运动牺牲 334
　　第四节　外界反响 345

第六章　漫延及局限
　　——以《新人》与少年中国学会调查为视角 353
　　第一节　京津实情 355
　　第二节　北方各省 363
　　第三节　江南文盛地 373
　　第四节　其他地方 387
　　第五节　观感与实情 395

第七章　出版物的勃兴 400
　　第一节　形式与内容 401
　　第二节　杂志之学 411
　　第三节　进入丛书时期 426
　　第四节　破产及补救 435

人名索引 450
征引文献 458
　　报刊 458
　　书籍论文 460

绪论　新文化运动史的逼真与如实

第一节　重写大历史

《新文化运动的兴起》是重写大历史计划"五四与新文化运动系列"中的一部，因为篇幅过大，分为两本，这一本叙述新文化运动的兴起与演进，下一本则是新文化运动的反省、下限、后续以及历史叙述的形成。两本书包括了新文化运动自身的发生发展、后新文化运动时期新文化运动的阶段演进、历来对于新文化运动的指认及纪念、各方关于新文化运动历史叙述的形成以及逐渐约定俗成为教科书和一般历史的演化进程。依照原有的时空顺序将新文化运动的历史与历史上的新文化运动合为一体，构成比较完整的新文化运动史。

重写大历史的动因之一，是鉴于中国近现代史的研究，在一些过去用力较多的领域，似乎呈现出无由精进的局面，新进者误解偏信以新材料研究新问题为预流之说，一味寻找前人未见的新材料，试图填补自己视而不见的所谓空白，或是以为历史真相大都仍然深藏于尘封已久的秘籍密档之中，必须解封揭秘才能水落石出，大白于天下，结果不断以刀耕火种的粗放方式垦荒拓殖，却无力考究深耕细作，以至于研究的水准始终不能精细化。中国近现代史的研究起步较晚，又长时间重心取向偏重于学术以外，而各类史料极大丰富，相应地历史事实的繁复程度也大为增加，如果依照现有状况就已经可以束之高阁，则古代史的研究早就没有继续进行的空间及必要。如此一来，中国近现代史很难摆脱较为粗疏的状态，进入更高一级的发展阶段。

对于上述问题，中国近现代史领域的自我反省明显不足，反而对相关质疑不以为然。例如原来以1919年为下限的中国近代史有三次革命高潮之说，即太平天国、义和团和辛亥革命。在以革命史为导向的时代，三次高潮的研究投入的人力物力自然较多，成效也较大。随着现实中革命热潮的退去，革命史观逐渐淡出，即使研究革命问题，也不再循着革命史观的理路，甚至重大的革命事件，已少有专门研究之人。如今接续前人在这些领域的工作并且努力更上层楼的来者，犹如凤毛麟角。

然而，已有的成就固然可观，相较于所面对的历史问题的繁复，至多只能说是万里长征走完了第一步，今后的路还相当漫长。这不仅是激励，也是实情。虽然不是全外行却并非专家如我，在诸如此类的领域随手可以列举数十乃至上百项能够形成专书的课题，整体而言说是仅仅过了开头难的阶段，应该不是故作大言高论。即使在未必以革命史为导向的域外或海峡对岸，类似情形也普遍存在。辛亥百年之际的民国肇建研讨会上，曾经提示时间虽已过去一个世纪，但是民国究竟如何开国，可以说还是一笔剪不断理还乱的糊涂账。五四与新文化运动同样如此，历经百年沧桑，几乎年年纪念，可是时过境迁，随着语境的变化，每年各方纪念的五四与新文化运动看似大同，其实差异也不可小觑。而且由于各自阐述的重点有别，久而久之，后来的学术性纪念非但不一定逐渐接近历史本相，反而不断增添各式各样的后见，以至于历史叙述与其本事渐行渐远。

  类似的意见引起一些质疑，言下之意是未免夸大其词。专家们觉得自己耕耘过的领地已经剩义无多，毋庸置喙，必须拓展创新，或转移阵地以另谋生路，或扩张材料以填补空白，否则困守原地，只能日趋萎缩，鲜有生机。于是乎人人都想预流，反而导致无流可预。要消除种种疑虑，窃以为最好的回应是说到做到，身体力行，在相关领域做出几个案例，以示所言不虚，绝非故标高的。

  近年来的中国近现代史研究，在由虚向实的同时，似乎有意识地避开历史的重大事件和重大问题。一方面，选题往往相当偏门，有意回避过往研究较为成熟的部分，如三次革命高潮之类的重大事件；另一方面，即使涉及一些重大问题，也尽可能避而不谈，以免陷入难以厘清的纠葛。这样的取向，一定程度是对以往的各种论战看似热闹非凡，却对具体历史的研究未能实际推进的反弹，有些内行外行都能畅所欲言的论题大而无当，而且多为后设，并非从历史事实之中得出，彼此相争不已，往往陷入意气之争，结果各执一词，无益于实效。新进不知来龙去脉，觉得无谓，于是敬而远之，连带导致历史上实在的大事件大问题也被弃置不顾。尽管治史到精深处不嫌琐碎，可是如果一味枝枝节节，不识大体，就不仅是一堆散钱不能成串，更容易陷入支离破碎、东扯西拉的坊间闲谈。

概言之，目前的研究普遍而言存在显而易见的偏向，一则历史研究理应整体之下研究具体，不知具体所在的本来位置及其前后左右的联系，看似深入的具体，很可能导致整体偏差而不自知。二则被忽视的重大事件和重大问题往往具有枢纽性，不能把握得当，势必影响各种具体历史的认识。三则分科治学的架构之下，加上门类过于狭窄的专业训练，形成小圈子的竖井化眼界，研治相同的历史问题，不同的学术背景非但未能相辅相成，相得益彰，反而彼此抵牾，形成相异相悖的判断，似乎所面对的是截然不同的历史事实。革命史、基层社会研究和科举停罢对于近代乡村权势的影响看法大相径庭，即为典型案例。尽管学术背景有别，各有侧重情有可原，各自的论述看似也能够自洽，可是对象相同，问题相近，总不至于差若天渊，全然不能沟通。类似的情形并非个别，只是分门别类的小圈子学术生态之下，身处其中者习以为常，对于相左的材料事实视而不见听而不闻，难以察觉而已。

所谓重写大历史，并非组织大型化的通史或专史系列，通史未必通，专史或许偏，是清季以来史学撰述中始终未能妥善解决的弊病之一。即使时空两面看似覆盖完整，相较于材料与史事，仍然是先验地选择部分，并且或多或少脱离了原有的时空联系，依据后出外来的观念方法重新加以连缀组装。由于先有预设，又不能贯通，无论通史专史，都不免与史事本相若即若离，流于表面肤浅。

所谓大问题，也不是以往聚讼纷纭的争论焦点，如分期、主线、阶段，等等，这些主要是历史认识的范畴，而不是历史事实的认定。另外有的问题确系历史事实，却仅仅被当作历史认识来对待，如帝国主义。今人用现行的帝国主义概念理论分析研究近代史上的相关事实，和近代不同时期中国人使用意涵有别的帝国主义概念进行言说，是两个相互关联同时又分别显然的问题。现有论著，几乎都是将帝国主义作为既定概念来指认和看待所有相关的历史事实，并以此为据进行叙述，以至于模糊了二者的分别，也就无从考究彼此的联系。历史上的民族问题类似，如果无视汉族的概念受域外观念的影响形成于清季的事实，理所当然地将名实相符的汉族历史上溯到汉代甚至先秦，势必使得看似条理清晰的汉族历史与历史上汉与非汉关系的史事相去甚远，从而可能会严重妨碍汉族形成史的梳理和探究。

研究大历史，理应着重关注重大事件与重大问题，尤其是重大事件当中的重大问题。这些事件和问题，往往具有贯通、重现和解读历史整体的枢纽性作用。按理说，尽管中国近现代史的研究起步较晚，又较长时间受学术以外的各种因素的制约影响，重大事件与重大问题毕竟是学术界共同关注的焦点，应该认识较为深入，把握较为妥帖，否则难以进行相关研究和表述。然而实情似乎并不令人乐观。许多基本观念和关键概念，与历史事实相去甚远，而研究者又缺乏足够的自觉，不能察觉事实与认识的差异，甚至造成背反，即运用与史事不合的观念概念，才能进入研究和表述的舒适区，否则就会陷入失语失忆状态，无法理解文本和表述事实，由此造成历史事实与历史认识、历史叙述之间严重脱节，使得认识与叙述变得似是而非。

或者担心大历史已成固化式结论，不宜甚至不能重新审视。此说看似有所依据，实则于理不合，于事不符。治史首要实事求是，与中国古今思想文化的理路高度一致；比较一个世纪以来各种类型的文本，不难发现即使在教科书和特定通史读本的层面，随着历史研究的进展，相关史事的认定与论述始终处于不断调整的过程之中。由此可见基本的轨则仍具决定性作用，固定的结论必须以事实为基准和依据。除了别有用心的影射史学，或等而下之的翻案钩沉，严谨的学术研究只会增进历史认知而不是造成紊乱。至于宣称历史总是由胜利者书写，因而怀疑其中多有不可告人的秘密，大概率是居心叵测者心术不正，不相信历史发展总要顺天应人。如果胜利都由阴谋而来，人类进步如何实现？政治军事外交，当然包含谋略，关乎成败，可是历史上鲜有单靠权术可以成就大业的范例。见不得人的密谋不可能成为制胜的决定性因素，天下大势，才是把握大历史脉动的关键所在。

第二节　何时是百年

关于近代中国重大事件与重大问题研究状况的判断，并非危言耸听。以新文化运动史为例，如果连时间之类的最基本历史事实也存在不小的认识分歧，要说已经无从下手，恐怕不止是为时过早。

史学以时间展现空间，时地人三项基本要素，时间居首要，时间不明，则事实不清，见异为主的历史及史学研究便无从谈起。作为成熟的研究，这些基本要素理应大体没有疑义，至少不会完全混淆不清。可是新文化运动的历史却在诸多基础性问题上分歧显然。按照纪念史学周期性展开的规律，重大历史事件或历史人物的研究，逢五逢十会呈现高潮，百年则有大典。中国近现代史的诸多重大事件，在时间的判断上大体清晰明确，而新文化运动则不然。进入21世纪第二个十年，随着新文化运动的百年纪念将近，多地开始紧锣密鼓的筹备工作。令人困惑的是，一般而言，纪念的日期早就基本确定，为了避免相互撞车，反而要有意识地避开既定日期，在纪念日前后分别举行会议。新文化运动则不仅认定的具体日期各自不同，连年份估算也相去甚远。在2015、2017和2019年，京沪等地先后分别召开了纪念新文化运动百年的研讨会，显示主办方各有其心中认定的发端，如《青年》杂志的创刊与改名、《新青年》北迁以及五四运动的爆发，等等，依据不同，断限自然各异。

发端时间认定的分歧，只是新文化运动史的研究尚处于起步阶段的显例之一，诸如此类的问题在新文化运动的历史叙述中比比皆是，不胜枚举，而且都是重大的基本的问题。例如究竟谁是新文化运动的发起人和主导者；哪些团体是为新文化运动而组织，并且始终坚持以新文化运动为职志；新文化运动的主要诉求是什么；被指为新文化运动核心的德先生和赛先生，在运动期间具有何种实际意涵；反对新文化运动的究竟是何许人也，批评新文化运动者各自的指向到底何在；等等。至于新文化运动的阶段划分以及下限等，更是语焉不详，甚至根本不成为问题，给人以其兴也勃焉，其衰也忽焉的感觉，似乎是以不了了之。

后来者认识的紊乱，来源于当事人的困惑，"新文化运动是什么"或者"什么是新文化运动"的问题，可以说自始至终困扰着新文化运动的推动者和参与者。千千万万的"新青年"一面积极从事新文化事业，一面又怀疑新文化运动是否仅此而已。不断地解释、讨论和争辩，并未获得令人满意的结论，反而加深了彼此的分歧。当人们觉得"新文化"和"新文化运动"已经变成束缚甚至障碍时，便毫不吝惜地道一声别离，朝着各自心中的目标飞奔而去；或者重新解释"新文化"及"新文化运动"的意涵，将其推向新的发展阶段。

有意思的是，尽管"新文化"和"新文化运动"的含糊其词一次又一次造成同志同道的分道扬镳，可是正因为其具有笼统性，反而屡屡成为高扬的旗帜，一次又一次地将目标各异的人们聚合在一起，从事共通的事业。自"新文化运动"问世后，三十年间都在其光环的笼罩之下，不断展开新的新文化运动，有时甚至尖锐对立的各方都不约而同地高举着"新文化"和"新文化运动"的大旗，相互进行激烈乃至殊死的搏斗。

就基本事实的认定而言，不仅新文化运动的未定论如此之多，五四运动同样如此。五四百年，仍然有许多基本事实没有弄清楚。可是围绕纪念五四，从五四运动的次年起，各方人士就陆续发表了各式各样的认识。百年以来，这些认识因时因地因人而异，有时的确是为了纪念事件本身，有时则是借着纪念的机缘，抒发对于当时当地各种人事的意见。其笔头口中的五四，已然是自己心中的五四，至于和发生于1919年的五四究竟有何种关联，已经变成各方重新解释五四的凭借。久而久之，这样因时因地因人而异的意见，逐渐加入人们对于五四的历史记忆之中，成为五四历史叙述的一部分，并且深刻影响人们对五四历史事件本身的认识。

对新文化运动的种种分歧误判，一定程度上源于五四运动研究的不尽不实，混淆模糊了五四运动诸多史事的来龙去脉，对新文化运动的解读难得要领就是势所必然。可以说，澄清五四运动的事实，是正确理解新文化运动必不可少的前提条件。

五四风潮直接的矛头，指向列强（主要是日本）和北洋军阀。后来定性为反帝反封建，从现行的理论说，并无不当，作为当时的实事，则有应该注意的事项。"帝国主义"在清季已经入华，直到五四前后，除了无政府主义者予以否定和抨击外，一般而言，是民族主义的延伸，因而得到国人的普遍肯定，鼓吹拓殖海外者大有人在，亲自实践者也不乏其人。稍后受俄国革命的影响，列宁的帝国主义论进入中国，中国共产党人很快采取其主张，将帝国主义作为垄断资本主义的最后形态。中国国民党接受了苏俄和中共的论说，帝国主义论和世界革命说迅速成为鼓动国民革命的有力思想武器，掀起大革命的高潮。由此可见，用反帝反封建来说明五四运动，与帝国主义侵华史以及认为近代史的重要一面是中国人民反抗帝国主义的侵略，无疑是后人认识的深化，至于当时人的自觉，至少在大革命之前，并非实有。当然，用之前基于民族主义的帝国主义观来否定列宁式的帝国主义论，同样违背历史的发展进程。后者是自觉革命的领导者掌握的有力批判武器。

不仅如此，与现行的认识有别，被认定为封建势力代表的北洋军阀，当时主要是指段祺瑞的安福系，后来被归入北洋军阀的直系不仅置身事外，而且对于反对北洋军阀的呼声有所附和。袁世凯称帝倒台后，段祺瑞依靠皖系军人、安福系政客以及二造、三造共和（反清、倒袁、驱逐张勋）的余威，长期实际控制北京民国政府，引起各方不满。1917年开始出现的"北洋军阀"指称，基本是指安福系或皖系。由于坐掌中央权力的安福系极力在京师和南北方扩张势力，以求一统天下，危及其他势力的生存安全，于是各方暗中密谋反段倒皖。五四之前，南方的国民党、梁启超的研究系以及以江苏省教育会为代表的东南人士积极鼓动，包括直系在内的其他军阀遥相呼应，伺机推翻安福系。各种抨击揭露北洋军阀的书刊集中出现于五四前后的两三年间，就是明证。

巴黎和会提供了一个契机，学生和各界民众掀起的爱国风潮，形成强大的社会压力，各方趁机联手，借势倒段。五四运动鼓动者的矛头所向，就是实际掌控中央政权，并且极力扩张势力范围的安福系及其后台段祺瑞。由于安福系势大，成为众矢之的，直系和南方不约而同地展开反对"北洋军阀"的舆论宣传，锋芒直指段祺瑞和安福系，尤其是段麾下的两员大将靳云鹏和徐树铮，一时间成为千夫所指。影响巴黎和约的中日密约，虽由曹、陆、章三人经手，主持者还是段祺瑞。许宝蘅五四当天记："各学堂学生聚集于天安门外，约二三千人，手执白旗，书'还我青岛''灭尽倭奴''抵制日货''杀卖国贼曹汝霖、陆宗舆、章宗祥、靳云鹏、徐树铮'等等字样。"①而据白坚武记，5月7日，上海召开一万五千余人的国民大会，决议向正在议和的南北代表提出三项要求：1.力拒亡国条约不签字；2.电京释放被捕学生；3.惩办卖国党段祺瑞、徐树铮、曹汝霖、陆宗舆、章宗祥等。②可见舆情的具体指向。

可是各方争斗的结果，执政者弃卒保帅，三名卖国贼下台，段祺瑞则不仅躲过风头，而且由于蔡元培辞职南下，反而让安福系有机可乘，进一步将手伸向北京大学和东南一带。反对列强和军阀，当然就是爱国。有人质疑五四只反日本不反列强，过于表面。不过，淡化反对安福系的目标，也让许多史事模糊。曹汝霖等人固然罪有应得，但是被迫下台也有代人受过的成分，因而不免抱屈。而总统徐世昌心知肚明，不时采取些安抚措施。

接续五四运动而蓬勃兴起的新文化运动，正因为前缘的结果不理想，出乎意外，各方不肯善罢甘休，必须继续博弈。而博弈的方法和目的，势必不能延续五四前的新文学和新思潮，而要更进一步。由此使得五四前的新文学新思潮、五四运动和新文化运动，呈现相互联系的递进关系，并形成各自的形式、诉求与特征。将三者混为一谈，无疑是造成事实混淆不清的重

---

① 许恪儒整理《许宝蘅日记》第2册，中华书局，2010，第668—669页。
② 中国社会科学院近代史研究所编，杜春和、耿来金整理《白坚武日记》第1册，江苏古籍出版社，1992，第194页。

要症结，不能清楚把握三者的联系及分别，事实就会始终处于剪不断理还乱的混沌状态，难以厘清，而快刀斩乱麻似的以认识取代事实的条理系统，只能导致愈治愈棼。

第三节　事实与认识

　　研究状况与研究者的自我感觉反差如此之大，理应深自反省，面对如此巨大的空间，居然觉得已经没有探究的余地，说明亟待提升深耕细作的能力，不能一味延续前人筚路蓝缕阶段刀耕火种的粗放开垦方式，以致拓荒之后便无由精进。长此以往，中国近现代史的研究势将只有量的扩张，难以质的提升。

　　中国史学，历来重视上古史，民国时在二陈（垣、寅恪）的引领下，中古历史受到较多关注，近代史则一般不被纳入学术领域，其理据一是时间太近，不易看清，二是材料多且真，确定基本史事比较简单，少有学术性可言。极为讲究材料与事实关系的陈寅恪也认为："近代史不难在搜辑材料，事之确定者多，但难在得其全。"[①]反倒是亲历大事的梁启超深知近代史料未必可靠，还原史事很难，时间虽近而事实难以确定的例证不胜枚举。新文化运动的历史事实与后人的认识相去甚远，即为明证。

---

① 杨联陞：《陈寅恪先生隋唐史第一讲笔记》，陈寅恪：《陈寅恪集·讲义及杂稿》，生活·读书·新知三联书店，2002，第487页。

问题是，对于同一事件的重要时间节点，何以会依据不同的事实，做出不同的判断。要因之一，在于各自的认识有别。史学本来重在纪实，可是构成历史叙述的各种记述各异，即使主观努力如实，受环境、地位、条件等等因素的影响制约，仍然难免千差万别。许多的看似逼真，就多少有些假象。正因为各种记载的主观色彩明显，所以必须最大限度地约束主观任意性，才会尽可能如实。所谓秉笔直书，一旦自以为是，就会走向反面。况且历史的真实性具有各种效用，掌握历史书写权力者往往滥用，使之不同程度的失真。于是，史学应否求真以及能否求真，成为史家循环往复争论不已的论题。

近代以来，受外来学说尤其是社会科学的影响，历史何为真如何求，甚至成了中国有无史和史学的根本性问题。加之将社会发展史混同于一般历史，使得越来越多的治史之人偏重于条理化系统性的历史认识，而相对忽视具体而微的历史事实，认为澄清事实比较容易，而且即便将事实梳理清楚，也不过治史的初步，重要的是如何认识历史，或是从中得出什么理论性的新认识。又误解历史都是现代史，以及一代人有一代人的历史之说，认为真不实在，不可求，将史学求真的功能大为弱化，历史叙述不仅越来越着重于阐述各自的历史认识，甚至出现将历史认识等同或凌驾于历史事实之上的怪相。说不清楚事实的来龙去脉，却有诸多认识论断的史学论著，大有取代叙事成为历史主体的趋向。

将事实与认识混同，可以说是中国近现代史研究及叙述的一大症结。在基本史实没有弄清楚之前，所发抒的各种认识，看似有理，实为自洽，与其说是研究历史所得，毋宁说是各自以偏概全或穿凿附会的臆想。诸如此类的认识，在叙述相关历史的人与事之时，不得不脱离既定的时空位置及其相互联系，才能纳入自洽的架构，因而与历史本相若即若离。而事实不清，无论认识怎样引人入胜，哪怕取得所谓学界共识，仍然是沙上筑塔，一旦根基摇动，瞬间就会崩塌。反之，如果真的能够将繁复的事实按照历史与逻辑相辅相成的顺序条理清楚，认识必然体现于其中，那时无论怎样精彩的认识，都会相形逊色，显得可有可无。即使认识历史有其价值和必要，研究历史的顺序也应该先弄清事实，再谈认识，才是天经地义，理所应当。所以，再好的逼真，还是乱真的假，不能取代平淡无华的如实。

钱穆将古往今来对于制度的看法分为历史意见与时代意见。所谓历史意见，指的是在制度实施时代的人们所切身感受而发出的意见。这些意见，比较真实而客观。待时代隔得久了，该项制度早已消失不存在，而后代人单凭自己所处的环境和需要来批评历史上已往的各项制度，则为时代意见。时代意见并非全不合真理，但不该单凭时代意见来抹杀历史意见。如民主政治时代不再需要皇帝，可是不能凭这一时代意见来一笔抹杀历史，认为从有历史以来，便不该有皇帝，皇帝总是要不得，一切历史上的政治制度，只要有皇帝，便是坏政治。正如壮年人不要睡摇篮，便认为睡摇篮是要不得的事。而在婴孩期，让他睡摇篮，未必要不得。单就中国历史论，如今所传历代名臣奏议之类，便是极该重视的材料。那些人在历史上所以得称为名臣，其奏议所以长期流传诵览，正因为他们的话在当时便认为是可以代表时代意见的。只有在当时成为时代意见，后来才能成为历史意见。重视这些历史意见，正如重视自己的时代意见般。两者之间有精义相通，并不即是一种矛盾与冲突。①

将视野放宽到整个历史，钱穆的说法还可以进一步深究：其一，历史意见与时代意见并非固定不变，而是随着时空的变化而转移，曾经的历史意见可能成为部分甚至主要的时代意见。其二，时代意见往往与历史意见有所联系，但是并不等于全部的历史意见。即使渊源于历史意见，也会因为语境的变动而改变其所指能指，其意涵未必符合历史意见，更不等于全部历史。其三，在历史意见转变为时代意见的过程中，不断加入后来环境和需要变化而增添的因素，这些因素所反映的是后来的时代性，部分甚至全部脱离了历史本来，使得历史认识与历史事实不相凿枘。其四，时代意见如果作为其发生时候的历史意见，所展现的是后来时代的意思，而不是所指向时代的意思，或者说与所指向时代的意思有着似是而非的关联。

中国人的数字观念很有些妙用，以科学解读则无甚意思。

---

① 钱穆：《中国历代政治得失》，生活·读书·新知三联书店，2001，第6—7页。

尤其近代以来，中西混杂，常常出现虚实有别的情形，有时则是记忆或认识不同，产生差异，如民国纪念。而新文化运动之所以出现各种百年纪念，原因在于历史上的新文化运动与新文化运动的历史不能完全对应。这样的情形，历代都有，近代以来更加突显。治古史的顾颉刚看出了时代越晚，越早的史事越繁的趋势，只是古史辨延续疑古辨伪，指人为作伪，陷入只会横切不能纵贯的窠臼。其实各民族的发生史都有层累叠加的过程，原因甚多，史料史书记述不一尤为重要。历史上的新文化运动与新文化运动的历史差异，相当典型地呈现出本事与认识是如何分离，认识又是如何变成后来认定的史事的全过程。研究新文化运动，应当将历史上新文化运动如何发生发展和新文化运动的历史叙述如何演变合为一体同时呈现。

史学应当时间顺序与逻辑顺序相契合，一般而言，逻辑顺序应该建立在时间顺序之上，而不能优先考虑逻辑顺序，所以治史应该先弄清事实再谈认识。若是反其道而行之，不顾时间顺序而将逻辑关联置于优先位置，则势必要将文本史事脱离原有的时空联系，强行塞进逻辑架构之中，凡是无法纳入者，就只能弃如敝屣，视而不见。这实际上与阉割历史无异。

诚然，时间顺序与逻辑顺序并非简单排列，有时时间顺序呈现出来的相关性可能只是表象，有时则时间的先后次序与逻辑顺序未必机械地吻合。完全违背逻辑关联的时间关联，有可能是错误或假象。不过，整体而言，时间顺序无疑居首位，透过时间的先后顺序看出背后的内在关联，才能揭示逻辑联系的顺序。而且，历史上人与事的关联除了逻辑联系，还有同时发生多种指向的相关性，未必具有逻辑联系的人事发生相关性作用，必然会对具有逻辑关联的人与事或多或少产生影响，从而一定程度上制约逻辑关系的变动。

历史上的五四与新文化运动是指五四与新文化运动实际发生发展的过程，而五四新文化运动的历史叙述包括三个部分：其一，同时期的亲历者根据本人以及他人的耳闻目睹，对五四新文化运动的记载和论述；其二，新文化运动的继承者在后续活动中（包括周期性纪念）对五四新文化运动的解读和认定；其三，后人根据各种关于五四运动的记述、认识加以条理化后形成的论著。关注不同，认识有别，加上著史者有时还有纪实以外的种种取向，因此对于史料史事的取舍不一，所撰述出来的史书侧重各异。这样的情形，历代都有，近代以来表现更加突显。借由五四抒发自己心中感想，并非毫无意义，但是弄清楚历史上的五四究竟是怎么一回事，当事人的思维行事到底意欲何为，同样可能提供多样化的崭新认识，而且历史事实千变万化的可能性远远超出后人的想象。一件事，一个人，一个词，今人的解读与其本意本相可能千差万别，无论想象力如何魔幻，也很难揣测悬想到近真如实的程度。而逻辑关联的逼真，有时恰好产生致幻的效果。

五四新文化运动的历史叙述，尤其是将《新青年》的创办或更名确定为新文化运动的缘起，容易混淆事实，既模糊了新文化运动兴起的因缘及其与五四运动的继替关系，也不符合胡适等人的主观认同。连续几年举办新文化运动的百年纪念，本身就反映了五四新文化运动历史叙述的紊乱，已经到了令人无所适从的地步。严格说来，是新思潮促成五四运动，五四运动后兴起新文化运动，五四前的新思潮与五四后的新文化运动既有所联系，也分别显然。如果把五四后的新文化运动与之前的新思潮混为一谈，整个历史叙述势必时空错乱，从而扭曲相关文本和史事的理解，更无从恰当把握新文化运动的历史地位。陈独秀于1920年1月发表在长沙《大公报》上的关于新文化运动是什么的文章始终难以恰当解读，症结就在于此。

五四新文化运动的叙述架构下，"民主"与"科学"成为运动整体的核心要素，若是将"新文化运动"作为新文学、新思潮和五四运动的延续发展，则总体而言都是西洋文化运动，具体而论又分为资本主义文化和社会主义、无政府主义等其他思潮的不同阶段。"德先生"和"赛先生"主要体现反对封建主义的诉求，不能涵盖新文化运动的全过程。况且开展之际围绕德、赛两先生各式各样的历史意见与后来的时代意见明显有别。正是因为多种译名都不能完整准确地表达原意，才不得不用音译暂代，以免偏颇害意。

从革命的视角看，新文化运动可以说是从政治革命转向社会革命，或者说用文化运动的形式根本改造社会和国民，从而奠定政治革命的社会基础。从思想演进的视角看，则是从以知识精英为领袖主导、以青年学生为主要对象的思想启蒙运动，转向以青年知识分子为主体、社会大众为主要对象的文化普及和传播的社会改造运动。

学术史上，众口铄金的情形并不鲜见，本来没有路，走的人多了，自然成了路，久而久之，后见变成前提，来者学习这样的知识系统，作为研究相关历史的先验架构，感觉自然相当舒适。而分科之学下面分门别类的学术小圈子中人，以专家自认，也不会感到丝毫违和。然而，所谓学术界的共识既不等于事实，更不能违背事实，相反，历史事实是永恒的尺度，随时可以打破共识的幻象，使之现出原形。一旦将所有的人事还原到本来的时空位置及其相互联系的脉络之中，舒适不再，反而陷入失语状态，不知如何言说。澄清事实也就是求真，本应为史家首先致力的方向，事实不清，侈谈认识，无论看似多么有条理显深刻，都是无源之水无本之木，望文生义、穿凿附会而来，经不起时间的检验。以求真为第一要务的史学，如果连弄清事实也变得戛戛乎其难，则应当首先检讨是否已经误入歧途还以为沿着康庄大道迅跑。

今人治史，往往不愿受材料与事实本来内在联系的约束，总想打乱时空顺序，以便任意驰骋，而且喜欢自设架构逻辑，然后自圆其说。近代史料繁多，即使立意错误，也能在纸面建构自己心中的历史。大胆假设之下，如同盲人摸象，甚至看朱成碧。如果文字工夫不错，还能够旁征博引，妙笔生花，不仅像模像样，而且似乎更见精彩，以至于不难瞒过编辑和评审，得到分门别类的专家的好评。只是诸如此类的研究成果，虽然可以见好于一时，毕竟难逃高明和无尽来者的慧眼，终有原形毕露之日。

第四节　突进与限度

因为认识的偏差，以往关于新文化运动的研究多与五四运动合并论述，而且大都作为五四运动的附属。为数不多的以新文化运动为专题的著述，有的不到新文化运动的实际发生就戛然而止。如马宝珠的《中国新文化运动史》（台北：文津出版社，1996），分为启蒙文化、洋务文化、维新文化、革命文化四章，时限上自嘉道下至辛亥，内容主要是西方文化冲击传统封建文化并逐渐形成新文化，将原来的近代思想史用文化的观念重新解说。这样做的理据，应当是将西学冲击下传统文化的解体与变异作为新文化运动的主要体现，强调新文化运动发端于戊戌变法时期的新学。类似的认识，在新文化运动不断被指认的过程中已经出现，并形成具有一定程度共识的时代意见。用后来形成的"新文化"观念指认之前的史事，未必没有合理性，如同"帝国主义"的论述，只是历史上实际发生过新文化运动，将后认的"新文化运动"视为新文化运动的前史，无疑有助于更加严谨地研究历史上的新文化运动。

一些以新文化为主题的著述，由于没有"运动"的限制，使得"新文化"与文学革命或思想启蒙的边际更加模糊，文学与思想的发散性导致论述的范围伸缩大为灵活，同时也造成内涵外延的跳动幅度无限放大。欧阳哲生著《新文化的源流与趋向》（湖南出版社，1994）和陈平原著《"新文化"的崛起与流播》（北京大学出版社，2015），均以五四前后的新文化为核心，涉及的范围牵扯相当广泛，远不是相关时段里的历史意见所能限制。后者作者声明不是一部体系完整、首尾呼应的专著，而是二十年间某一专题的文章结集——选择从"报刊"及"出版"的角度，谈论中国现代文学及文化。前者虽然主体是一部专书，主要内容却是用"新文化"的时代意见讨论近代史上或有关联的历史意见。由于"新文化"涉及整个传统文化的几乎所有义理，实际上已经逸出"新文化运动"而看似仍在"新文化"领域之内，就在情理之中。

其他林林总总贴上"新文化"的标签论述相关问题的著述，名目繁多，与其说是研究新文化和新文化运动的历史，不如说是用新文化和新文化运动的时代意见，借由那一时期各式各样与"新文化"似乎有关的历史问题，去抒发各自心中的认识，而诸如此类的各抒己见，充其量不过增添若干时代意见而已，于解读新文化运动的历史意见以及梳理澄清相关的历史事实,反倒没有多少直接关联。或是虽然有些若即若离的关联,却因为混淆事实与认识变得似是而非。

陈万雄的《五四新文化的源流》(生活·读书·新知三联书店,1997),确是一本主题集中的专书,着重于五四新文化与辛亥革命思想人脉的连续性,可见新文化及新文化运动渊源有自,并非凭空而来,坐实了新学与新文化的事实联系,而不仅限于时代意见的链接。只是将五四与新文化完全合为一体,认定五四运动广义上包括了五四爱国运动和新文化运动,又从思想文化内涵上认为可以上溯到晚清,进而人事也有一脉相承的脉络系统,这样的理所当然,固然是后来时代意见的组成部分,却未必完全符合当时人的自觉。而且这样的包含很容易弱化对于新文化运动历史进展的检讨和分辨。

以新文化运动为主题,并且集中研究新文化运动历史的专书,成书最早的当属伍启元的《中国新文化运动概观》。该书写就于1933年,次年3月由上海现代书局出版,作者由上海沪江大学毕业,到清华大学研究院继续学业,据说读书精博,为同学所钦佩。全书分为上下两篇,包括绪论和结论,各七章,总共十四章。除社会历史背景外,从文学革命到社会史论战,凡新文化运动、实验主义、疑古思潮、国故整理、唯物辩证法、人生观论战、东西文化讨论、文艺论战、政治问题讨论,等等,囊括了新文化运动的主要思想性学术性问题。作者同样将新文化运动分为几个时期,始于戊戌维新运动,而以五四前正式提出的新文化运动为第三期，并且同样认为新文化运动的范围很广阔，文学革命运动不过是其中一部分。新文化运动的根本意义，是一方面承认中国旧有文化的缺陷，同时提倡接受西洋的文化。所谓西洋文化有两个特征，一是科学，二是德谟克拉西。新文化运动就是提倡这两件东西。[1]所以新文化运动可以确定为西洋文化运动。[2]

《中国新文化运动概观》虽然论述的时段限定于第三期，又标明为新文化运动，算是比较合规的新文化运动史，可是内容明显着重于思想学术。为该书作序的潘广镕与作者是沪江大学同学，据称原来书名为《现代中国学术思想史》，但是与内容不很贴切，征得作者同意，改为现名。也就是说，名为新文化运动史，实为学术思想史，即使改了书名，看起来新文化运动的主要内容还是学术思想。换言之，在作者与出版方眼中，新文化运动主要就体现于学术思想方面。

细读序言，有两点意思与原书有别：一是认为"所谓中国的'新'文化运动者，是指五四运动以来的文化运动而言"，既不包括戊戌以来，也不涉及五四之前。二是闭关自守的中国文化并合到世界文化的潮流中，最先冲破封建制度防垒的，是资本主义的文化，以后则是各种新潮。形式解放使学术思想趋于自由，其中最重要的武器，一是实验主义，二是唯物史观，

---

[1]　伍启元：《中国新文化运动概观》，现代书局，1934，第35—36页。
[2]　伍启元：《中国新文化运动概观》，第174页。

各种论战争辩,都由此而生。①也就是说,科学与民主只是资本主义文化的核心,可以体现特定阶段的新文化运动,而不能涵盖其整体。这两点意思至关重要,既明确了新文化运动的上限,又区分了阶段性主旨的变化。

少年中国学会可以说是主要从事新文化运动的最重要团体。近40多年来,少年中国学会的研究进展相当显著,正式出版的专书,有吴小龙的《少年中国学会研究》(上海三联书店,2006)、李永春的《少年中国学会史》(西南师范大学出版社,2021),其他相关论著或多或少都会提及少年中国学会与新文化运动的关系。不过,由于总体上未能调整五四新文化运动的叙事架构,基本的论述仍然延续从思想启蒙到政治抉择的取径,少年中国学会与新文化运动的关联,只是论述的部分内容,关于这一与新文化运动共生、并以新文化运动为职志的团体,在新文化运动中所扮演的角色,据有的地位,发挥的作用,体现的特性,还有诸多未尽之义。

在相当长的一段时间里,脱离单一革命史观的历史研究,常常会寻找并发现一些被"失语"的个人或群体,作为补赎史学的重要组成部分,梁启超的研究系与共学社便是其中的重要个案。或认为五四运动的爆发,与欧游的梁启超等人有意将相关信息即时传递回国内有因果联系,而研究系所为意在利用群体运动达到政治目的。彭鹏的《研究系与五四时期新文化运

① 潘广铬:《序》,伍启元:《中国新文化运动概观》,第1—2页。

动：以1920年前后为中心》（中山大学出版社，2003），以其出版前十年撰写的博士论文为基础，发掘并系统梳理了研究系在新文化运动中的角色和作用。虽然仍然混淆了五四前的新思潮与五四后的新文化运动，不过以1920年为中心，基本扣住了时代跳动的脉搏。作者的立意是不喜欢在人与事好像是非是极分明的确定性中去重复什么，于是找了些看起来暧昧、尴尬的人与事来研究，并坦言其心态未必不是一种少年时代头脑叛逆的无意识痕迹。

注意研究系的角色作用，在近年来新文化运动的研究中得到延续。袁一丹《另起的新文化运动》（生活·读书·新知三联书店，2021），从名与实的缝隙切入，追问"新文化运动"一词何时出现，由谁发明，又如何被反套在《新青年》身上，五四与新文化是如何被焊接在一起的，进而重审五四与新文化运动之间的历史逻辑，试图"改写新文化运动的整体图景"。作者将五四后发明新文化运动一词的始作俑者指向研究系的《时事新报》，认为《时事新报·学灯》等栏目将思想启蒙引向文化运动。或许由于作者的学术背景，该书主要从新文学和新思潮的视角解读新文化运动的兴起，改写全图的努力呈现出来的尚处于片段状态。如果能够系统性梳理书刊报档各类史料，并严格依照时间顺序逐渐显示逻辑联系，重现整体图景的愿望当较灵光乍现的思想跳跃更加切实，而且由碎片拼出全景的可能性更大。

周月峰的《另一场新文化运动：五四前后"梁启超系"再造新文明的努力》（北京大学出版社，2023），进一步强化了梁启超一脉之于新文化运动的作用。客观上梁启超等人的确起到了这样的作用，动机方面他们也不无鼓动或响应新文化运动的初衷。不过，放到民初政治社会风云变幻的大背景下，参与政权且态度反复的梁启超几乎可以说是声名狼藉，当时就有不少新文化运动者将其从事新文化事业视为政治投机。而政坛失足的梁启超转身于教育及文化事业，初衷的确是为了培养后备人才以图东山再起。直到伍启元著史总结时，还认为章士钊和"学衡派"并非新文化运动的强敌，新文化运动的唯一敌人是折中派的东方文化学者，其中有许多是新文化运动的先驱，后来转而赞扬东方旧有的文化，梁启超就是一个例。虽然作者声称东方文化学者并不反对新文化，可是他说梁启超是新文化运动的先驱，是指《新民丛报》时代梁氏是西方文化的提倡者，但《欧游心影录》的作者梁氏，却变了一个东方文化学者。五四以来学术思想界的论战和讨论，如人生观论战，东西文化讨论，政治问题讨论，都不过是东方文化学者与新文化运动者的争辩。[①]明确将梁启超等人置于新文化运动的对立面，连同路人也谈不上。

对新文化运动表达异议的"学衡派"的研究，是近半个世纪以来另一个进展较为显著的领域。出于对"极左"思潮拨乱

---

① 伍启元：《中国新文化运动概观》，第36—37页。

反正的意向，一方面仔细鉴别"学衡派"与"新文化派"所争论的究为何事，一方面则深入探究"学衡派"的全部主张及其意义，尽可能予以同情式了解，摒弃原来那种不问青红皂白一棍子打死的态度做法。当然，有时也不免同情过头了解不足之嫌，令人质疑是否有开脱翻案的用意。还有人更进一步解析，认为"学衡"并无统一的门户派系，对待新文化运动的态度各自不同，谈不上与"新文化派"的组织对抗。考虑到所谓"新文化派"也是他指而非自称，被指认的人群甚至大都不赞成不知晓新文化和新文化运动，则两派壁垒森严的冲突似乎出自部分当事人乃至后人的放大。因此，进一步考察的努力应当放到所谓"学衡派"为何要主动攻击他们认定的"新文化派"，以及攻击重点何在等历史事实之上。

新文化运动与基督教文化的关系，的确属于当时重要的事实联系，杨剑龙的《"五四"新文化运动与基督教文化思潮》（上海人民出版社，2012），梳理了少年中国学会关于宗教问题的论争，非基督教、非宗教运动的兴起发展，真理社、生命社对非基督教运动的回应，非基督教思想与中国教会的本色化运动等一系列史事，可谓较早全面关注此事并予以系统性论述的专著。只是在"五四"新文化运动的架构下，事实与认识均不免有所混淆。也有学人注意到基督教人士对新文化运动的附和，以及新文化运动者对基督教思想的吸取借鉴。基督教文化之于新文化运动，既有正面影响，更有反面刺激，究竟哪一方为主动，具体如何作用，必须仔细梳理材料与事实，辨析说法与实情的复杂关联。此事牵涉整个西方基督教文化与中国文化的异同及关系，至今依然影响深远，要想通贯古今中外予以阐释说明，还有不小的拓展空间。

学术著述首先应该依照时序和主题完整呈现前人研究逐层增高的贡献，本系列的特殊性在于，研究与叙述的过程也成为正文主体的重要组成部分，作为相关历史进程的重要体现，而不是仅仅作为先行研究加以展示。尤其是各种中国近代通史的相关内容，表明背景各异、立场不同的撰述者新文化运动观的演变，为完整呈现新文化运动历史进程不可或缺的重要内容，必须作为各个特定时期的历史事实专门论述。有的具体问题研究，则要放在相应的章节予以呈现，以便更加清晰地显示探究的起点。所以绪论中的前人研究，只能提纲挈领，大体勾勒。加之已有的一些论著，虽然触及相关重要问题，可是由于未能通观全部整体，立论持议，或过度放大一点，或以寻常为稀奇，不无少见多怪之嫌。必须回到历史现场的语境之中，才能讨论清楚。

第五节　重现历史本相

　　从以上简要的回顾可见，尽管约定俗成的新文化运动观念架构普遍而言已经成为后来者不言而喻的前提，毕竟与之不合的材料史事随处可见，基本的历史要素判断不清，自然导致一系列重要文本和事实难以解读得当，因而不断有人表达质疑，并努力重新审视检讨，以求回复历史的本来面目。也就是说，在一般以为近乎固化的领域，研究者仍然走在不断近真的路上。学术研究永无止境，固化之说，并非学术研究应有的常态。即便在一些较为敏感的领域，随着研究的进展而不断调整相应表述的情形，也并不鲜见。而且与坊间乃至学界普遍以为的情形有别，除非是别有所图的故意，否则固守更多是来自学人维系自身价值的成见。只是如此非但不能维护特定的学术判断，反而有损史学的信誉。

　　问题在于，相较于历史本相，迄今为止近真的努力成效还不足够，留下的空间还相当广阔。在反省的自觉日渐充分的情况下，仍然不能有效解决问题，需要检讨的就是采取的做法是否得当。进言之，必须反省究竟是方法本身存在问题，还是使用方法不当所致。或者说，到底有无良法可以根本改变现状，使得相关研究步入正轨。

解铃还须系铃人。现状是由于偏离史学的基本轨则而形成，解决之道当然就是设法回到史学的基本轨道上来。按照常理，时地人是历史的基本信息，既然史料史事俱在，何以会熟视无睹，视而不见？甚至有意无意地回避掩盖抹杀相关材料事实？如何才能有效改变这样的状况？

可以确认的症结之一，在于以后来的约定俗成为先验前提的预设架构。这些大大小小的框架看似依据前人的研究和相关的材料而成形，可是经过长期演化，部分或整体脱离了历史本来，逐渐加入许多后来，导致认识与事实的若即若离。最为突出的现象有五：其一，架构主导。外来后出的观念架构先行，削足适履地强材料事实将就观念架构，而不是由材料事实的梳理比较形成相应的概念系统。因此，每每要排除那些与架构观念不相符合的材料与史事，才能看起来自洽。如此不得不通过阉割历史以求自圆其说的做法，实为任意曲解而非研究历史的可行之道。

其二，观点至上。习惯于摘取若干论据形成论点的论证方式，美其名曰史论结合，看上去有理有据，信而有征，却不能贯通所有材料与事实。只是这样的做法普遍存在，令人不觉得些许违和，不仅相安无事，而且感到舒适。一旦加入所有的材料与事实，则捉襟见肘，处处违拗，反而无所适从。近代史料庞杂，史事繁多，如果挑着讲，容易形成自圆其说的认识，却难免与其他的自圆其说抵牾冲突。所以，不仅原创之作多由举例说明而来，一些力图补偏救弊的重审再论，也未能跳出挑着讲的窠臼，所不同的只是凭主观挑出的材料各有侧重，跟着感觉选取材料的做法并没有根本改变。长此以往，五花八门的观点日渐增多，历史问题却始终悬而未决，认识自然无法深入一步。

其三，概念混淆。一些至关重要的词汇概念，解释似与今人相通，却脱离了当时的语境，明显不合历史本意。一些重要的文本，在现行架构之中无论如何不能安放妥当，只得选择性忽视，以维持整体架构不被动摇。自洽式的逻辑结构看似环环相扣，实则经不起事实的验证。关键环节一旦松动，整个架构可能瞬间崩塌。研治历史，如果非要人为改变材料事实的前后顺序与背后联系才能获得逻辑的自洽，说到底就是篡改历史而非研究历史。

其四，视野局限。分科治学之下，过早划定且株守分门别类的小圈子，既未经放眼读书的阶段，又迫于压力不得不悬问题以觅材料，做什么只看什么，前后左右都不见，很难准确判断历史上的人与事。要么少见多怪，以寻常为特异，要么麻木不仁，遇见不同寻常却熟视无睹。两种情形，往往兼而有之。分别看来，似乎新意迭出，综合而论，却彼此矛盾，历史叙述不能如实，历史认识无法贴切。

其五，批评失范。学术研究，做得好的前提是看得出好与不好，看不出则不可能做得好。由于专家之学通行，无法整体之下研究具体，学术判断力与鉴赏力严重不足，使得诸如此类的不得法往往大行其道，导致学术判断严重失准，以致出现越来越多的负筛选。如果是非不分，黑白颠倒，妄想以其昏昏使人昭昭，学术批评或评价非但起不到匡正的作用，还会产生误导的副作用。

凡此种种，都显示现行的治史之道存在问题的严重性，以致于治史之人非但不能得治史基本办法的助力，反而觉得束手束脚，每每欲脱离而去。研究历史的办法如果具有非历史性，势必使得专业人士反而不会研究及述说历史。历史本来是纪事与叙事，而各自的记叙有别，须要梳理澄清，于是产生史学。时下的学位论文乃至专门著述，往往声称采用了各种别科的方法，以示具有前沿性，却唯独不能说明所使用的史学方法究竟为何，具体如何使用。历史天然具有的时间联系，本来提供了方便的联系纽带，却异变成学人千方百计必欲去之而后快的喉间鲠，恨不能立即拔除，以便天马行空。

思想文化史的研究，还有其特殊性，其中之一，即如何处理思想文化与历史的关系。思想史存在与生俱来的内在紧张，即究竟是依据思想的脉络进行勾连，还是按照历史的联系加以呈现。这在时间久远的古代差异显然，容易理解。如文学的观念从清季以来发生极大变化，今人所讲历朝历代的文学，是依照后来的观念说之前的事情，古人的脑海心中并没有这样的文学集合概念，也就不会用专门的文学概念来看待后来所谓文学名目之下的种种事情。所谓古代文学，既非由古人的意识所支配，无疑就是强古人以就我，研究的对象是历朝历代，使用的系统和概念却是近代以来才生成，虽然方便今人言说及彼此达意，却或多或少改变了对于古人的认识，使得今人无法回到历史现场，对古人产生了解同情。同理，今日所讲经学，实为各种分科之学，既不能与古人沟通，相互间也很难交流。

类似的问题在近代史研究领域同样存在，只是理解起来更加复杂。除了外来后出的思想概念如何与中国固有的观念物事相协调，更为棘手的是思想的关联与事实的联系如何区分。如果用思想的要素如关键词以及文本的异同之类勾连历史，往往会脱离事实联系的支撑，有思想而罔顾历史；如果顾及因时因地因人而异的具体所指能指，又难免历史清楚，思想却模糊不见的尴尬。面对两难的局面，受分科知识制约的学人为图个方便，就会牺牲历史以将就思想，而不能将思想还原为历史。

新文化运动研究中，这样的情形主要表现在三方面：一是用后来新文化运动的概念叙述之前的事实，混淆五四前的新思潮与五四后的新文化运动的联系及分别；二是将新文化运动时期的所有相同相似的言论行事，统统冠之以新文化运动的名目，无论主体是否赞同新文化运动；三是脱离历史事实的时空条件以及彼此之间的关联性，以思想文化的观念系统抽出符合预期的部分事实，并跳跃似的加以逻辑化联系和解读。

指出现行研究的种种问题，目的并非所谓从有到无地解构，而是在拆解与历史联系不相吻合的逻辑联系的同时，重现与历史联系相一致的逻辑联系。重现旨在还原史事的本相和前人的本意，并揭示其内在的联系，而重构或重建，则不免以主观取代主观之嫌。

今人所见史料较前人极大丰富，利用史料的便利也远远超过前人，只是前人读书，而且读基本书，所以能够把握大体，使用材料的能力往往不在今人之下，甚或远过于今人。尤其是中国近现代史研究起步较晚，开始又主要不是学术导向，而近代史料的数量之多，种类之繁，远过于历代总和，处理史料与史学的关系还有巨大的提升潜力，这也正是中国近现代史研究迫待解决的当务之急。

大道至简。研治中国近现代史，应学习和取法古代史研究大家卓有成效的治学之道。治史的基本良法，就是陈寅恪所倡导、结合传统合本子注和域外比较研究的长编考异之法。以此法为基准，用于新文化运动史的研究，主要做法和程序包括：

一、尽可能竭泽而渔地搜集各类相关材料。材料的搜集应力求完整，尽管无论如何也不可能完璧。研究的主题对于资料的类型当然有所影响，但是搜集资料必须扫着看，不能挑着看，尤其是在没有读过书的情况下，单凭关键词进行检索的找材料，对于治学是相当危险的事。读书以发现问题，应该贯穿研究的全过程。

二、切忌不要先验地主观取舍。凡事有自称、他指、后认之别，应以自称为准，辅以他指，尽量避免用后认混同于本事。否则外延模糊，内涵不清，无法进行严谨的学术研究。无论自称、他指还是后认，都要复归各自的本位，不能错位。各归本位是以纵贯取代横切的关键所在。如果预设框架概念，从资料的搜集阶段就会脱离历史事实，无法把握住发展演化的脉络，做研究畸变成为主观设注，不能具体理解史事本相和前人本意。

三、依照时序将所有材料事实系统地进行梳理排比，使之妥帖于原有的时空位置。材料与史事只有归于原位，才能准确呈现本意本相以及相互关联。凡是违背这一原则，都会造成混淆视听。同一时间之下的不同材料事实，未必直接相关，但可能成为变数，不能随意抽离。所谓以事实为依据，应该是整体性的，即以所有相关事实在原有时空位置下的整体关联为准。

四、考证异说，以求近真。历史记录，因人而异，必须比勘考订，逐渐呈现史事本相及其相互联系。同时史料往往片断，不能全部连缀征信，无法定谳之处，应当求同存异，不强求一律。

五、比较不同的材料，揭示内在联系，避免罗列堆砌，平铺直叙。通过前后左右地进行比较，理解各种文本的前人本意，以及各种事实之间的复杂关联，避免简单线性思维。透过表象，把握实质。

六、依据事实联系的内在规律立说，叙述历史进程发生演化的各方面和全过程。但凡有不相凿枘的材料史事，必须首先检讨立说的架构，而不能舍弃材料史事。不能得其所哉地安放所有材料事实的架构，往往流于主观，偏离客观。

概言之，治史要想回到历史现场以求逐渐近真，必须最大限度地以主观能动性限制主观任意性，但凡任由主观天马行空地驰骋，而误以为是主观能动性的体现，势必陷入自以为是的泥淖。那些自炫的机巧，多为历史所戏弄而不自知。与一些看似天花乱坠的著述相比，伍启元的守拙不无借鉴意义。他说自己"始终抱持客观的态度，只把事实的真相呈现于阅者之前，而不愿作任何评语"。虽然他相信"在一个时间一个空间，只有一种思想是能把握着时代的浪潮"，但是"不愿把自己的主张，作为这本史的分析之小册底观点。所以本书之缺乏批评的文句，是意料中事"。①

同一时空下是否只有一种思想能把握时代浪潮，可以讨论。即便如此，如何取舍也是难事。而不作任何评语未必就是客观，况且书中不乏各式评语。主张整理好材料史学的能事已毕的陈寅恪，②也批评只会钞死材料而没有解释是旧派治文化史之失。③不过，解释未必应以评语的形式展现，梳理好史料也不一定不包含解释。按照傅斯年的整理史料就是比较不同的材

---

① 伍启元：《中国新文化运动概观·自序》，第1页。
② 陈守实：《学术日录〔选载〕·记梁启超、陈寅恪诸师事》，《中国文化研究集刊》第1辑，复旦大学出版社，1984，第422页。
③ 卞僧慧纂，卞学洛整理《陈寅恪先生年谱长编（初稿）》，中华书局，2010，第146页。

料，而比较不同的材料就是现代史学之说，能够充分体现这一意境的整理材料，已经蕴含了应有的解释，或者说所有的解释尽在不言中，再额外增加任何解释就显得画蛇添足。除非是面向不同的对象进行述说。可以说，迄今为止中国近现代史的研究尚未达到应有的境界，关键不在是否采取借鉴了多少别科或域外的方法，而是偏离甚至失去了史学万变不离其宗的根本。症结不去，举步维艰。如果历史的天然联系成为学人治史的主要凭借，而不被当作思想任意驰骋的束缚，则历史研究可望行驶在应有的轨道上。

有意研究新文化运动，始于重写大历史，具体动笔，却与新文化运动百年纪念有关。按照个人的研究写作习惯，正在研究过程的、正在撰写的和正在发表的，不同题目大概同时进行，尽量避免急就章。研究能事已毕，还要暂停一段时间，反复揣摩，力求贯通；撰写成文后，也要暂时搁置，琢磨文字，考量结构，前后照应。其间转而从事其他课题的研究、撰写或修订。这样一方面防止仓促出手，留下遗憾，一方面可以转换题目，以免疲劳。由于纪念新文化运动百年，有关方面邀请开会，2014年开始，将收集成型已久的相关资料加以梳理，并动笔撰文。后来会议因故未能成行，2015年起，先后发表了《"新文化运动"的缘起》（《澳门理工学报·人文社会科学版》2015年第4期）、《北京大学与新文化运动》［《中山大学学报（社会科学版）》2017年第5期］、《〈新青年〉与新文化运动》(《学术月刊》2020年第5期)以及相关论文《关键年代的小历史——1919年的事件与日常》(《社会科学战线》2018年第1期)。其后几年,主要精力转到抗日战争研究,先后撰成《持久战与〈论持久战〉》和《"抗日民族统一战线"的渊源流变》两部专书。到2022年,决心完成新文化运动史的撰述,写了《新文化运动与浙江一师风潮》(《浙江学刊》2023年第5期)、《少年中国学会与新文化运动》(《学术研究》2024年第1、3期)两篇论文。直到2023年暑期于昆明才完成全部的初稿。

在此期间,曾以《五四与新文化运动的分别及联系》一文参加由中国历史研究院近代史研究所和中国现代文化学会共同主办的"纪念五四运动100周年"国际学术研讨会,论文收入中国社会科学院近代史研究所编《五四运动与民族复兴——纪念五四一百周年研讨会论文集》(社会科学文献出版社,2021)。又先后在几所大学或文史机构报告相关研究的内容,有的由主办方费心整理成文,编辑出版或刊发,如《新文化运动缘起的本事与认定》(《岳麓书院讲演录》,湖南大学出版社,2022)、《〈觉醒年代〉的觉醒》(《杭州文史》2021年第1辑)。所得到的反映,似乎更加困惑多于豁然开朗。这样的情形不难理解,具有的知识已经形成系统,一旦架构崩裂,就成了一堆散钱,不能成串,无法言说,无所适从,陷入失语甚至部分失智的状态。在新的系统重新建立并且调适妥当之前,容易产生排拒心理,以至于匪夷所思地用后来形成的认识来否定当时的事实。这表明澄清事实调整认识之类的基本取径,在中国近现代史研究领域依然任重而道远,有待来者的不懈努力。

将新文化运动的历史与历史上的新文化运动合为一炉,有助于梳理厘清其分别及联系,以免将历史事实与历史认识混为一谈,并呈现新文化运动整体的历史实况。至于具体做法,将在下一本书的绪论里详加阐释,并由全书予以展示。

第一章 "新文化运动"的缘起

1920年9月11日，北京大学举行始业仪式即开学典礼，自任教于北京大学以来连年参加这一活动的胡适，抱病出席，在演讲中断然声称：中国"现在并没有文化，更没有什么新文化"，[①]当然也就没有新文化运动。此时胡适已被尊奉为新文化运动的领袖，北京大学又被视为新文化运动的发源和中心，可

[①] 欧阳哲生编《胡适文集》12（北京大学出版社，1998）第435—437页收入时，题为《提高与普及》，称："本文为1920年9月17日胡适在北京大学开学典礼上的演讲，陈政笔记。原载1920年9月18日《北京大学日刊》，又载1920年9月23日《晨报副刊》。"此说时间有误。据《申报》1920年9月14、15日第6版"国内要闻·北京通信"连载的"野云"所写《纪北京大学始业式》："今日（九月十一日）北京大学在第三院举行始业仪式，虽属照例行礼致词，但是日颇有较为重要之演说与报告，足以表示该校革新进步之精神"。今日即撰写报道的当日，括弧中的日期，则是报馆方面为避免误读而加的注解。诸如此类的情形，今人读旧报时所在多有。另外，《北京大学日刊》1920年9月13日第691号第2版"本校新闻"所载《本校开学纪略》明确记载："本校开学礼已于十一日（星期六）举行。是日上午九时，全体教职员学生及来宾齐集于第三院大礼堂，行礼毕，由校长蔡先生致开会词，教务长顾先生、总务长蒋先生相继致词。旋由蔡先生介绍新聘教授颜任光、任鸿隽、陈衡哲、谭仲逵、燕树棠诸先生相继演说。旧教授胡适之、陈惺农两先生亦均有演说。至十二时余，宣布散会，并摄影以为纪念。诸先生演词甚长，容另日登出。"各人的演说词从9月16日开始刊登，胡适的演说词载于9月18日第696号第3版。

是作为领袖之一的胡适，在中心地带却宣布根本没有新文化运动，没有新文化，甚至没有文化，不禁令人好奇为何会有此说和如此说。[1]如果胡适的眼中根本没有新文化运动，那么当时已经被描述得盛极一时的"新文化运动"究竟是什么，又是如何被指称出来；如果"新文化运动"的确存在，其发生演化的本来情形如何；新文化运动的历史和历史上的新文化运动，有何联系及分别；胡适以外，其他新文化运动领袖关于此事有着怎样的说法。凡此种种，必须以材料为依据，梳理史事的联系，才能接近历史的本相和前人的本意。

"新文化运动"发生于何时，存在自称、他指与后认三种不同的情况。现在通行的新文化运动历史叙述，发端尽管有1915、1917和1919年等不同认定，总体而言，都是后认。按照语言说人的定理，是否持有"新文化运动"的集合概念，从事同样事业活动的人们的思维言论行事，全然有别，不能轻易套上"新文化运动"的桂冠，否则就会混淆事情的本相，失去准确判定的基础，缺乏学术研究的可能及价值。因此，探究"新文化运动"发生于何时，由谁发动，为何发动，绝不仅仅是一个专有名词概念的问题，而是对新文化运动全体确切认识和恰当理解的必备前提，至关重要，理应优先考查清楚。

---

[1] 关于胡适对新文化运动的质疑以及当时人对新文化运动的批评，在《近代中国学术的地缘与流派》（《历史研究》1999年第3期）一文中已经有所论及。

第一节 何来"新文化运动"

一般而言，坊间和学界并不在意或是完全没有意识到新文化运动的时代意见和历史意见之间是否存在差别。通行的看法是，新文化运动兴起于1915年《青年》杂志创刊，五四运动前后的新文化运动一以贯之，只不过在《新青年》内部分裂后，运动的内容、趋向等方面发生了重大变化。按照这样的时代意见撰写的通史和教科书，作为国民教育的组成部分，无疑也是常态。可是，作为专门研究者，在著述中仅仅表达时代意见而忽略历史意见，对于史事和材料就不免有些隔膜，容易误读错解，难以体察历史本来具有的丰富与多彩。依据时代意见得出的结论和做出的解释，总是无法贯通所有的材料和事实，时时处处显得不相凿枘，似是而非。

有细心的学人察觉到种种异象，从不同方面提出问题并有所论述阐释。较早研究五四运动的周策纵就注意到，"新文化运动"这个名称在1919年5月4日以后的半年内开始流行。他特别提到那年12月《新潮》编者在答读者问时，指出他们的运动是"新文化运动"。而五四前的那些目标远大的思想和有关活动，直到"五四事件"后才被新知识分子作为一种新文化运动而系统地加以提倡。①因此,他并没有将五四前后相关的思想和活动,统称为新文化运动。

周策纵的自觉,在相当长的时间里几乎可以说是孤立的例外,不过所提示的问题随时都会摆到人们面前。邓绍基的《关于"新文化运动"这一名称》,是专究"新文化运动"得名史的文章。他从鲁迅所说"新文化运动"这个名称是由原先反对白话文、嘲骂《新青年》的人最早提出来的入手,考察这个人是谁或是哪些人,可是查了几种现代文学史著作,关于"新文化运动"这一说法是何人何时创立的,没有找到答案。虽然作者自谦"并无'考据癖',再说也没有条件去作考证,退而求其次,只想知道在新文化运动的先驱者和当时著名人物中,是谁最早采用'新文化运动'这一说法"。其做法却颇具启发性。他分别考察了持主张、赞成或异议、反对意见的鲁迅、章士钊、胡适、陈独秀、蔡元培、梁漱溟、吴宓、郭沫若等人最早使用"新文化运动"一词以及相关指称的情形,指出陈独秀在1919年12月1日《新青年》第7卷第1号上发表的《调和论与旧道德》,是其所见新文化运动先驱者最早采用"新文化运动"这一名称的"文本";"五四"运动发生之后,"新文化运动"这个名称十分流行;虽然胡适等人对于"新文化运动"的指称一度持有异议,可是其他不同意见者不仅将其视为发端

---

① 周策纵:《五四运动:现代中国的思想革命》,周子平等译,江苏人民出版社,1996,第265页。

者，而且将新文化运动与五四前的《新青年》扯上关系，最后胡适也逐渐接受了这一指称。①

王奇生大体继承了前人的研究并有所进展，所撰《新文化是如何"运动"起来的》一文的第四部分《新文化形成"运动"》，着重探讨了"当'新文化'真正被'运动'起来后，'新文化运动'这一概念也应运而生"的历史进程，并指以往多认为"新文化运动"一词是孙中山于1920年1月29日《致海外国民党同志函》中最早提出来的，与事实不合，因为1919年12月出版的《新青年》第7卷第1号上，陈独秀已多次提及"新文化运动"。②

关于新文化运动与五四运动的关系，"与后来史家以《新青年》创刊为开端不同的是，在20世纪20年代初，知识界所认知的'新文化运动'多以五四为端绪"。"就《新青年》和'新文化'在全国各地传播的进程而言，'新文化运动'以五四为开端，大体代表了当时人较为普遍的看法。""当'新文化运动'这一名词流传开来后，对于什么是'新文化'，知识界竞相加以诠释，却没有形成大体一致的看法。"陈独秀专门诠释"新文化运动"的文章《新文化运动是什么？》甚少为后来史家所提及，而胡适"重新估定一切价值"的解释也没有

---

① 中华书局编辑部编《学林漫录》第14集，中华书局，1999，第69—75页。
② 王奇生：《新文化是如何"运动"起来的》，《近代史研究》2007年第1期，后收入《革命与反革命：社会文化视野下的民国政治》（社会科学文献出版社，2010）为第1章。

普遍认同。围绕相关问题蔡元培、郑振铎、陈启天、章士钊等人的意见，重点不在新文化运动，而在什么是新文化运动。这与历史上的新文化运动如何演化为后来新文化运动的历史认识，关系紧密。

欧阳军喜发表于《南京大学学报》2009年第1期的《国民党与新文化运动——以〈星期评论〉〈建设〉为中心》，在注释中指出，《星期评论》和《建设》在1919年8月底9月初已经在《新文化运动的武器》和《从经济上观察中国的乱原》等文中分别使用"新文化运动"一词，比《新青年》早得多。"新文化运动"一词最早由国民党人提出的可能性极大，而不是鲁迅所说由反对者最早提出。只是文章的重心在于论述国民党的主张与新文化运动的呼应关系，未能依照时序与同时期的其他方面比较印证，相关问题点到即止。

经过上述各人的持续努力，研究这一课题的取材范围不断扩大，一些问题的症结逐渐浮现并逐步澄清，"新文化运动"的指称发生于五四之后，相关各人当时的解说各异，以及陈独秀、胡适、孙中山、蔡元培、章士钊等人在"新文化运动"缘起中的作用，依据所获资料大体得到梳理，纠正了一些以讹传讹的说法，确认了一些基本事实。这些基本事实可以通过更加全面地梳理相关材料史事进一步得到系统性确认，彻底消除片断式论述带来的疑点。

学术研究从问题的发现到最后终结需要长期努力，尤其历史研究作为近真的学问，即便主观有意识还原真相，也很难让认识与事实完全重合，近真的过程几乎可以说永无止境。在已经取得的成果之上，显然还有不少可以扩展的空间。就资料而言，主要检讨他指、后认的新文化运动诸领袖或反对者的言论，仍有假定"新文化运动"的指称由他们发生和演化的想当然之嫌。既然在新文化运动领袖们表态之前，"新文化运动"已经相当流行，究竟哪些人物、团体、机构在指称的兴起和流行方面起到至关重要的作用，应当不带任何成见、从无到有地爬梳和检讨全部材料史事。就问题而言，如果"新文化运动"是被"运动"出来的，那么，究竟是被"五四运动"所运动，还是被"运动家"所运动。如果是后者，那么真正的运动家是谁，又是如何运动起来的。五四以后知识人关于新文化和新文化运动的众说纷纭，作为历史形态和进程，按时空顺序应如何具体呈现。所谓各式各样的竞相诠释却并没有形成大体一致的看法，详情如何。这些竞相诠释彼此之间的关联，其中一部分如胡适、陈独秀、章士钊、鲁迅、吴宓等，已经有所论列，只是比较单向和片断，整体详情仍然缺乏必要的联系和展现。或许研究者觉得意思不大，将注意力转向他们认为更为重要的事情上面；或许情况过于复杂，难以梳理清晰，只能含糊其辞；又或许今人想当然地判定他们与"新文化运动"无关或不过从属次要，因而不在考虑之列，以致视而不见。凡此种种，使得已经论及的重要人物观念的解说，缺少事实联系的环节，只能在研究者的思想认识中借助后认或外力予以联结。此外，新文化运动的历史如何由个别或一些人的看法逐渐演化为一定范围内约定俗成的标准化认识，在举证之外，还需要系统梳理，进而展现全程和全貌。

第二节　恢复原状与创造新文化

按照胡适等人的思维，欲知新文化运动，应该先知什么是新文化，还要上溯什么是文化。而要追究"文化"的发生及其入华辗转传衍、意涵变迁的历史，至少是一本或数本专书的内容。五四前后国人普遍感到困惑的"文化"与"文明"的纠结，早在清末已经出现，究其实，当是由法国与德国历史文化的恩怨情仇演化出来的明治思想史的一段故事。国人不知就里，从字面解读，陷入文化定义数以百计，看完更加不知何为文化的知识陷阱。每一次文化论争，都免不了循环反复地旧事重提。本来历史上的各说各话并没有什么是非正误之别，只要符合历史本相和说话者的本意，都是事实，只要拿捏好分寸，都可以据以叙述为真实的历史。可惜研究者往往重蹈前人的覆辙，总要试图究其一是，结果将历史变成自己心中的思想史。

虽然新文化运动的研究者多将戊戌新学视为中国近代新文化的起点，只是就内容而言，并未找到当时已有"新文化"

专有名词的实据。不过,"新文化"之说,的确在清季已经出现。1909年4月17日,《申报》为"二十五巨册,一万七千页,图解三千,每册四十二万言"的《万国历史汇编》做预订广告,就不无夸张地宣称:"此环球历史,其内容详叙泰西之奇特进化,由欧人昔日野蛮渐进于今日文明景象,一一辑载。今日尚有此良机购书,中华好学精思之士及通晓英文惓怀国事者,允宜勿失佳遇,而即行定购此万国奇珍也。……今者中国吸入新文化,必以各国之往事为指南,凡国内之进化,人类兴衰,其为故事,甚大益人智慧,讨论寻味,固无论矣。凡此种种,备载是书,大雅君子,欲研求立宪知识,求诸书中,了如指掌。熟读是书,则各国之兴衰成败了然于胸,惩彼覆辙,资吾殷鉴,历史者诚能益人智慧,为人类进步之归宿。吾人处世,沿革沧桑,无时或已,苟洞识环球历史,于事物之变化,豁然贯通,庶于中国无忝新民之职。"①

以泰西为新文化的渊薮,大体符合近代中国以西为新的时势观念。进入民国,新文化的指称仍然未必流行。1918年7月1日,《申报》刊登北京大学学生罗家伦的来函,对于上海召开各界救国联合大会感到欢欣鼓舞,并提出救国之举,要有二端,一是"联合全国青年学生作一有机体之组织,以爱国之朝气,按分功之原理,赴同一之目标",这已有大中华民国学生爱国会为之发动;二是成立一种光明正大之言论机关,以惊

---

① 《申报》,1909年4月17日,第2张第6版。

醒国民之痴梦而灌以应有之常识，尚寂然无闻，因此建议办一《爱国报》，贯彻五项宗旨，其中第三项就是"灌输国民常识且旁及高深之学问，以立中国新文化之基础"。①

来华外国人士在主张新文化方面有所作用。1918年12月6日广州《英文时报》发表社论，鉴于"中国之人对于和平之曙光莫不欢迎之，希望中国之武力主义终得打破。中国若不受此主义之束缚，则可以对新文化之鹄向缓缓进行也"。②而基督教的青年会自诩牺牲自我，服务社会，"凡诸牺牲一贯之精神，无非为福我青年，增高其人格，新我社会，建设其事功，巩固国家亿万年郅治之丕基，应世界新文化勃兴之隆运耳"。③在华基督教青年会与新文化及新文化运动的关系，相当密切，如《新青年》的前身《青年》杂志，据称就与青年会有所牵连，改名也是为了避免与青年会的刊物重名。后来中国基督教人士附和新文化运动，还一再主张双方的因缘。

如果说五四运动前偶尔有人提倡新文化，主要是为了打破

---

① 《罗家伦来函》，《申报》，1918年7月1日，"专件"，第11页。
② 《外报论南北讲和要点》，《申报》，1918年12月17日，"要闻二"，第6页。中文的"新文化"，应为翻译而来。
③ 聂其杰：《温佩珊君之决志服务社会与其影响》，《申报》，1919年1月21日，"来件"，第11页。梁启超在《欧游心影录》中说："我希望我们可爱的青年，第一步，要人人存一个尊重爱护本国文化的诚意。第二步，要用那西洋人研究学问的方法去研究他，得他的真相。第三步，把自己的文化综合起来，还拿别人的补助他，叫他起一种化合作用，成了一个新文化系统。第四步，把这新系统往外扩充，叫人类全体都得着他好处。"（《饮冰室合集》专集之二十三，中华书局，1989，第37页）此文虽然自署写于1918年，连载却在1920年，或有改动的可能。

武力主义，迎接世界的科学新文化，以改造中国，经历了五四学潮的冲击和震荡之后，新文化的鼓吹者则有希望引导青年由政治运动转向文化改造的意向。1919年7月19日，蔡元培告北京大学生及全国学生联合会书由《时事新报》刊载，清晰地表达了"恢复五四以前教育原状"的意见：

> 诸君自五月四日以来，为唤醒全国国民爱国心起见，不惜牺牲神圣之学术，以从事于救国之运动，全国国民既动于诸君之热诚，而不敢自外，急起直追，各尽其一分子之责任，即当局亦瞭然于爱国心之可以救国，而容纳国民之要求。在诸君唤醒国民之任务至矣尽矣，无以复加矣，社会上感于诸君唤醒之力，不能为筌蹄之忘，于是开会发电无在不愿与诸君为连带之关系，此人情之常，无可非难。然诸君自身岂亦愿永羁于此等连带关系之中，而忘其所牺牲之重任乎？世界进化，实由分功，凡事之成，必资预备，……诸君自思在培植制造时代乎，抑在贩卖时代乎？我国输入欧化六十年矣，始而造兵，继而练军，继而变法，最后乃始知教育之必要。其言教育也，始而专门技术，继而普通学校，最后乃始知纯粹科学之必要。吾国人口号四万万，当此教育万能、科学万能时代，得受普通教育者，百分之几，得受纯粹科学教育者，万分之几。诸君以环境之适宜，而有受教育之机会，且有研究纯粹科学之

机会，所以树吾国新文化之基础，而参加于世界学术之林者，皆将有赖于诸君。诸君之责任，何等重大。今乃为参加大多数国民政治运动之故，而绝对牺牲之乎？抑诸君或以唤醒同胞之任务，尚未可认为完成，不能不再为若干日之经营。此亦非无理由。然以仆所观察，一时之唤醒，技止此矣，无可复加。若令为永久之觉醒，则非有以扩充其知识，高尚其志趣，纯洁其品性，必难幸致。自大学之平民讲演，夜班教授，以至于小学之童子军及其他学生界种种对于社会之服务，固常为一般国民之知识，若志趣，若品性，各有所尽力矣。苟能应机扩充，持久不怠，影响所及，未可限量。而其要点，尤在注意于自己之知识，若志趣，若品性，使有左右逢源之学力，而养成模范人物之资格，则推寻本始，仍不能不以研究学问为第一责任也。

正是鉴于学生已有"恢复原状""力学报国"的决心，而所谓"原状"，主要就是学潮发生前"诸君专研学术之状况"，蔡元培才考虑同意再度出山，"自今以后，愿与诸君共同尽瘁学术，使大学为最高文化中心，定吾国文明前途百年大计，诸君与仆等当共负其责焉"。①由此奠定中国新文化的基础。

9月20日，为北京大学开学之日，上午9时，全体学生和教职员相继在法科大礼堂开大会欢迎蔡元培重新长校，是日到会的学生和教职员共3000余人，"为从来未有之盛况"。②学生欢迎会由张国焘主席，方豪致辞，其预拟的欢迎词先期刊登于当天的《北京大学日刊》第442号，其中说道："大学肩阐发新学昌明旧术之巨任，为最高尚最纯洁之学府，生等必谨以之行，潜研学业，修养德性，答海内之殷望，树国家之基础。自经此番之阅历，顿生绝大之觉悟，现代人材破产，学术窳败，诚引为至可凄恻之事。愿破除一切顽固思想，浮嚣习气，以创造国家新文化、吾身新生命、大学新纪元。……前此蒋教授代表先生主持校务，亦曾以'改良社会，创造文化'相敦勉。故今日之欢迎先生，非感情的，非虚伪的，乃欢迎国家［之］新文化，国立大学之新纪元，学生等之新生命。"③这既是对蔡校长

---

① 《蔡孑民先生告北京大学生及全国学生书》，《时事新报》，1919年7月19日，"来函"，第3张第4版。《申报》1919年7月20日第6版刊载，题为《京学界将回复原状》。这封公开信，高平叔和中国蔡元培研究会编《蔡元培全集》（分别由北京中华书局1984年和浙江教育出版社1997年出版）均依据《北京大学日刊》署期7月23，高平叔撰著的《蔡元培年谱长编》（人民教育出版社，1996，中册第230页）说法相同。而根据《申报》刊登的时间，写作至少应在7月20日之前。蔡元培日记1919年7月17日记："致蒋梦麟、罗志希、段锡朋快函（罗、段两函，附有《告北京大学学生》文）。……以《告北京大学学生》文分送浙江三日报。"（中国蔡元培研究会编《蔡元培全集》第16卷，第86页。）从时间判断，所提到的《告北京大学学生》文，即是《时事新报》所登公开信。

② 《北京大学欢迎蔡校长盛会》，《申报》，1919年9月23日，"国内要闻"，第6版。

③ 《学生欢迎蔡校长回校之词》，《北京大学日刊》第442号，1919年9月20日，"本校纪事"，第2版。

要求的回应，也是郑重的承诺。国家的新文化，大学的新纪元与学生的新生命三位一体，无疑是任重道远的使命。

蔡元培在欢迎会上的致辞和开学式上的演讲，着重强调大学应该研究学理，北京大学能动能静，而且以静为常态。其时正好杜威博士来华游历，到北大讲授哲学，也出席了开学式，并由胡适翻译，发表了演说，题为"大学事业之性质"（又作"大学任务之性质"）。杜威与北大师生的主张相呼应，声称人类有两种需要，一为将已往最高尚的学术、经验与智识，永久保存，传于后人；二为将所传下者变化，使其适应于人之新环境。包括大学在内的教育之职务，即为应此二种需要。"中国有数千年不断之旧文化，今又输入欧美之新文化，二者亟待调和，以适应于人之新环境。故世界各国负有使新旧文化适合之责任及机会者，无过于今日之中国，无过于今日之北京大学。此种新旧文化之适合，可谓之新旧文化之结婚。大学的职务为做媒，使夫妻和睦，孳生蕃盛。在中国的大学，其做媒的机会较别处多，故责任亦较别处大。这是世界对于此校的宣战书，我们能答应么？做媒的人如能称职，则将来夫妻和睦，必可产生自由的进步的昌盛的儿子。我能在此尽做小媒人之职务，这是我所很欣幸的。更贺诸君有做大媒人之机会。"[1]将欧美与中国分别作为新旧文化的表征，与其说是杜威的一厢情

---

[1] 《二十日之大会纪事》，《北京大学日刊》第443号，1919年9月22日，"本校纪事"，第1—3版。

愿，毋宁认为当时北大同人的良好愿望。

由此看来，"恢复原状"，进入静态，以创新文化，是五四以后北大校方的主要诉求。学生对此表示接受，以免被安福系乘虚而入，重陷数月来的痛苦状态。只是经历五四风潮，未能达到预期目的的青年学生毕竟心有不甘，内心对此未必诚服。尤其是如何才能创新文化，创造什么样的新文化，学生的取向与校方及教师的期望并非完全重合。

第三节　以"新文化运动"为革命方法

恢复秩序，为学运退潮后的北京大学所必需，却与全国的形势有些脱节。尤其是南方的国民党受到五四运动的激励鼓舞，正在寻找新的力量，准备重新回到革命的路线上。[1]发现新的社会动力和探索新的革命形式，成为国民党的当务之急。而青年学生无疑是可以一身二任的现成社会群体。由创造新文化到开展新文化运动，前者重在延续五四前的思想启蒙继续提高，后者则希望由学生群体鼓动民众进行以改造社会为目标的文化运动。

---

[1] 孙中山从来不以代议制为然，护法不过顺势。经过民初实验的失败和欧洲的检讨反省之声日强，原来最热衷于开国会和议会政治的汤化龙、张君劢、梁启超等人相继宣称代议制在中国乃至世界已经破产。在此背景下，国民党的护法实际上已经渐成鸡肋。参见桑兵《辛亥国事共济会与国民会议》，《近代史研究》2015年第2期。

国民党人与新文化运动的关系，历来为学界所重视，主导的观念是新文化运动影响了国民党包括孙中山的政治选择，同时国民党人对于新文化运动的主张并非全盘接受。一度有学人认为"新文化运动"的指称最早是孙中山于1920年1月开始使用，这一说法在后来的研究者检索了《新青年》之后，发现"新文化运动"一词1919年12月已经多次出现于陈独秀等人的文章中，因而予以否认。这样的曲折，或许多少反映了人们认为国民党人对五四新文化的态度仍然有所保留的基本认识，所以首先还是想到后认的"新文化运动"的运动家们在这方面当居主动地位。然而，抛开一切先入为主的成见，进一步放眼搜寻资料，陈独秀等人1919年12月在《新青年》第7卷第1号的四篇文章中使用"新文化运动"一词，也并非最早，而如欧阳军喜所说，国民党方面率先提出"新文化运动"这一指称的可能性的确相当高，至少迄今为止是所见文献中最早使用的之一。

五四风潮稍退，国民党人紧接着创办了两份重要刊物，即《星期评论》和《建设》，前者为周刊，1919年6月8日创刊，后者为月刊，1919年8月1日创刊，二者均发刊于上海，实际上是国民党人积极呼应五四以后的新形势，努力参与并推动形势继续发展的重要载体。其目的之一，就是要解决将五四学生运动引向何方的问题，使之为实现国民党的政治目标张本。正是在这两份刊物上，国民党重要人士不约而同地率先提出了"新文化运动"的概念，并且作为中国现阶段革命运动的主导方式。

1919年8月31日,《星期评论》第13号刊登署名"先进"(李汉俊)的《新文化运动的武器》,文中引述"吴稚晖先生说:'中国的新文化运动,单靠白话体的文章,效果很小的。那多数不识字的工人,整天要作十来点钟的工,即使有人教他的文字,他那里有学的时间,目下只有图注音字母的普及。这种音符,是最简单的,倘若就地拼音,就可以用注音字母写信了。要他们能够作文字上的交通,然后我们才可以灌输他们的智识。'"并就此提出:"这件事确是很要紧的。我希望新文化运动者合力在这上面用工夫。"①

8月中旬以后,吴稚晖在上海多次演讲注音字母,只是相关报道未见提及"新文化运动"一词,查询吴稚晖的各种文集文萃,也未能落实,或为李汉俊的听讲记忆或直接交谈所得。吴稚晖的说法和李汉俊的呼应,虽然使用"新文化运动"的指称仍有一定的偶发性,毕竟时间上或有先驱的意义,内容上则符合新文化运动将文学革命与思想启蒙推广到劳动群众层面的指向作用。这也是目前所见最早使用"新文化运动"集合概念的文本。

几乎与此同时,1919年9月1日,戴季陶在《建设》第1卷第2号发表署名文章《从经济上观察中国的乱原》,作为结论,作者跳出了经济的范畴,宣称:

---

① 先进:《新文化运动的武器》,《星期评论》第13号,1919年8月31日,"随便谈",第4页。

我们看中国过去及现在种种的变象，都是由欧美日本的压迫所诱发出来的。中国的社会本来有许多缺陷，不过这些个缺陷，受了这外界的压迫，都彰明较著的表现出来罢了。但是这压迫是［甚］么东西？总动力是在甚么地方？我们详详细细的把世界近代的文明史研究起来，就晓得一切压迫东方的力量都在科学的进步上面，欧美各国国家的社会的缺陷暴露也在科学的进步上面。现在各国的缺陷都一致的暴露出来，所以国家改造和社会的改造已经成了全世界一致的声浪。中国国里面的内乱，我看一时是不能便静止的。为甚么呢？因为中国国家社会组织的缺陷刚才在暴露的正当中。进步的趋向是很明了的，助成进步的新文化运动是很猛烈的，但是大多的人还是在睡梦当中，一般旧文化势力圈内的人，阻止新文化运动进行的力量也是很大的。在生活争斗的上面加上一层文化竞争，这一个极大的震动如果不到新文化运动成功的时候，不会静止的。新文化运动是甚么？就是以科学的发达为基础的"世界的国家及社会的改造运动"。非有大破坏，不能有大建设。但是一面破坏着，同时就要一面建设着。各式各样的努力都是向着有必要到来运命的新世界走。[1]

---

[1] 戴季陶：《从经济上观察中国的乱原》，《建设》第1卷第2号，1919年9月1日，第17—18页。

"新文化运动"成为全面、根本的国家和社会改造运动，已经不是以知识青年为对象、思想启蒙为主导的新文学新思潮所能范围和局限，一面破坏一面建设的新文化运动，旨在唤醒多数国民，将旧社会改造成为新世界。

10天后，戴季陶回复北京大学学生、少年中国学会会员康白情的来函，解答其提出的"革命！何故？为何？"的问题，更加明确地指出：

> 我个人的意思可以总和起来，用几句狠简单的话表明他：
>
> 1. 全人类的普遍的平等的幸福，是革命究竟的目的。
> 2. 中国国家和社会的改造，是革命现在进行的目的。
> 3. 中国人民全体经济的生活改善和经济的机会平等，是现在进行目的的理想形式。
> 4. 普遍的新文化运动，是革命进行的方法。
> 5. 智识上思想上的机会均等和各个人理智的自由发展，是新文化运动的真意义。
> 6. 文字及语言之自由的普遍的交通和交通器具的绝对普及（如注音字母），是造成理智上机会均等的手段。
> 7. "平和的组织的方法及手段"，是革命运动的新形式。[1]

---

[1] 戴传贤：《革命！何故？为何？——复康君白情的信》，《建设》第1卷第3号，1919年10月1日，第30页。

这七句话，绝不简单，几乎可以视为国民党人发起新文化运动的纲领。其关键在于将新文化运动与革命相连接，以新文化运动实现政治革命未能达成的目标，通过传播新文化唤醒和动员广大国民，实现国家和社会的改造，为政治革命构建社会基础。

9月28日，戴季陶在《星期评论》第17号以和朋友谈话的形式更加简洁地表达了自己的政治主张：中国要解决社会不发达和官僚军阀的恶政，不能仅仅用武力革命的方式。"平和的新文化运动，这就是真正的革命！这就是大创造的先驱运动！"要想救亡，"还是只有猛力做新文化运动的工夫"。①

国民党的政治判断，缘于五四以后他们认定中国革命"这一个大责任要靠谁？就是要靠全体觉悟了的青年大家自己担负的"！②正如沈定一（玄庐）所断言，老旧罪恶的中国，"除却青年无希望"，"中华民国前途的责任，除却青年诸君，更有谁人负担。诸君的真学问，不是仅仅在课本上黑板上几句现成讲义。诸君的人格和责任，不是同暑假一齐放得掉。杜威博士说：学校为社会的一种组织。教育既须从群体的生活进行，故学校不过为一种团体生活，内中集合各种势力，使学生得享受一个

---

① 季陶：《我和一个朋友的谈话》，《星期评论》第17号，1919年9月28日，"短评"，第4页。

② 戴传贤：《革命！何故？为何？——复康君白情的信》，《建设》第1卷第3号，第31页。编辑出版《戴季陶集》（唐文权、桑兵编，华中师范大学出版社，1990）时，笔者已经注意到戴季陶关于新文化运动的这些论述，可惜未能特别留意时间点的问题。

种族或人类的遗传产业，使他能够用他自己的能力，造成社会幸福。……诸君是吸收新教育空气的人，是明白自由平等博爱的人，是在民主国家的里面振起互助精神的人，是不染'旧污'不蔽'物欲'的人。依据这几种资格，来改革制度，改革思想，改良社会，改造世界，果能勇猛精退［进］，何患不得胜利？"①

之所以对青年寄望如此之大，正是从五四运动看到青年学生强劲的行动能力、巨大的思想鼓动威力及其言行的广泛社会辐射力。沈定一称："五四运动之后，中国的前途，仿佛从黑暗里杀开一条血路！一线光明，总在前面，只要我们活泼泼地迎合上去。此事的原因，十八九归功蔡子民先生和几位大学教授。我虽是承认这话，但回顾从前中国的思想界，仿佛有一块无缝的大石头，压在思想上面。辛亥革命，这块顽石已经震裂了。虽说依旧压着，但思想的萌芽，就从他裂缝里发生了出来。蔡先生和几位教授，不过下点培植的工夫。"②这样的说法，既指明了发起"新文化运动"的政治必要性，又为寻找"新文化运动"的渊源有自与己方的联系开了先河，同时还使"新文化运动"的发生演化与对"新文化运动"的认识认定出现分离开辟了通道。承接五四前新文学新思潮的思想脉络，借助五四运动的广泛社会动员和社会冲击力量，久已陷入困境的国民党人似乎重新看到了行动取胜的一线曙光。

---

① 玄庐：《除却青年无希望》，《星期评论》第4号，1919年6月29日，第2页。
② 玄庐：《就是自然》，《星期评论》第7号，1919年7月20日，"随便谈"，第4页。

第四节 "新文化运动"演讲会

蔡元培重掌北京大学以及北大校方师生就恢复原状达成共识，使得北大创造国家新文化的中心地位得以凸显。不过，除了参与少年中国学会的少数人外，在北大师生的眼底心中，中国当时不仅没有什么新文化运动，而且他们也不准备以运动的方式来创造中国的新文化。恰恰相反，蔡元培等人希望学生回到静的状态，潜心于以科学为中心的学术提升。至于学生方面，虽然未必完全同意这样的主张，鉴于五四以来数月的痛苦经历，以及着眼于个人和国家的前途，也只能委曲求全。在少年中国学会会员的影响下，北京大学的学生会组织才开始将目光转向新文化运动。

随着学潮的平息，整个社会逐渐趋于安静。就在此时，1919年10月29日，江苏省教育会发出《致本省中等以上各学校函》，宣布将于12月22日在南京举行第二届演说竞进会。此项活动于去年发起，业已举行过一次，"兹者青年思想日益发达，各校方盛倡社会服务，课外讲演之举，随地而有，则此项演说人才尤须广造"。并附奉简则细则各一分，请通告各学生先期练习，同时报送赴会演说员名单。

按照简则，演说竞进会由江苏省教育会组织，暂以江苏境内中等以上各学校同程度之学生为会员；演说分组进行，以大学及高等专门学校学生为一组，甲种各实业学校各师范学校各中学校学生为一组；每年于十一月内由江苏省教育会确定会期，提前两个月预定演说题之范围及细则，通知各校；演说员以能操国语为及格，每组最优胜的三人由江苏省教育会赠以名誉之纪念，先期举行预赛，每组选定六人或九人；演说员以各校各级学生先在本校比赛之结果，每校选出一人或二人；演说员前往集会地的旅费由各校以公费开支；各县教育会得比照该会简则，以本县高等小学及同等学校之学生组织演说竞进会。这样一来，等于利用现有教育系统进行"新文化运动"的社会动员和组织实施，影响势必广泛而深入。

根据该会细则，本年度会议的演说题范围为："关于新文化运动之种种问题及其推行方法"，定于12月21日在南京举行预赛，次日午后二时正式比赛。演说时间每人限十分钟，由评判员判定优劣，前三名优胜者依次颁发红、黄、蓝色锦旗。[①]

鉴于当时社会上"新文化运动"的指称还不大流行，相关的实事也不够普遍，这样的讲题很可能令各地的组织者及演讲员感到困惑，11月1日，江苏省教育会特地发布印刷品，标题为《解释新文化运动》，作为"简单的解释以备各校参考"。这份文件从六个方面大略解释了新文化运动的内容：

---

① 《演说竞进会定期在宁开会》，《申报》，1919年10月31日，"本埠新闻"，第10页。

一、新文化运动是继续五四运动传播新文化于全国国民的作用，其进行方向在唤醒国民，改良社会，发展个人，增进学术，使我国社会日就进化，共和国体日形巩固。

二、新文化运动要文化普及于大多数之国民，不以一阶级一团体为限（例如推广注音字母，传播白话文，设立义务学校、演讲团，都是这个意思）。

三、新文化运动是以自由思想、创造能力来批评、改造、建设新生活（例如现在各种新思想出版物）。

四、新文化运动是谋永远及基本的改革与建设，是要谋全国彻底的觉悟（继续现在的新运动，从基本上着想，使之永远进步也）。

五、新文化运动要全国国民改换旧时小的人生观，而创造大的人生观，使生活日就发展（例如从家族的生活到社会的生活）。

六、新文化运动是一种社会运动、国民运动、学术思想运动。

此外，"还有他种事业及种种问题及推行方法，是要大家研究"。[1]

---

[1] 《演说竞进会演题之解释》，《申报》，1919年11月2日，"本埠新闻"，第10页。

按照江苏省教育会的解释,"新文化运动"要继续五四运动的精神,向全体国民传播新文化,使文化普及于大多数国民,根本改造旧社会,建设新生活,因而是学术思想性的社会与国民运动。这样的解释与国民党人的主张相当合拍,但是考虑到社会上"新文化运动"尚未普及的现实情况,与其说是说明现行实事,毋宁说是描绘未来愿景。

江苏省教育会的解释似乎未能令社会释怀,1919年11月12日,基督教背景的《兴华》第16卷第44册"逐日新评"栏以《新文化运动之解释》为题,全文转载了这份文件,并附加识语:"读江苏省教育会通函《新文化运动的解释》,简括新文化大旨,确是二十世纪中国人民所需要者,但未审大多数人民之心理,是否有此倾向耳。"[①]需要能否落实,显然还存在不少变数。

《兴华》编者的担心的确反映了愿望与现实的差异,并非多余。不过,江苏省教育会此举对于鼓动起"新文化运动",绝不仅仅是推波助澜的作用。如果说"新文化运动"是被"运动"起来的,江苏省教育会显然位于第一批"运动家"之列。相较于国民党由传媒发出的宣传号召,通过教育会和中等以上以至高等小学及同等学校的组织运作,至少在鼓动学生关注和响应"新文化运动"方面,产生了广泛而实在的影响。各地在

---

① 《新文化运动之解释》,《兴华》第16卷第44册,1919年11月12日,"逐日新评",第27—28页。

落实江苏省教育会通告的过程中，实际上对于当地学界乃至社会各界进行了普遍动员。以南京为例，12月上旬就组织了颇具规模的预备演说比赛，为正式比赛热身。据《申报》报道：

南京演说竞进会由南京学术讲演会发起，分两组比赛，高等专门大学为一组，中等各学校为一组。高等专门以上学校于十二月六日午后三时，假本城金陵中等大会场开第一次演说会，由赵厚生君主席，与赛者为高等师范学校代表张君锺藩，法政专门学校代表张君恩辅，暨南学校代表陈君希贤，金陵大学代表谢君承训，金陵女子大学代表郝女士映青，金陵神学代表杨君镜秋等六校，讲题为"新文化运动之意义及其促进之方法"。众推举钱强斋、仇亮卿、过探先三君为评判员。评判结果，以高等师范学校学生张君锺藩为第一，金陵大学学生谢君承训为第二，由教育厅长胡玉荪君当场发给纪念品。中等学校于十二月十二日午后四时假本城法政专门学校举行预赛，由王伯秋君主席，杨杏伟、廖世承、陈鹤琴三君评判。到会者有省立第一女子师范学校代表顾品月，省立第四师范学校代表徐君鸿基，省立第一工艺学校代表杨君家禄，省立第一农业学校代表陈君谟，暨南学校代表邝君荣耀，省立第一中学校代表李君蒂，锺英中学校代表卢君光娄，高等师范学校附属中学代表王君作柴，金陵大学附属中学代表刘君经邦，汇文女学代表刘席珍，基督女学代表李宏莹，基督中学代表陈君烈文，求实学校代表孙君剑鸣，华中公学代表朱君公桢等十四校，演题为"发展南京之计划"。十三日午后三时，复假南京高等师范学校举行决赛，由陶知行君主席，张轶欧、赵厚生、郭秉文三君为评判员。评判结果，省立第一中学学生李君芾为第一，基督女学李女士宏莹为第二，由省公署教育科长汪伯行君当场发给纪念品。前后两组演说比赛，到会旁听者皆千数百人，可谓极南京学界之大观矣。①

从上述报道可知：一、比赛的题目，在省教育会所定范围的基础上有所调整，高等以上将种种问题限定于意义一点，中等各校则改为与各自切身相关且易于把握的讲题，以免知识阅历不足、年龄尚幼的学生凿空逞臆。二、优胜者只取前两名。三、参与赛事的学校共计20所，教育行政当局和教育界知名人士担任主持或评判，前来旁听的学生人数众多。

12月21日，按照江苏省教育会的约定，江苏中等以上学校演说竞进会假南京通俗教育馆如期开赛，演说题即事先拟定的"新文化之运动及其种种推行方法"。当天下午二时举行预赛，"与会者中等组二十四校，演说员三十九人，高等组四

---

① 《学术讲演会演说竞进会纪事》，《申报》，1919年12月18日，"地方通信·南京"，第8页。

校,演说员六人,由钱强斋君主席,沈信卿、庄百俞、黄任之三君为评判。结果中等组选九人,为暨南学校黄国元,浦东中学校江建魁,省立第六师范学校徐永庆,省立第二师范学校杜心熙,高等师范附属中学校姚允明,上海沪江大学中学部张元鼎,省立第二农业学校仇武林,省立第一女子师范学校吕莹,省立第一师范学校王志瑞,高等组六人,为高等师范学校余天栋、蒋希曾,沪江大学校李峻华,中华职业学校职业教员养成科辛景文,法政专门学校张恩辅,中华职业学校职业教员养成科吴梓人。二十二日午后二时决赛,胡玉孙君主席,蒋梦麟、张轶欧、吴济时三君为评判,助以高等师范学校及第一女子师范学校音乐。演说毕,由主席照章给奖散会。录优胜员姓名如后:(中学组)第一名黄国元(暨南学校),第二名姚允明(高等师范附属中学校),第三名吕莹(省立第一女子师范学校)。(高等组)第一名余天栋,第二名蒋希曾(高等师范学校),第三名辛景文(中华职业学校职业教员养成科)"。①

高等组演讲第一名的获得者余天栋是南京高等师范学校学生,他不久就将演讲内容记述成文,发表于《学生杂志》。其大要是:社会学家把文化分成物质、精神、社会三部分,中国要富强,一定要发达科学。对于现在中国精神文化的责任,是要根据西方科学严格的精神,利用东方天才直觉的能力,保存中国

---

① 《演说竞进会第二次开会纪》,《申报》,1919年12月25日,"本埠新闻",第10页。

旧有伟大庄严的精神文化，吸收西方新文化的菁华，将来庶几可以造成一种东西折中的文化。中国的社会文化非常幼稚，家族、妇女、教育、劳动、政治等问题都在社会文化范围。

除普及教育、文字言语鼓吹外，还有三个根本的永久的建设的推行方法。一是便利交通。二是多派留学，学习外国成功的物质、精神和社会文化，事半功倍。三是多办大学。大学是一国文化的中心点和发源地，整理过去，传播现在，创造新的，造就并容纳人才。大学与上述三种文化均关系密切。①

获得中学组第一名的黄国元是暨南学校中学科的华侨学生，"当场由教育厅长亲授以奖品，颇极一时之荣"。其演说稿刊登于1920年3月出版的《中国与南洋》第1卷第9期，同月商务印书馆出版的《学生杂志》第7卷第3号也予以刊载。演讲词称：新文化运动是全世界的问题，中国新文化运动发生的原因，"第一是因为中国原有的文化，不尽适用于现在的生活。不但不适用于现在的生活，而且阻碍新生活的发展，所以不能不创造一种新文化。第二是因为中国式的生活，既不能同列强竞争，又不配同列强携手，既然逆了世界的潮流，请问怎么能

---

① 余天栋：《新文化运动之种种问题及其推行法》（1920年1月1日），《学生杂志》第7卷第3号，1920年3月5日，第1—5页。作者附识："中华民国八年十二月二十二日，江苏省教育会举行全省第二次演说竞进会于金陵，天栋以南京高等师范学校演说代表名义，加入该会高等组，出席演讲，预赛决赛，均获幸列第一。事后追忆该日演说之辞，于我新文化运动，不无稍有贡献。即所述推行方法，亦全重建设方面，而于添办大学一端，更三致意焉。兹特濡笔录之，以供海内诸子之采择。若夫新文化之运动，大学校之添设，倘能以此文而进行益速，则尤为天栋所馨香祷祝者也。"

够自存呢。所以不能不追随先进国的后尘，另外创造一种顺着世界潮流的新生活"。

作为演讲重点和主要内容的推行方法，黄国元认为，非从教育入手不可，因为教育是近代一切文化的发动机。具体可分为纵横二种，横的方法，就是使一般人民不问男女富贵贫贱普通残废，"都使受教育，都得有普通知识。要使个个有普通知识，就必须要普及教育。我国要实行普及教育，应有两种方法：（一）学校教育，应该遍设各种普通小学校，例如高等小学校、国民学校、特殊小学校、盲哑学校、感化院、以及各种职业学校等等。（二）社会教育，也应该有种种办法，例如露天演讲、通俗学校、通俗图书馆、通俗博物馆、公园、公众游艺场、白话文、注音字母、白话戏、电影戏、报纸杂志等等。最要紧的，就是鼓励一辈华侨资本家和国内资本家，拿出钱来，多办含有教育意味的工厂。照这样做去，人民处处有求学的地方，时时有求学的机会，文化自然容易普及了"。

推进新文化运动单靠普及显然是不足够的，因为"这种横的方法，虽能使文化普及，然而这种文化，还是很浅近的，很通俗的，须要更进一步，把一般人民的程度抬高，使他们在世界上做一个健全分子，去同他人互相协助，创造新的文化，那就不可不有第二种纵的方法了"。所谓纵的方法，"就是使一般人民都受高等学术上的知识，到处开办各种高等专门学校、大学校等"。由于国家的经济能力有限，不能到处开办许多专门学校，况且多数人民各自有职业，要维持生活，也不能个个有工夫，进专门学校学习，适当可行的解决办法是：

（一）在通都大邑如南京、杭州、武昌等处，各开设一所大学。

（二）仿欧美大学扩张运动的办法，开放所有的大学和高等专门学校，选择适当时间授课。预先广告时间、地点、主题，使一般人民自由听讲。

（三）请大学教员到各地巡回讲演，以弥补开放大学外地人民不能前来听讲之憾。即西洋所谓的大学殖民。

（四）在各处设立学术研究会，使已经受高等教育的人，有研究学术的机关。

（五）更要紧的，是由教育会或学生会发起，组织全国学界通讯社，联络全国的思想界，采集各地的社会实况，"增加研究问题的资料，免得空谈主义（多研究问题，少谈主义，是胡适之先生的意思），一方面可以鼓吹理学方面的新文化，一方面可以练习各地方的青年，养成访员、报馆主笔的能力，做将来推行新文化的原动力，而且行得好时，还可以间接的监督政府，使政府减少反抗新文化运动的行动"。

（六）"再进一步，组织寰球中国学界通信社，或是华侨通信社，一方面把外国的新文化介绍到中国来，一方面把中国的事业介绍到外国去，使他国的人不致于发生误会，生出恶感来，又可以使他国的人知道中国在近世文化亦能有所供献。这就是增高国际上的地位,这就是实行国民外交。"

普及和提高双管齐下,"照这样做去,一般人民不但个个有普通知识,并且多数有高等学术上的知识,这样新文化的推行一定很快,国家种种的问题,也自然而然容易解决了。我想到了那个时候,中华民国的文化大进步,国际的地位一天高似一天,太平洋两岸文化最高的中美两国,实在要称主人翁了。这就是推行文化的结果"。① 如此乐观,对新文化运动的无限期待溢于言表。

有意思的是,尽管演讲比赛是命题作文,多少有些望文生义,获胜者的演讲内容却与后来新文化运动的实际情形相当吻合,尤其是关于普及与提高的话题,成为新文化运动者聚讼纷纭的一个重要主题。所提议主张的种种方法,也十分精准地描绘出未来图景。由此可见,虽然新文化运动尚未普及,青年学生中的优秀分子已经能够紧扣住时代脉搏,对即将广泛兴起的全新运动做出准确预判。

江苏省教育会组织的演讲比赛,不仅广泛动员了本省各地中等以上乃至高等小学的学生关注"新文化运动",也引起有心人士的思考。1919年11月17日,"进之"在《教育周刊》第39号发表《新文化运动》,便针对演讲比赛谈了自己的看法,他说:

---

① 黄国元:《新文化运动之种种问题及其推行方法》,《中国与南洋》第1卷第9期,1920年3月,"杂录",第8—11页。

国民运动的倾向，已从消极的而变为积极的，已从浮泛的而变为根本的，是政治运动已变为新文化运动了。现在各地所办的义务教育、学术演讲会、注音字母、白话文和那各种出版物，提倡社会解放和改造等等，岂不是新文化运动的起点么？本届江苏各校演说竞进会之演题，也已由省教育会定为《新文化运动之种种问题及推行方法》，并把新文化运动的意义简略的解释一番。

但我以为，凡欲解决各种问题，必先有一个标准放在胸中，方能井然有条。新文化运动不能没有一个确切不移的标准，这个标准究竟是什么，大家急应研究研究。有人说新文化运动是谋永远及基本的改革和建设的，不过，所谓改革和建设究竟从何做起；有人说是要谋全国彻底的觉悟的，不过究竟觉悟什么。从我的意见看起来，新文化运动是必要增高个人人格的，这个人格，从康德说就是Personality，从边沁说就是此亦一人彼亦一人，Every man to count as one，从陆象山说就是人人要做堂堂的一个人。我们必本此主义，以解决政治、经济、法律、教育、道德各项问题，方能达新文化运动的目的。[1]

---

[1] 进之：《新文化运动》，《教育周刊》（《时报》附张，随报奉赠）第39号，1919年11月17日，"世界教育新思潮·教育小言"。

作者以增高个人人格为主的标准，未必能够得到广泛认同，可是如果旨在提高每个国民的觉悟和素质，无疑是新文化运动的阶段性目标，在此基础上，才有可能解决各种社会问题。公开提出新文化运动的标准并尝试提供解决方案，虽然未必能够取得确切不移的普遍共识，却会增加"新文化运动"这一议题的吸引力，从而引起更多人的关注和讨论。

第五节　北京大学的"运动家"

国民党人和江苏省教育会鼓动新文化运动，就内容取向而言，与北京大学创造新文化的理念相吻合，就活动形式而言，却与北京大学校方及师生由动而静的共识相反对。

清季以来，由于教育经费几乎百分之九十由教育界联合组织而非各级教育行政机关控制等因缘，江苏省教育会及其前身在近代中国的学界乃至政坛具有举足轻重的地位。国民政府统一之前，江苏省教育会利用其长期持续主导全国教育界的有利地位，不仅掌控着全国教育界的动向，而且试图进而影响全国政局的走向。蔡元培本来是江苏省教育会将势力伸向北方的重点依靠，也是该会与掌控北京政坛的安福系角逐的重要凭借，双方不仅彼此支持，在五四运动中还相互配合，南北呼应，与安福系主导的北京政府斗法。更为重要的是，在学潮一度失控，迫使蔡元培等人离职去位，江苏省教育会北进的努力严重受挫的情况下，双方很快就达成共识，力争北京大学恢复原状，抵制安福系人马控制北京大学和教育部的企图，以便收复失地，努力挽回被动局面。①

不过，恢复原状的考量之一，旨在避免给不肯善罢甘休的安福系以进一步侵蚀的口实，双方希望恢复原状的范围，仅限于北京大学内部，而在校园之外，蔡元培和江苏省教育会并不愿意回复故态。打破安福系的军阀统治与改造社会，是他们共同努力的相辅相成的事业。②只是鼓动学生直接参与政治运动很容易导致局势失控，反而有损自己的利益和计划，因而在校外改用文化运动的形式。1919年9月，蒋梦麟在《新教育》第2卷第1期发表署名文章《新文化的怒潮》，以宣言的形式，正式提出了"新文化运动"的口号，鼓吹用运动的方式来鼓荡起新文化的大潮，他说：

"凡天下有大力的运动，都是一种潮，这种潮澎湃起来，方才能使一般社会觉悟。若东抽些井水，西挑几桶湖水，浇

---

① 关于五四前后江苏教育会参与北方角力之事，参见陈以爱《"五四"前后的蔡元培与南北学界》，吕芳上主编《论民国时期领导精英》，（香港）商务印书馆，2009，第336—361页；《五四运动期间江苏省教育会的角色》，中国社会科学院近代史研究所主办"纪念五四运动90周年学术研讨会"论文；《五四运动初期江苏省教育会的南北策略》，《"国史馆"馆刊》第43期，2015年3月。
② 中国原来少有军阀之说，使用"军阀"和"北洋军阀"的概念并对军阀予以抨击，五四前后是一个密集期。当时反军阀的具体指向主要就是安福系，南方的国民党和直系遥相呼应，这与蔡元培及江苏教育会的目标基本一致。至少在鼓动舆论方面，各方实属不谋而合甚至可以说是共谋。参见桑兵《"北洋军阀"词语再检讨与民国北京政府》，《学术研究》2014年第9期，第99—120页。

将起来，这些水就被干燥的泥土吸去。我们虽终日为挑水劳苦，究竟没有什么结果！大凡惊天动地的事业，都是如潮的滚来。"西洋文化的转机，就是文运复兴的潮。法国大革命的革命潮，二十世纪的科学潮，都有原因。"凡一个大潮来，终逃不了两个大原因，一个是学术的影响，一个是时代的要求。换言之，一个是思想的变迁，一个是环境的变迁。"杜威认为社会学说是因为社会有病而生，社会有病，学者便要研究是什么病，于是生出学说。所以环境变迁，就会生出新学术，用以改变环境。"环境更加改变，要求学术的人更多，于是愈演愈大，愈激愈烈，就酿成新文化的大潮。"中国20年来环境变化大，还没有新学术供给要求，社会的病日益加重，必至无可救药。

"因为社会病，所以我们要讲新学术来救他。讲到这事，我们就说着这回五四学潮以后的中心问题了。这个新学术问题，就是新文化运动的问题，预备酿成将来新文化的大潮，扫荡全国，做出惊天动地的事业！……新文化运动的目的，是要酿成新文化的怒潮，要酿成新文化的怒潮，是要把中国腐败社会的污浊，洗得干干净净，成一个光明的世界！"他希望青年决百川之水，不要在一担一桶水里费尽心力，办法是：一、愿青年自己认作富于感情、思想、体力、活泼泼的一个人；二、用活泼泼的能力讲哲学、教育、文学、美术、科学种种的学术；三、用宝贵的光阴在课堂、图书馆、试验室、体育场、社会、家庭中作相当的活动；四、抱高尚的理想拼命做去；五、多团体活动，抱互助精神，达到团体的觉悟。"青年青年,你们自己的能力,就是水;运用千百万青年的能力,就是决百川之水;集合千百万青年的能力,一致作文化的运动,就是汇百川之水到一条江里,一泻千里,便成怒潮——就是文化的怒潮,就能把中国腐败社会洗得干干净净,成一个光明的世界!"①

这一宣言,使得在率先提出"新文化运动"方面国民党人不能独步。而这样的大声疾呼,显然并不是希望青年学生在任何环境里全然由动而静。还在五四运动前夕,与北京大学尚无渊源的蒋梦麟在其主持的《新教育》上,已经公开鼓吹以北大作为中心点的新旧两派的思想学术竞争,应如文艺复兴席卷欧洲那样漫延到全国。"今日吾国之新潮发轫于北京古城,犹文运复兴之发轫于意大利古城也。其弥漫全国之势,犹文运之澎湃全欧也。"②

在《新文化的怒潮》刊出的前一期,蒋梦麟发表了《改变人生的态度》,认为文艺复兴时期欧洲人基本改变了生活的态度,"成一个新人生观。这新人生观,生出一个新宇宙观。有这新人生观,所以这许多美术、哲学、文学蓬蓬勃勃的开放出来。有这新宇宙观,所以自然科学就讲究起来。人类生活的态度,因为生了基本的变迁,所以酿成文运复兴时代。西洋人民自文运复兴时代改变生活态度以后,一向从那方面走——从发

---

① 蒋梦麟:《新文化的怒潮》,《新教育》第2卷第1期,1919年9月,第19—22页。
② 《学术进步之好现象》,《新教育》第1卷第3期,1919年4月,第225—226页。

展人类的本性和自然科学的方面走——愈演愈大,酿成十六世纪的大改革,十八世纪的大光明,十九世纪的科学时代,二十世纪的平民主义。……这回五四运动,就是这解放的起点,改变你做人的态度,造成中国的文运复兴,解放感情,解放思想,要求人类本性的权利。这样做去,我心目中见那活泼泼的青年,具丰富的红血轮,优美和乐的感情,敏捷锋利的思想,勇往直前,把中国委靡不振的社会,糊糊涂涂的思想,畏畏缩缩的感情,都一一扫除"。①从五四运动是解放的起点到中国的文艺复兴,"新文化运动"几个字,已经是呼之欲出了。

1919年6月以前,蒋梦麟的文章中没有"新文化运动"的指称,显示在他心中还没有形成这样的概念。7月,在江苏省教育会的支持下,作为该会理事而与北京大学毫无瓜葛的蒋梦麟北上为蔡元培代理校务,象征着双方的联系进一步加强,甚至说合为一体也不为过。②蒋梦麟公开提出"新文化运动"的主张与江苏省教育会定议组织"新文化运动"演讲赛的行动在时间点和主旨方面高度一致,很难用英雄所见略同的巧合加以解释,应该事先有所协商,才能够配合得如此默契。《新教育》这份刊物,本来就是由江苏省教育会和北京大学共同出资倡办,编务由蒋

---

① 蒋梦麟:《改变人生的态度》,《新教育》第1卷第5期,1919年8月,第451—454页。

② 关于蒋梦麟代长北大的因缘,详见陈以爱《"五四"前后的蔡元培与南北学界》,吕芳上主编《论民国时期领导精英》,第336—361页;蒋梦麟:《西潮》,辽宁教育出版社,1997,第101页;桑兵:《关键年代的小历史——1919年的事件与日常》,《社会科学战线》2018年第1期。

梦麟负责，社址设在上海西门外江苏省教育会内。①江苏省教育会组织的"新文化运动"演讲正式比赛时，蒋梦麟担任决赛的评判，足以显示他们在鼓动"新文化运动"方面步调一致。

蒋梦麟等人的主张与国民党人也高度吻合，蔡元培是老革命党，蒋梦麟也曾为孙中山服务，并与主办《建设》《星期评论》的胡汉民、戴季陶等人往来密切。虽然没有证据显示北京大学、国民党和江苏省教育会共同预谋，至少蔡元培、蒋梦麟分别与江苏省教育会、国民党人协商定议的可能性相当高。也可以说，三方面都是"新文化运动"的倡导鼓动者，他们共同组成了所谓"运动家"的阵营。

五四之前，以江苏省教育会为代表的江浙士绅商就与国民党等南方势力联手反对段祺瑞的安福系及其掌控的北京民国政府中央政权，由于五四前后安福系到处伸手，扩张势力，派人进占教育部和北京大学，到上海运动江苏省教育会改选事务，并与南方的国民党针锋相对，使得三方被迫协同抗争。在当时的语境中，各式各样看似普遍的思想文化主张往往有着具体的政治指向。这些不为外人道的所指并不影响主张的普遍意义及社会效能，可是完全脱离具体指向，对主张的解读难免过于虚悬，不易理解相关的言论行事。况且，若是简单地以主张为准则，"运动家"自己也可能进入判罚的行列。国民党人不必

---

① 《新教育》第1卷第1期，1919年2月，版权页。

论，江苏省教育会的一些人事就颇受时人诟病。①

1919年底以前，虽然"新文化运动"的说法已经在多家媒体上出现，可是无论国民党的《星期评论》《建设》，还是江苏省教育会和北京大学的《新教育》，乃至被称为新文化运动发源的《新青年》，总体上仍然处于呼吁鼓吹的造势阶段，包括为"新文化运动"而生的少年中国学会，主要也是鼓动"新文化运动"。后来被统称为"新文化运动"的一些具体事业在各地已经出现，其中一部分是延续五四前的思想启蒙和文学革命，更多的则是借助五四风潮的声势，如创刊白话报刊、街头演讲和举办夜校，而且尚未统一使用"新文化运动"的集合概念来指称，所以整体而言仍然较少"新文化运动"的实事，以至于在后认之时，究竟哪些属于"新文化运动"的范畴，各家还有所争议。在各方鼓动尤其是江苏省教育会组织演讲的全面动员之下，"新文化运动"在江浙乃至各省迅速被鼓动起来。在此过程中，各地又屡屡发生学生与当局的冲突，使得五四运动的声气在"新文化运动"的形式下继续延展，并且很快形成"新文化运动"十分流行的局面。

---

① 社会舆论之外，同道之间也不尽协调。如胡适对于黄炎培在学界和社会上颇具影响就很不以为然，但又不解其何以能够如此。或指黄炎培毫无政治野心，从来不搞政治，1927年国民党上海市特别党部将其列名学阀予以通缉为无端受祸。其实黄炎培数十年剪报不辍，用心不仅在于教育，其参与主导的江苏教育会影响政坛学界社会极大，国民党要实现统一集权的政治目的，势必要对江苏教育会进行打压，使其势力收缩于国家政权可以容许的范围。这也为黄炎培等人后来的反蒋埋下伏笔。

"新文化运动"发展至此，至少形式上与后认的新文化运动先驱者或领袖们没有直接关系。蔡元培、蒋梦麟、江苏省教育会及国民党方面，虽然与陈独秀、胡适等人关系不错，但在鼓动"新文化运动"这件事情上，显然事先并没有沟通联系。因此，循着这些先驱和领袖的思想轨迹探寻历史上的新文化运动，反而显得有些隔膜、疏离，他们彼此之间在认识上也存在种种歧异。因此，当"新文化运动"十分流行之际，他们的反应不仅多少有些滞后，而且整体上不大协调，有的积极应对，并试图重新主导，如陈独秀；有的不以为然，持有异说，如胡适；有的甚至对突如其来的"新文化运动"泛滥以及自己到处被尊为新文化领袖而感到几分手足无措。

第六节　并非结语

　　新文化运动兴起于五四运动之后，部分国民党人应是最早提出新文化运动的运动家。不过，新文化运动的发生衍化，绝非仅此而已。五四运动平息后，江苏省教育会和北京大学既要避免学生失控再度危及其共有的势力基盘，又要在社会上继续鼓动学生对安福系主导的北京民国政府造成冲击，这与南方国民党的政治诉求相呼应。三方不约而同地发起的"新文化运动"，在迎合世界潮流、反对官僚军阀恶政、改造社会文化的理想追求之下，若隐若显地展现了联手反对安福系政权的政治同盟关系。江苏省教育会组织系统的社会动员，对于新文化运动的迅速漫延至关重要。在此过程中，《新青年》及北京大学与"新文化运动"的关联作用逐渐得到认定并日趋明确。

历史上的新文化运动与新文化运动的历史认识之间，存在显而易见的差异。后来认定的新文化运动发端之时，并没有诸如此类的文化现象被统称为"新文化运动"的实事。严格说来，"新文化运动"不仅是由五四运动所引发，而且在一定意义上是作为延续五四运动的替代形式。只是运动"新文化运动"的运动家大都并非通常以为的新文化运动先驱或领袖，而扮演重要角色的江苏省教育会和国民党的作用基本被忽视，或是虽然有所提及却未能放在整体联系之中观察评判，无法尽显其本意和要义。

历史叙述将史书当作文学作品进行二次解读已被视为常态，在连续后认的过程中不断将历史的起点逐渐拉长，更是相当普遍的现象，因而揭示历史的实际进程或许不至于改变后来的五四新文化运动专史或一般近代史将《青年》或《新青年》杂志的创办作为新文化运动起点的认定。可是，这样的认定同样受到"新文化运动"渊源流变的影响。由于当事人意见分歧，其中有人有意无意地将五四以前以《新青年》和北京大学为中心的新思想的传播以及相关的社团活动，与新文化运动的兴起联系起来，为后来将新文化运动的发端提前并且作为五四运动的思想和组织准备的历史再造留下伏笔，从而造成与历史上的新文化运动若即若离的状态。

不过，若即若离也就是不即不离，完全脱离历史上的新文化运动，在新文化运动的历史认识中难免穿凿附会，枉顾实情，妄加揣测。例如关于德先生和赛先生的论述，后者是当时人认定的西方新文化的基色，而统一的西方本来就只是存在于东方人或中国人的心中，欧美各国对于科学的认识各有不同，近代以来中国人看似不言而喻的科学观念，仔细品味却是言人人殊。至于前者，并不一定是对于国家政体形式的追求。在国际国内代议制破产已成大势所趋的语境下，新文化运动的德先生取向主要体现于教育的自动和社团组织的自治，与社会上由间接民权转向直接民权的诉求相适应。之所以使用音译，是因为开始用意译，"致有民本、民主、民众、民治、唯民、平民、庶民等名词，继而以为未甚妥适，不如迳用其音，包含较广，且名称可划一，由是所谓'德谟克拉西'者，乃成为一种新思潮之习用语矣"。①此类名词及思潮，反映了代议制遭到唾弃和对直接普遍民权的热切向往，而与今人的解读或认定相去甚远。也就是说，即使要鉴古知今，也必须首先了解历史究竟沉淀了多少积淀了什么在今当中，才能避免望文生义地强古人以就我，以至于无从理解前人与前人、今人与前人以及今人与今人之间的聚讼纷纭究竟有无交集，又是如何交集。

---

① 木心：《教育与德谟克拉西》，《教育杂志》第11卷第9号，1919年9月20日，第1页。

无论历史上新文化运动的发生演化还是后来对于新文化运动的认识由众说纷纭到逐渐统一的变化进程（后者一直持续到上世纪后半叶，且有范围的限定），都是历史的组成部分，都能够成为历史研究探讨的客观对象并且可以用适当的形式加以表述。仔细梳理二者的联系与分别，对于认识新文化运动的全过程与各层面，是必不可少的应有之义。至少"新文化运动"的专书，应当清楚地将新文化运动的起点定于五四运动之后，而将五四运动以及五四前的思想启蒙和文学革命等新思潮新文学作为"新文化运动"的前史，呈现历史发展的不同阶段，不能完全不加分别地混为一谈，以至于新文化运动在新思潮新文学的基础上大进一步的历史地位及意义变得模糊不清。问题是，材料的比较与事实的连接，应当以本来时空定位下史事的本相及其错综复杂的事实联系为凭借，可以依据主题有所侧重，而不能随心所欲。若是跳跃着任意挑拣论据，又好强作解人，随心所欲地链接拼装，无论多么具体，都势必深陷自己心中历史的陷阱而无法自拔。至于那些望文生义的穿凿附会，以及以偏概全的"我认为"，更是与史事无涉，何足道哉。"新文化运动"已过百年，如果百年之后纪念者的历史认识仍是一笔理还乱的糊涂账，真要愧对起于九泉的先驱者了。

第二章 《新青年》的无缘与有份

既往关于新文化运动的历史叙述，都以《新青年》为发端和动因，实则新文化运动是在五四运动之后，由国民党、江苏省教育会联手发动，以延续五四风潮冲击段祺瑞和安福系的未竟之业，用文化运动的形式推动国民革命的社会运动。《新青年》同人中，除陈独秀、李大钊予以呼应鼓吹外，胡适明确表示不赞成，甚至认为五四运动和新文化运动使得以思想启蒙为主导的新思潮发生转向变质，产生负面作用，其余成员也多不以群众性的社会政治运动为然，文字言论几乎没有响应，情感隔膜，行动也相当疏离。只是在偶尔反击章士钊和学衡派的过度攻击时，有所驳斥和辩护。不过，新文化运动思想上的确受《新青年》的影响，并将新思潮扩展到全国社会各界，舆论又奉《新青年》同人为新文化运动的领袖，"五四运动→新文化运动"的历史顺序，变成"新文化运动→五四运动→新文化运动"的倒置叙述，从而掩盖了《新青年》内部分歧所体现的近代中国两种不同趋新取径的分歧与矛盾。

胡适过世后,蒋介石所题挽联为:新文化中旧道德的楷模,旧伦理中新思想的师表。尽管两人生死对头,坊间学界,都认为挽联之于胡适的一生,概括颇为恰当。然而,胡适虽然被奉为新文化运动的思想领袖,在相当长的时间里却只认可"新思想""新文学",对于"新文化"以及"新文化运动"不以为然。现行的历史叙述,将五四运动与新文化运动连为一体,统称为五四新文化运动,而具体的历史表述和逻辑演进,却是说新文化运动催生了五四运动。新文化运动的开端,普遍认为以《新青年》为起点,具体又有以《青年》杂志创刊、改名为《新青年》以及编辑部迁到北京等时间节点为依据的不同认定。这样的分别造成一定程度的困惑,表现之一,从2015年起至2019年,几乎每年都有纪念新文化运动百年的学术活动,不禁令人心生疑窦,到底何时才是新文化运动的百年。

新文化运动与五四运动的事实关联,很早就有学人提出质疑,认为查阅各种史料,在1919年底以前,并没有"新文化运动"的说法。因此,新文化运动是在五四运动的推动下出现的,而不是由新文化运动促成了五四运动。[①]或者说,"新文

---

① 周策纵:《五四运动:现代中国的思想革命》,周子平等译,第265页;邓绍基:《关于"新文化运动"这一名称》,中华书局编辑部《学林漫录》第14集,第69—75页。

化运动"是被运动起来的运动。[①]进一步的研究显示,"新文化运动"的概念是在1919年8月由国民党人吴稚晖提出,紧接着国民党人戴季陶又提出了具有纲领性的新文化运动文件,而在江苏省教育会的组织和主导下,江苏全省范围以中学及高小以上学生演讲竞赛的形式进行了广泛的社会动员,使得"新文化运动"很快成为各种趋新报刊的舆论焦点以及各地师生进行社会鼓动的主要旗号。事实表明,直接发起新文化运动的并不是《新青年》,而是国民党和江苏省教育会。与此密切相关的蒋梦麟看似代表北京大学,但原来与北大毫无渊源,实际上是江苏省教育会的代理人。由此可见,原来通行的历史叙述,形式上时空两面均无法落实。《新青年》虽然与新文化运动颇有渊源,却并非新文化运动的发动者,北京也不是新文化运动的策源地。

时空的改变必然引起内容的变化。依据上述事实,《新青年》与五四运动、新文化运动究竟是什么关系,应该重新检讨。因为继续沿用原有的叙述,不仅与事实不合,而且会模糊《新青年》内部的分歧,扭曲新文化运动的性质,从而导致对这一重要历史事件的误读错解。

[①] 王奇生:《新文化是如何"运动"起来的》,《近代史研究》2007年第1期,第21—40页。

第一节　自称：《新青年》同人的两歧

"新文化运动"的集合概念出现于五四运动之后的历史事实表明，无论是《青年杂志》的创刊还是改名为《新青年》以及编辑部迁到北京，都不可能是新文化运动的正式起点。五四运动后，《新青年》因为陈独秀被捕入狱，停刊五个月，未能对迅速兴起的新文化运动发生即时影响，也没有出现能够构成新文化运动发端的标志性事件。从创刊到改名再到编辑部迁移，直至1919年12月以前，《新青年》杂志上出现过"新思潮""新思想""新文学""新文艺"等等概念，唯独没有"新文化"，更没有"新文化运动"。尤其是1919年8月以后，社会上"新文化运动"逐渐流行开来，《新青年》的文字中仍未出现这一字样。

能够清楚展现《新青年》与新文化运动关系的，除了刊物本身，就是办刊同人对待新文化运动的态度。新文化运动发生之际，《新青年》刚好停刊，以《新青年》作为新文化运动的发端，从内容上或有讨论的余地，从概念和形式上，完全没有可以支撑的证据。只要不是用后来的观念望文生义地将新文学新思想简单地等同于新文化，就发生衍化的历史事实而论，无法找到《新青年》鼓动起新文化运动的有效论据。于是，检讨办刊同人对待新文化运动的态度，就成为探究《新青年》与新文化运动关联的重要凭借。

全面梳理和检讨《新青年》同人的相关文献，包括公开发表的文章、演讲和私密性的书信、日记，很快可以发现一个令人惊讶却不免有些困惑的情况，除了陈独秀和胡适两人外，其他如鲁迅、钱玄同、刘半农、沈尹默、高一涵、周作人等，都很少提到新文化运动，既没有即时的记载，事后也不大谈及相关的事情。而李大钊虽然言及新文化运动，却并非在《新青年》上面。这显然与《新青年》是新文化运动倡导鼓动者的形象大相径庭。况且，陈独秀与胡适的态度截然相反，陈独秀鼓与呼，胡适则不仅公开声称没有新文化运动，连新文化也没有，而且明确反对参与其事。在胡适等人看来，新思想、新思潮、新文学、新文艺并非新文化，前后有着根本的分别。只要不预设《新青年》催生新文化运动的前提，自以为是地将新文学新思想混同于新文化，就不难做出初步的判断，即《新青年》同人对于新文化运动其实相当疏离或隔膜。其中陈独秀的热情洋溢不过是一个异数，并不能代表《新青年》同人乃至刊物的整体取向。

疏离或隔膜的前因虽然各自有别，概言之，都显示出《新青年》同人在对待新文化运动的态度这一大是大非的问题上，几乎没有共识，更缺少沟通协调，只能各行其是，而无法展现整个刊物的共同倾向。

胡适是《新青年》同人中，明确且公开不赞成所谓"新文化运动"的代表。1920年暑假，他到南京高等师范的暑期学校里讲演，听讲的学员有七八百人，来自全国十七省，胡适自己说："他们见面第一句就恭维我，说我是'新文化运动'的领袖。我听了这话，真是'惭惶无地'。因为我无论在何处，从来不曾敢说我做的是新文化运动。他们又常常问我，新文化的前途如何，我也实在回答不出来。我以为我们现在那里有什么文化？我们北京大学，不是人称为新文化运动的中心吗？"实际情形却是学术界大破产的现象，"还有什么颜面讲文化运动"？[①]

回到北京后，胡适在家中听来访的蒋梦麟谈起"近年所熟闻之新文化运动"，胡适表示："现在简直没有什么新文化，连文化也没有。"[②]蒋梦麟正是共同催生新文化运动的重要人物，而且与另外两家发起者即江苏省教育会和国民党关系密切，早在1919年9月，他就认为五四学潮以后的中心问题，就是新文化运动的问题，要酿成将来新文化的大潮，扫荡全国，而新文化运动的目的，就是要酿成新文化的怒潮。具体主张为改良社会，创造文化，为达此目的，要集合千百万青年的能力，一致作文化的运动，形成文化的怒潮，荡涤中国的腐败。[③]

---

① 陈政记：《胡适之先生演说词》，《北京大学日刊》第696号，1920年9月18日，第3版。
② 陈政记：《胡适之先生演说词》，《北京大学日刊》第696号，1920年9月18日，第3版。
③ 蒋梦麟：《新文化的怒潮》，《新教育》第2卷第1期，1919年9月，第19—22页。

听了胡适的意见，蒋梦麟没有当面表示异议。过了两天，1920年9月11日，北京大学在第三院举行始业式即开学典礼，①蒋梦麟致辞中提及此事，并临时请在场的胡适详细阐释。抱病出席典礼的胡适叙述了在南京高等师范暑期学校的经历，并再次强调："现在并没有文化！更没有什么新文化！"②

坚定地否认新文化运动的态度，胡适坚持了不短的时间。1924年7月，他应邀到大连满铁的暑期大学演讲，原来自己拟定的演讲题目是新思潮，可是被组办单位擅自改为"新文化运动"，所以胡适演说开始即申明："今日讲题是'新文化运动'。新文化这几个字本不是兄弟拟定的，原本叫新思潮来者。不过当时有几种杂志谈文化问题，对于社会、文学、政治、教育等制度一切愿加改革，因此就叫作新文化运动了。"③可见直到此时，胡适心中仍旧不以"新文化运动"为然。

胡适的大连讲演，虽然本意不以新文化运动为题，可是勉强能够接受，已经不再完全排斥，所以将新文化运动概括为三个主义，第一义是"对于固有文化，加上新的估价。估价者，估量其价值也"。二是"估价之后，加以改革"。三是"新文

---

① 关于此次开学典礼举行的日期，说法不一。1920年9月13日《北京大学日刊》第691号所载"本校开学纪略"明确记载："本校开学礼已于十一日（星期六）举行。"只是各人的演说词从9月16日起陆续刊载。
② 《胡适之先生演说词》，《北京大学日刊》第696号，1920年9月18日，第3版。
③ 《胡适讲演"新文化运动"》，《盛京时报》，1924年8月2日。吴元康整理《胡适史料续辑》，《民国档案》2008年第3期，第5页，改题《于大连中华青年会所作关于新文化运动的演讲》。

化在精神不在形式"，要用求是的精神，追求真理。最后归结为一个字，"就是'干'"。[1]胡适本人的学术思想史上，悄然发生的先拒后迎之事不止一端，一方面表明其定力不足，另一方面则显示其与时俱进。从坚拒到承受，意味着胡适对新文化运动的态度正在起变化。

与胡适一度根本否认新文化运动截然相反，陈独秀先是热烈响应，继而全力鼓动。1919年10月陈独秀出狱后，独力接管《新青年》的编辑事务，他敏锐地捕捉到新文化运动正在全国各地漫延的动向，立即着手纠正《新青年》同人自外于运动的漠然偏向，在他主编的《新青年》1919年12月1日第7卷第1号上，撰写发表了多篇文字，其中几度使用了"新文化运动"的概念，并在同期发表的《调和论与旧道德》一文中，指章士钊鼓吹的新旧调和论"和我们新文化运动及思想改造上狠有关系，我们应当有详细的讨论"，[2]旗帜鲜明地加入新文化运动的行列，不再自外于运动，更不否认运动的存在。这一期的"随感录"都出自陈独秀之手，明确抨击南北旧势力反对新文化运动是其中的重要内容。这是《新青年》首次公开表态赞同新文化运动，但是显然只能代表陈独秀本人的意思。

---

[1] 《胡适讲演"新文化运动"》，《盛京时报》，1924年8月2日。吴元康整理《胡适史料续辑·于大连中华青年会所作关于新文化运动的演讲》，《民国档案》2008年第3期，第5页。
[2] 陈独秀：《调和论与旧道德》，《新青年》第7卷第1号，1919年12月1日，"随感录"，第116页。

1920年1月11至12日，陈独秀在长沙《大公报》连载长文《告新文化运动的诸同志》，正面告诫"主张新文化运动"的各位志同道合者，新文化运动不要局限于办报出版，不要空谈谩骂，要用学理推动运动向前发展，不以新文化运动作射利的器具。①到上海后，陈独秀于1920年3月20至26日在青年会、沪江大学和南洋公学连续举行"新文化运动是什么"或"什么是'新文化'运动"的演讲，短短一周之内，就从响应赞同者升格成"新文化运动巨子"。②陈独秀还将几次演讲词进行认真整理并大幅度充实，以《新文化运动是什么？》为题，正式发表于1920年4月1日的《新青年》第7卷第5号，使得原本相对疏离的《新青年》与新文化运动迅速拉近了距离，内心不赞成新文化运动的胡适暑期南京演讲时被听讲者称为新文化运动的领袖或中心，与陈独秀的努力有很大关系。事实上，《新青年》刊载的几篇与新文化运动直接相关的文字，无一例外全都出自陈独秀之手。

陈独秀与胡适对待新文化运动的立场反差如此巨大，关键究竟何在？从两人关于普及与提高的论辩中可见一斑。胡适在否认新文化运动的同时，也承认"现在外面学界中总算有一种新的动的现象"，只不过仍是一种新动机、新要求，并没有达

---

① 陈独秀：《告新文化运动的诸同志》，《大公报》（长沙），1920年1月11、12日，"研究"，均见第7版。
② 君豪：《名人演说》，《申报》，1920年3月26日，"新闻拾遗"，第14版。

到新文化运动的程度。"所以惟一的方法,就是把这种运动的趋向,引导到有用、有结果的路上去。"而动的趋向有两个方面,一是普及,"现在所谓新文化运动,实在说得痛快一点,就是新名词运动。拿着几个半生不熟的名词,什么解放、改造、牺牲、奋斗、自由恋爱、共产主义、无政府主义……你递给我,我递给他,这叫做'普及'!这种事业,外面干的人很多,尽可让他们干去,我自己是赌咒不干的,我也不希望我们北大同学加入"。

第二种趋向是提高。"提高就是:我们没有文化,要创造文化;没有学术,要创造学术;没有思想,要创造思想。要'无中生有'地去创造一切。这一方面,我希望大家一齐加入,同心协力用全力去干。只有提高才能真普及,愈'提'得'高',愈'及'得'普'。"

在胡适看来,由高深的学问创造出新文化,才能带动起中国的新文化运动,所以他明确宣称:

> 我不希望北大来做那浅薄的"普及"运动,我希望北大的同人一齐用全力向"提高"一方面去做工夫。要创造文化、学术及思想,惟有真提高,才能真普及。[①]

在此之前,北京大学几年来其实从未挂过"新文化的中

---

① 《胡适之先生演说词》,《北京大学日刊》第696号,1920年9月18日,第3版。

心"的招牌，而胡适这番关于普及与提高的言论，却引起相当大的争议。陈独秀在1920年12月1日《新青年》第8卷第4号的"随感录"中，专门写了一则《提高与普及》，表明自己的意见。在他看来，一国的学术不提高固然没有高等文化，不普及则成了贵族的而非平民的，所以不能偏废。一方面，大学程度既要提高，也要普及，提高而普及的方法，就是全国多设大学，多收绝对不限资格的自由旁听生。学术界自然不能免只有极少数人享有的部分，但这种贵族式的古董式的部分，应尽量减少才好。另一方面，专就北京大学学生而论，现在低的还没有，如何提高？所以眼前不必急于提高，要实实在在的整顿各科的基础学。待基础奠定，再谈提高。[①]

陈独秀的随感看似部分为胡适解套脱困，其实刚好触及了双方对新文化运动认识的分野。胡适显然认为新文化运动的重心在文化，而文化以思想学术为基础，所以先要提高，否则没有文化，何来文化运动。陈独秀则认为，对于少数人的高等文化而言提高固然重要，但是多数人的普及同样不可偏废，否则一国的文化就成了贵族的而非平民的。两人争议的范围，主要都在北京大学之内，分别在于，胡适将北大与外界隔离，陈独秀则关于北大内部的普及与提高，认识与胡适大体一致，关键是外溢的部分，倾向于由普及带动提高。

---

① 独秀：《提高与普及》，《新青年》第8卷第4号，1920年12月1日，"随感录"，第5—6页。

事实上，新文化运动从一开始就不是胡适所希望的创造高等学问的运动，作为发动新文化运动的重要一方，国民党人戴季陶早在1919年9月就概括论述了新文化运动与革命的关系，将普遍的新文化运动，作为革命进行的方法；将智识上思想上的机会均等和各个人理智的自由发展，作为新文化运动的真意义；而文字及语言之自由的普遍的交通和交通器具的绝对普及（如注音字母），作为造成理智上机会均等的手段，并且将上述这些平和的组织的方法及手段，作为革命运动的新形式。①不久，他又在《星期评论》第17号发表谈话，更加简要地说明其政治主张：中国要解决社会不发达和官僚军阀的恶政，不能仅仅用武力革命的方式。"平和的新文化运动，这就是真正的革命！这就是大创造的先驱运动！"要想救亡，"还是只有猛力做新文化运动的工夫"。②

救亡与启蒙，曾经被后来人视为此消彼长的矛盾体，并顺着胡适的认识逻辑，指五四运动是救亡妨碍了启蒙。而新文化运动的历史进程却显示，二者本来相辅相成，五四政治运动催生的新文化运动，是用社会运动的形式将思想启蒙由少数知识人普及到社会大众，提高其觉悟，以夯实救亡的社会基础，进而根本解决救亡之道的问题。

---

① 戴传贤：《革命！何故？为何？——复康君白情的信》，《建设》第1卷第3号，1919年10月1日。
② 季陶：《我和一个朋友的谈话》，《星期评论》第17号，1919年9月28日，"短评"，第4页。

发动新文化运动的另外重要一方江苏省教育会，主张与此高度吻合。1919年10月，江苏省教育会拟于12月22日在南京举行以"关于新文化运动之种种问题及其推行方法"①为主题的第二届演说竞进会。鉴于当时社会上新文化运动的指称和实事尚不普遍，特地先期发布《解释新文化运动》的文宣，作为"简单的解释以备各校参考"，其中明确宣称新文化运动是继续五四运动传播新文化于全国国民的作用，以唤醒国民，改良社会，发展个人，增进学术。因此，要文化普及于大多数国民，不以一阶级一团体为限，推广注音字母，传播白话文，设立义务学校，组织演讲团，目的均在于此。所以新文化运动一开始就是一种社会运动、国民运动和学术思想运动。②

由此可见，发起新文化运动，正是为了实现革命目的而展开的社会运动，运动的形式和手段是和平的，内容是思想文化的，性质和目标却是革命的。

国民党人和江苏省教育会讲到新文化运动的目的时，碍于时势，都只提到根本大目标。实际上，新文化运动还有其直接的政治目的，就是要完成五四运动的未竟之业，推翻掌控中央政权的段祺瑞和安福系。从大的方面说，五四运动的锋芒所向，是要打倒列强和军阀，前者首先指日本，后者即北洋军阀。不

---

① 《演说竞进会定期在宁开会》，《申报》，1919年10月31日，"本埠新闻"，第10页。
② 《演说竞进会演题之解释》，《申报》，1919年11月2日，"本埠新闻"，第10页。

过，这时的"北洋军阀"，与后来包括诸多派系的指认大不相同。袁世凯称帝倒台后，段祺瑞及其安福系长期实际控制北京民国政府，不断集中权力，威胁到南北其他势力的生存，各方不约而同地展开反对"北洋军阀"的舆论宣传，矛头直指段祺瑞和安福系。1917年开始出现的"北洋军阀"指称，基本是指安福系或后来所谓皖系，所以连所谓直系也置身于"北洋军阀"之外，甚至还以反对军阀的名义附和各方联合倒段的言论行动。

巴黎和会提供了一个倒段倒皖的契机，学生和各界民众发起的五四爱国运动，具体的矛头所向，就是实际掌控中央政权，并且极力扩张势力范围的安福系及其主脑段祺瑞。影响巴黎和约的中日密约，虽由曹、陆、章三人经手，主持者还是段祺瑞。在京沪两地的游行示威和集会中，学生和其他民众的标语口号以及政治要求，曹汝霖、陆宗舆、章宗祥和段祺瑞、靳云鹏、徐树铮，都在要求惩办的卖国贼或卖国党之列，而且段祺瑞还首当其冲。[①]淡化反对安福系的目标，让许多相关史事的关联性变得模糊起来。

五四运动的结果出乎意外，执政者丢卒保帅，三名卖国贼下台，段祺瑞则躲过风头，而且由于蔡元培辞职南下，反而让安福系有机可乘，企图进一步将手伸进北京大学染指校长的

[①] 参见许恪儒整理《许宝蘅日记》第2册（中华书局，2010），第668—669页；中国社会科学院近代史研究所编，杜春和、耿来金整理《白坚武日记》第1册，第194页。

位置，伸向江浙谋夺江苏省教育会的地盘。因此，反段各方不肯善罢甘休，必须与之放手一搏。之所以在五四运动之后紧接着再发动新文化运动，正是因为五四运动不仅没有达成预期目的，反而遭受了挫折和损失，因此国民党人、江苏省教育会以及北京大学的蔡元培、蒋梦麟等人再度联手，试图通过新文化运动发动全社会的力量反对安福系，动摇其权力盘基，并在全国范围瓦解军阀统治的根基。

新文化运动的实际参与者未必全都清楚这些政治盘算，反对的声音主要从两方面对胡适的言论提出质疑和批评，一方面认为，"中国现在没有文化，更没有新文化"的话太过分，把西洋文化看得太高，蔑视中国固有的文化。①另一方面，否认新文化运动只是"移植的新学"运动或"贵族式"的文化运动。中国闹新学时，已有过旧文化运动，"是'利用'的，'政客'的，至好也不过是'学桶'的文化运动。新文化运动是社会平民全体的文化运动，不要瞎眼看不见世界的潮流"。②因为新旧文化运动有别，所以与胡适的意见正相反对，"提高不是单提高自己，是要'提高群众'，提高群众，就是'普及'。这叫做'惟有普及才是真提高'！"③

---

① 张邦铭：《现在中国批评家的责务》，《批评》第1号，1920年10月20日，第2、3版。上海曾随《民国日报》附送，非该报副刊。
② 人道：《新文化运动是什么》，《兴华》第17卷第34期，1920年9月8日，"选评"，第26—27页。
③ 缪金源：《所谓"新文化运动"的查抄与破产》，《批评》第1号，1920年10月20日，第3—4版。

第二节　他指：若即若离的牵连

陈独秀和胡适围绕普及与提高的分歧，反映了《新青年》同人对新文化运动认识的差异，这些差异体现于行事上，就形成各自不同的分别。这些分歧和分别，整体上显示出《新青年》同人对待新文化运动思想上无共识，行动上不统一，乃至于隔膜疏离的消极状态。

五四风潮发生之际，《新青年》编辑同人有的不在北京，如胡适、周作人，在北京的各位，除了陈独秀、李大钊外，也几乎没有参与行动的意向。接踵而来的新文化运动，与他们熟悉的笔战形式很不相同，全国各地的刊物雨后春笋般涌现之外，青年学生走向街头广场，深入城镇街道乃至乡村，面向社会民众，游行示威，演讲鼓动，一时间如火如荼。这些热血青年受过《新青年》传播的新思想和新文学的影响，以及五四风潮的刺激，但他们的行为却令《新青年》同人有些无所措手足。在中国历史上，民众运动总是伴随着社会动乱，尤其是义和团之后，趋新人士一面鼓动和利用民气，一面提倡文明和秩序，唯恐民气横潦，不可收拾。这样的担忧在五四一代知识人身上依然延续，反映到行动上的突出表现，就是有意无意地自外于各种形式的群体行动。这使得他们在新文化运动声势最盛的几年中，不仅几乎没有参与，而且也很少用他们最为擅长的文笔予以鼓吹响应。

新文化运动兴起之前，参与《新青年》编辑或主要撰稿的有高一涵、刘文典、刘半农、易白沙、吴虞、鲁迅、周作人、沈尹默、钱玄同。陈独秀离开北京后，1920年8月为编辑撰稿事务致函在北京的《新青年》同人，还包括张申府、顾孟馀、陶孟和、陈大齐、严慰慈、王星拱、朱希祖。综观上述各人在《新青年》或同时期其他刊物发表的文字，以及可以找到的书信日记等私密材料，不难发现，他们几乎没有正面响应新文化运动，更不要说倡导鼓动。

刘半农1919年1月已经与《新青年》脱离关系，原因有二，一是胡适对他有意见，二是不久将往欧洲留学。钱玄同不以为然地说："半农初来时，专从事于新学。自从去年八月以来，颇变往昔态度，专好在故纸堆中讨生活。"[1]1920年1月，刘半农启程赴欧，与国内的联系较少，此后埋头学问，对新文化运动几乎没有反应。

陈独秀被捕后，《新青年》陷于停顿，但并未停刊。1919年10月，钱玄同即开始编辑《新青年》第6卷第6期文稿。[2]11月1日，他应觉悟社邀请，到天津讲新文学。此后他的思想起了些变化，1921年元旦在日记中写道："我在两三年前，专发破坏之论，近来觉得不对。杀机一启，决无好理。我以为我们

---

[1] 杨天石主编《钱玄同日记》（整理本）上册，北京大学出版社，2014，第343页。
[2] 杨天石主编《钱玄同日记》（整理本）上册，第354—356页。

革新，不仅生活见解，第一须将旧人偏窄忌克之心化除。须知统一于三纲五伦固谬，即统一于安那其、宝雪维兹也是谬。万物并育而不相害，道并处而不相悖，方是正理。佛有小乘、大乘，孔有三世之义。其实对付旧人，只应诱之改良，不可逼他没路走。"①钱玄同本来就不愿参与政治和社会运动，文字中也很难找到与新文化运动的关联。直到1923年1月，与人谈及近日政界情形，才捎带论及新文化运动，"觉得魑魅魍魉，白日现形，真可谓晦盲否塞极矣。宇众因谓教育界亦极可悲观：南开主张读经，东大有《学衡》和《文哲学报》。这都是反六七年来新文化运动的现象。我觉得这种现象并不足悲，而且有了这种现象，新文化更加了一重保障"。如袁世凯称帝，张勋复辟，都有助于巩固共和。而清政府杀害戊戌六君子，促进了变法事业，杀害徐锡麟等人，促进了革命运动。"照此看来，凡革新事业，多一个牺牲的人，在时间上便可提早实现。那么，我们若肯为了'纲伦革命'和'汉字革命'而牺牲，甚且至于流血，则新家庭和拼音新文字必可提早实现。这种牺牲是最值得的。我于是便问我自己道：'玄同！你肯这样光荣的牺牲吗？'但答案却是'……'！"②虽然将《新青年》倡导的革新事业归入新文化运动，却坦承没有为此牺牲的勇气。

---

① 杨天石主编《钱玄同日记》（整理本）上册，第367页。安那其、宝雪维兹，即无政府主义和布尔什维主义。
② 杨天石主编《钱玄同日记》（整理本）中册，第494页。

吴虞不属于《新青年》编辑同人，却因为公然主张打倒孔家店而与《新青年》编辑中的几位闻人齐名。新文化运动兴起之时，他还在成都，对运动之事有所风闻。1920年1月22日，他听吴玉章说："胡汉民与杨沧白信云，陈独秀有书与汉民言，川中当道阻抑新文化。沧白复汉民书，颇论文学。"[①]不久前，1月4日，京沪等地的川籍人士"王光祈、王德熙、吴芳吉、吴泰安、孟寿椿、康白情、康纪鸿、陈启修、叶麟、傅汇川、杨廉、熊训启诸人，集合同志，砥砺学行，对于四川青年，谋文化上的交通，以创造新四川，使其适应为新世界底一部分，发起《新四川》杂志社，并作其他种种文化运动"。"第一次社员中北京有楷、桓，上海有王瑞华、胡蜀英，凡四人为女社员。"前两位即吴虞的女儿吴楷（若膺）、吴桓（辟彊）。于是吴虞比较关注新文化运动。2月1日，"楷女寄回王光祈介绍楷女入新四川杂志社书及新四川杂志社章程一份"。2日，"楷女寄归之新四川杂志社章程少荆携去"。3日，"新四川杂志社章程今日《川报》登出"。[②]此外，吴虞还订阅或借阅多种新书报，如《少年中国》《新生活》《近代思想》《星期评论》《新教育》《新青年》《青年进步》《北大学生周刊》《新潮》《解放与改造》《新社会》等。

---

① 中国革命博物馆整理《吴虞日记》上册，荣孟源审校，四川人民出版社，1986，第517页。
② 中国革命博物馆整理《吴虞日记》上册，荣孟源审校，第520—521页。

不过，吴虞虽然怪，却未必新，对于新文化运动，态度颇为消极。1920年9月25日，他听说"钟书船昨晚因通敌正法。今日报饶炎被卫戍司令捕去，旋释放"，不免感慨道："予平日宗旨不入党，不任主笔，不以文字谈法律、政治，近年尤以不涉足政界为要件。但略任钟点，闭户读书，寡交游，慎文字，优游自得而已。今观钟、饶诸人之危险，益信予见之非谬矣。夫文化运动，在外省声气颇广，常及数省，冒险孟晋，多得后援，而在成都，即成死地，孤掌难鸣，易蹈危难，已在所宜谨，况于权利势位之争，安可预哉。"①

吴虞毕竟是因为《新青年》而名噪一时，其交友之中，不乏喜好新文化之士。12月4日，他就收到罗承烈所作《自治运动与文化运动》文一篇。②1921年，吴虞受聘到北京大学任教。好友吴君毅劝进时，除了说明开首即任教授属于"异例"，更能打动吴虞的大概是"四川局面狭隘（成都尤甚），非吾弟兄久处之乡，争名争利，须在此间。……北大是全国文化中心（内容姑不必论），将来蔚成一种势力，吾兄入是间后，可竭力将事，待弟二三年由欧归后，以便互相提携也"。③

吴虞到京后，拜访胡适，谈极久。"予谓国文如何讲法？适之言'总以思想及能引起多数学生研究之兴味为主。吾辈建

---

① 中国革命博物馆整理《吴虞日记》上册，荣孟源审校，第557—558页。
② 中国革命博物馆整理《吴虞日记》上册，荣孟源审校，第568页。
③ 中国革命博物馆整理《吴虞日记》上册，荣孟源审校，第581—582页。

设虽不足，捣乱总有余。'"①因此，吴虞偶尔也会附和一下新文化，如1921年10月11日北大开学，按例新聘教授均须演说，"予讲为新文化再进一步之希望，意切实而语滑稽，掌声如雷。虽适之、经农、梦渔、孟和亦皆拍掌"。②

凭借着往日的声誉，吴虞也被外界视为新文化运动的要角。1924年1月12日，上海《时事新报·学灯》登亚东图书馆广告云："改造国民思想，讨论妇女问题，改革伦理观念，提倡文学革命，文化运动的先锋：《胡适文存》（五版），《独秀文存》（四版），《吴虞文存》（三版）。"③尽管所看重的其实是跻身名人之列，能够与《新青年》的两大要人比肩，应该是吴虞人生的辉煌。可惜他不大自重，来到文化中心，却没有积极参与新文化的建设，反而闹出狎妓的丑剧，引起钱玄同等人的痛批，只能狼狈回川。

一般而言，将《新青年》与新文化运动拉上关系，主要是认定《新青年》所鼓吹的新文学、新思想，理所当然就是新文化。可是还有一个更为重要的原因，即批评新文化运动的人，每每将矛头指向《新青年》同人及其主张，在强牵《新青年》与新文化运动关联性的同时，也使得本来与新文化运动较为疏离的《新青年》同人，偶尔不得不挺身而出进行反击，从而强

---

① 中国革命博物馆整理《吴虞日记》上册，荣孟源审校，第599页。
② 中国革命博物馆整理《吴虞日记》上册，荣孟源审校，第642—643页。
③ 中国革命博物馆整理《吴虞日记》下册，荣孟源审校，第153页。

化了自己是新文化运动倡导者的角色定位。只是开始他们还算清楚事情的来龙去脉,知道"新文化运动"并非自己的主张,甚至认为这是反对派强加于自己的污名。鲁迅写于1925年11月3日之夜的《热风·题记》就明确说:"五四运动之后,我没有写什么文字,现在已经说不清是不做,还是散失消灭的了。但那时革新运动,表面上却颇有些成功,于是主张革新的也就蓬蓬勃勃,而且有许多还就是在先讥笑、嘲骂《新青年》的人们,但他们却是另起了一个冠冕堂皇的名目:新文化运动。这也就是后来又将这名目反套在《新青年》身上,而又加以嘲骂讥笑的,正如笑骂白话文的人,往往自称最得风气之先,早经主张过白话文一样。"①

用"新文化运动"的名义来批评《新青年》,并引起《新青年》部分同人强烈反弹的,一是章士钊,二是学衡派。

章士钊办《甲寅》时,不少《新青年》同人就是《甲寅》的撰稿者,彼此可谓同路人。双方的纠葛,渊源于五四运动之前。《新青年》编辑部移到北京后,北京大学内部的新旧冲突逐渐尖锐化表面化,引起各方关注。1917年12月17日②北京大学二十周年纪念会上,章士钊发表了关于调和论的演讲,声称大学今日尚不免有新旧冲突之隙,为二千年学术专制的遗毒,

---

① 鲁迅:《热风·题记》,《鲁迅全集》第1卷,人民文学出版社,2005,第307—308页。
② 《章士钊全集》编者误以北京大学二十周年纪念在1918年12月28日。

不可不抉去之。并历引中西哲学家之言，证明世界进化不外乎调和主义，有正则必有负，不能举一而废百。"进化之迹，点点相续，积渐转移。划一时期，以为学术之标帜，最不合于论理。"①新时代由前时代变化而来，新事物由旧事物脱胎而来，不必新旧截然两分。新旧的共同之域，就是调和。大学"尤赖富于调和之精神"，各种科学应在调和的基础上，相剂相质。②

章士钊讲调和，旨在化解北京大学内部的新旧纷争，可是非但未能奏效，新旧冲突反而呈现向全社会扩散之势。1919年9月27日，章士钊在上海寰球中国学生会演讲《新时代之青年》，继续秉持新旧调和之论，批评因新文化运动而漫延全国的新旧冲突，认定"凡欲前进，必先自立根基。旧者，根基也，不有旧决不有新，不善于保旧，决不能迎新。不迎新之弊止于不进化，不善保旧之弊，则几于自杀"。③

章士钊演讲的记录经《申报》《时事新报》等大报连载，又被多家重要杂志转载，引发了一场论战。为了回应各方质疑，章士钊于1919年10月17日在《新闻报》国庆增刊发表《新思潮与调和》。在这些讲词文字中，陈独秀、胡适等人主张的

---

① 《本校二十周年纪念演说会纪事》，《北京大学日刊》第30号，1917年12月21日，"纪事"，第2—3版。
② 孤桐：《进化与调和》，《甲寅周刊》第1卷第15号，1925年10月24日，第6页。
③ 章士钊：《新时代之青年》，《东方杂志》第16卷第11号，1919年11月，"内外时报"，第162页。收入章含之、白吉庵主编，王均熙编辑《章士钊全集》第4册，文汇出版社，2000，第109—117页。

新文学和道德革命等新思潮，成为批评的主要对象。①

陈独秀出狱后，独自主编《新青年》，在呼应新文化运动的同时，对章士钊的调和论展开批判。在1919年12月1日第7卷第1号发表的《调和论与旧道德》一文中，陈独秀指出："现在社会上有两种狠流行而不祥的论调，也可以说是社会的弱点：（一）是不比较新的和旧的实质上的是非，只管空说太新也不好，太旧也不好，总要新旧调和才好。见识稍高的人，又说没有新旧截然分离的境界，只有新旧调和递变的境界，因此要把'新旧调和论'号召天下。（一）是说物质的科学是新的好西洋的好，道德是旧的好中国固有的好。这两层意见，和我们新文化运动及思想改造上狠有关系，我们应当有详细的讨论"。②

陈独秀的《调和论与旧道德》，主要矛头之一，就是针对章士钊的言论，尤其是指调和论的意见"和我们新文化运动"很有关系，等于将《新青年》与新文化运动直接联系起来，而将章士钊置于反对新文化运动的地位。

对于陈独秀的批评，章士钊不以为然。此后几年间，他不断地在各种场合发表批评新文化运动的言论文字，除了继续鼓吹调和论外，攻击的对象主要就是《新青年》的骨干人物及其主张。章士钊的一再挑衅，使得本来与新文化运动颇为疏离的

---

① 详见郭双林《"甲寅派"与现代中国社会文化思潮》（人民出版社，2015）第3章。
② 陈独秀：《调和论与旧道德》，《新青年》第7卷第1号，1919年12月1日，"随感录"，第116页。

《新青年》同人终于有些忍无可忍。1923年5月5日，章士钊以"新文化运动的批评"为题，在中国大学发表演讲，到场听讲的高一涵"因为一来，自新文化运动发生以来，大家都糊里糊涂的盲从，不曾遇到过真正学者的严重批评；二来，章先生近来的议论，往往像云里的神龙，见头不见尾的，所以我对于他这一次的讲演不得不安心静听。可惜我当时未带纸笔，不曾把他的演说词一句一句的记下，到今天已大半忘记了，只得把我所记得的几点略为述一述"。为此，他专门写了《"新文化运动的批评"》的听后感，对章士钊的论点一一予以批驳。

章士钊在演讲中反复说明："人类的知识有限，世界中所有的思想都是从前所有的思想，绝没有什么新的发生。""今天所谓'新'就是从前所谓'旧'。思想也是这样，他只是循环的，不是突然发生的。凡是能适合时势需要的，就可叫做新的，凡是不能适合时势需要的，就可叫做旧的。"高一涵对于"思想不是突然发生的""思想要适合时势的需要"两点没有异议，但否认思想是循环的，认为思想的进步虽然不是直线的，却总是前进的。章士钊以美术新不如旧为例，认为雕刻、古碑，都是古代好，后者还越古越好。高一涵则认为文化的进步或退步，不能单拿一两件事做代表，要观察文化的全体。章反对白话诗，高自认为外行，不敢强辩，但指章反对白话文的理由却很薄弱。他一方面说白话文太简单，没有选词择句的余地，每种意思只可以少数词或一个方法达出，又说白话文不好做。可是简单与好做是两个问题，做不好不是因为简单，而是手段太低。①

其实章士钊并没有根本否认进步，可是所举例证都是循环往复。他数年来不断批评新文化运动，与本不赞成"新文化"因而不便为新文化运动辩护的胡适等人纠缠不已，所鼓吹的调和论，主要理据有二，一是新旧不能截然两分，二者相因相成，不能以新排斥旧，如同儒家排斥诸子，结果儒家自己也被否定。二是新旧交替，循环变化。第一点一般而言没有异议，第二点有为旧文化（如果文化可以分新旧的话）辩护之意，并且实际上否定进步（尽管本意并非如此），因而遭到痛批。鉴于章士钊在争论中越来越明显地偏袒旧文化，有时连请他演讲者也有些看不过去。

由于胡适等人与新文化运动较为疏离，章士钊以北京大学和《新青年》为主要对象持续批评"新文化"，非但没有伤及新文化运动，反而坐实和强化了胡适、陈独秀等人是新文化运动领袖的形象地位。难怪与之心结极深的鲁迅说是将其自创的"新文化运动"的名目反套在《新青年》身上。

章士钊之外，公开批评新文化运动并且将矛头对准《新青年》诸人的是《学衡》一派。主办《学衡》的几位骨干，基本都是留美学生，他们将锋芒指向《新青年》和新文化运动，一

---

① 涵：《"新文化运动的批评"》，《努力周报》第52号，1923年5月13日，"这一周"。

定程度是由于双方留美期间的恩怨。①鲁迅虽然深知《新青年》并非新文化运动的倡导者，自己也很少有响应新文化运动的言行，但是对于旧学根底不佳又不免有守旧之嫌的《学衡》，还是忍不住几度发声讥讽斥责。1922年2月9日发表于《晨报副刊》的《估〈学衡〉》概括道："总之，诸公掊击新文化而张皇旧学问，倘不自相矛盾，倒也不失其为一种主张。可惜的是于旧学并无门径，并主张也还不配。倘使字句未通的人也算是国粹的知己，则国粹更要惭惶煞人！'衡'了一顿，仅仅'衡'出了自己的铢两来，于新文化无伤，于国粹也差得远。"②所批评的重点，不在维护新文化，而是揭露攻击者旧学问的低劣。

同年11月，鲁迅从《时事新报·学灯》上看见驳吴宓《新文化运动之反应》的文章，于是找《中华新报》来看吴的原文，并于11月3日《晨报副刊》发表《"一是之学说"》。吴宓声称新文化本也可以提倡，"但提倡者'当思以博大之眼光，宽宏之态度，肆力学术，深窥精研，观其全体，而贯通彻悟，然后平情衡理，执中驭物，造成一是之学说，融合中西之精华，以为一国一时之用'。而可恨'近年有所谓新文化运动者，本其偏激之主张，佐以宣传之良法，……加之喜新盲从者之多'。便忽而声势浩大起来。殊不知'物极必反，理有固然'。于是

---

① 详见桑兵《关键年代的小历史——1919年的事件与日常》(《社会科学战线》2018年第1期) 第四节，第115—120页。
② 鲁迅：《估〈学衡〉》，《鲁迅全集》第1卷，第399页。

'近顷于新文化运动怀疑而批评之书报渐多'了。这就谓之'新文化运动之反应'。然而'又所谓反应者非反抗之谓……读者幸勿因吾论列于此,而遂疑其为不赞成新文化者'云"。

对于吴宓的说辞,鲁迅大不以为然,认定其意在守旧。所列举的反应书报一共七种,包括《民心周报》《经世报》《亚洲学术杂志》《史地学报》《文哲学报》《学衡》《湘君》,"大体上都是'执中驭物',宣传'正轨'的新文化的"。但是吴宓自己的新文化标准却是随心所欲,他指《民心周报》不用新式标点,"在新潮方盛之时,亦可谓砥柱中流矣"。而《湘君》"求文艺之美,故兼用通妥白话及新式标点"。鲁迅因而嘲讽道:《经世报》提倡君臣之论,才算得是"新文化之反应"。吴宓遗漏了《长青》《红》《快活》《礼拜六》等近顷风起云涌的书报,这些实在都是"新文化运动的反应",而且是说"通妥白话"的。[①]

批驳反对者的攻击,未必表明鲁迅主张新文化,社会上却将其当作新文化的名流。1924年7月,鲁迅应邀到西安西北大学暑期学校讲学,在20日的开学式上,教育厅长马凌甫致辞时就说:"陕西因交通不便,以致文化闭塞;今夏西大与本厅商办暑期学校,聘请国内外学者为讲师,因仅在省城讲演,不能普及,外赴外县,又为事实上所不许,故召集各县人士来省听

---

① 鲁迅:《"一是之学说"》,《鲁迅全集》第1卷,第413—414页。

讲，须知此次即普及全省文化之先声，望勿忽略焉。"①

周作人与新文化的关联有些另类，1924年5月13日，他写了《一封反对新文化的信——致孙伏园》，针对北京大学一位教师因与不认识的女生通信而被革职之事批评道："在这样假道学的冷酷的教育界里很是寒心的，万一不慎多说了一句话多看了一眼，也难保不为众矢之的，变为名教的罪人。""我真不懂中国的教育界怎么会这样充满了法利赛的空气，怎么会这样缺少健全的思想与独立的判断。"②这可以说是对新文化泛滥畸变为伪名教的痛心疾首。

第三节　差异：新思潮与新文化运动

除陈独秀外，《新青年》同人不约而同地对新文化运动态度漠然或行事疏离，绝不仅仅是偶然的巧合，新文化运动与五四前的新文学新思潮形似而实不同，是造成《新青年》同人大都对新文化运动敬而远之的根本原因。换言之，在谈不谈政治的主义之争发生之前，新文化运动的突起已经成为《新青

---

① 鲁迅博物馆、鲁迅研究室编《鲁迅年谱》（增订本）第2册，人民文学出版社，1984，第142页。
② 陶然（周作人）：《一封反对新文化的信——致孙伏园》，《晨报副刊》第109号，1924年5月16日，"通信"。张菊香、张铁荣编著《周作人年谱：1885—1967》（增订本），天津人民出版社，2000，第261页。

年》内部分歧的试金石。

胡适关于新文化运动的言论文字随时而变,必须专门仔细梳理,深入讨论,其中一个至关重要的说法,虽然一直持续,可是因为与通行的五四新文化运动观出入较大,其本意究竟如何,始终若隐若现,令人不得要领。

1922年,胡适为《申报》50周年纪念撰写的《五十年来中国之文学》这样描写五四运动与新文学运动的关系:"民国八年的学生运动与新文学运动虽是两件事,但学生运动的影响能使白话的传播遍于全国,这是一大关系;况且'五四'运动以后,国内明白的人渐渐觉悟'思想革新'的重要,所以他们对于新潮流,或采取欢迎的态度,或采取研究的态度,或采取容忍的态度,渐渐的把从前那种仇视的态度减少了,文学革命的运动因此得自由发展,这也是一大关系。因此,民国八年以后,白话文的传播真有'一日千里'之势。白话诗的作者也渐渐的多起来了。民国九年,教育部颁布了一个部令,要国民学校一二年的国文,从九年秋季起,一律改用国语。"①此说着重于五四运动对于思想革新和文学革命的促进作用。

1928年5月4日,胡适在上海光华大学演讲《五四运动纪念》,其中第三部分"五四运动之影响"的"间接影响",共有六点:第一,引起全国学生注意社会及政策的事业,渐知

---

① 胡适:《五十年来中国之文学》,欧阳哲生编《胡适文集》3,北京大学出版社,1998,第260页。

干预政治，发生政治的兴趣，不仅埋头读书。第二，学生界的出版物突然增加，新文学的势力，深深占入学生界的头脑中去了。第三，予平民教育以莫大影响，各学校创立一个或数个平民学堂，义务教授。第四，劳工运动到处发生。第五，妇女地位增高不少，讨论妇女问题日多。第六，政党皆知吸收青年分子，尤其是国民党。①

上述文字言论，胡适想要说明的其实是五四前的新文学、五四运动和五四后的新文化运动的联系及分别，只是碍于自己对新文化运动有所保留甚至不以为然，但又不能公开表示不满，所以未免有些含糊其词，并不明说对于五四后的新文化运动究竟如何看法。直到晚年，1960年5月4日胡适应台北广播电台记者之邀，以"五四运动是青年爱国运动"为主题谈话录音，才较为直白地说出心中的真意。他说："中国所谓文艺复兴运动，远在民国八年以前。"五四运动一来，北京大学学生成了学生领袖，北大教授从前提倡的所谓文艺复兴运动，即白话文、思想改革、文学革命，随着北大地位的提高，公认北大是对的，各地学堂学生会都办刊物，排印、油印或手写，都用白话，"结果民国八年、民国九年之中，我收到的各地方出的这种青年人出的刊物总在三十多种，都用白话。所以，'五四'运动帮助文艺复兴，从前是限于《新青年》《新潮》

---

① 载1928年5月5日上海《民国日报·觉悟》副刊，欧阳哲生编《胡适文集》12，北京大学出版社，1998，第727—729页。

几个刊物，以后就变成一个全国的运动。但是'五四'运动也可以说害了我们的文艺复兴"。

为了证明自己的观点，胡适引了1920年1月29日孙中山《致海外国民党同志书》中的话：

> 自北京大学学生发生五四运动以来，一般爱国青年，无不以革新思想为将来革新事业之预备，于是蓬蓬勃勃，发抒言论，国内各界舆论，一致同倡，各种新出版物，为热心青年所举办者，纷纷应时而出，扬葩吐艳，各极其致，社会遂蒙绝大的影响，虽以顽劣之伪政府，犹且不敢撄其锋。此种新文化运动，在我国今日，诚思想界空前之大变动，推原其始，不过由于出版界之一二觉悟者，从事提倡，遂至舆论放大异彩，学潮弥漫全国，人皆激发天良，誓死为爱国之运动。倘能继长增高，其将来收效之伟大且久远者，可无疑也。吾党欲收革命之成功，必有赖于思想之变化，兵法攻心，语曰革心，皆此之故；故此种新文化运动，实为最有价值之事。

在胡适看来，"这件事本身就是'五四'与新文化运动，所谓新思潮运动，所谓文艺复兴运动不是一件事，不过这件事的本身呢，至少孙中山先生说，因为思想运动，文学运动在前，所以引起'五四'运动。至少他承认归功于思想革新。……我们从前作的思想运动,文学革命的运动,思想革新的运动,完全不注重政治,到了'五四'之后,大家看看,学生是一个力量,是个政治的力量,思想是政治的武器"。从此以后,国共、研究系都充分吸收青年。所以,"我们纯粹文学的、文化的、思想的一个文艺复兴运动,有的时候叫新思想运动、新思潮运动,新文化运动,文艺复兴运动就变了质啦,就走上政治一条路上"。文艺复兴运动从1915年到1919年共四年半,从1917年算两年,后来就变质了,既帮了文艺复兴运动,又害得纯粹思想运动变得政治化。功过很难定。①

胡适的这番话,对于理解新文学新思想、五四运动、新文化运动的联系与分别,至关重要。需要注意的是,用文艺复兴运动来概括五四前的新文学新思想,也是胡适的后见,新文化运动其实是五四以后才发生。由五四运动催生出来的新文化运动,在大幅度推广新文学新思潮的同时,将原来知识界的思想启蒙变成国民运动和社会运动,开通了革命的通道,这使得胡适认为是害了文艺复兴运动。也正是这一重要变化,导致《新青年》同人对新文化运动大都或隐或显地保持距离。

前人已经注意到,五四运动后,《新青年》的办刊方向显著改变,主张马克思主义的陈独秀、李大钊与主张民主主义的胡适等人分歧加剧,导致编辑群内部思想对立。直到1920至1921年之交,在经历了谈不谈政治的一番明争暗斗之后,双方最终分

---

① 欧阳哲生编《胡适文集》12,第854—856页。

道扬镳。实际上,主义之争已是后续,双方分野的重要发端,正是对待新文化运动的态度。如果以少年中国学会作比较,主义之争造成少年中国学会的事实解体,《新青年》则是转向社会主义。而少年中国学会以新文化运动为职志,《新青年》却在新文化运动来临之际已经埋下分裂的伏线。《新青年》骨干成员中,选择不加入新文化运动与不谈政治者可以说是高度一致。

胡适是反对《新青年》"色彩过于鲜明"的带头人,针对性地提出要《新青年》迁回北京编辑出版,并发表一个"不谈政治"的声明。这一意见自然遭到上海方面的反对,可是在原来《新青年》同人中,除了陈独秀和李大钊外,胡适的意见显然得到了多数的支持。

1921年1月18日,钱玄同在日记中记道:"接守常信,知仲、适两人意见冲突。盖一则主张介绍劳农,又主张谈政;一则反对劳农,又主张不谈政治。其实是猪头问题罢了。"次日他专门为此找李大钊商量。[①]此处钱玄同的意思看似模棱两可,其实早在一周前他就致信周氏兄弟,提及胡适要求《新青年》不谈政治,遭到李大钊等人反对,对此钱玄同明确表示:"我对于此事,绝不愿为左右袒。若问我的良心,则以为适之所主张者较为近是。"不过,钱玄同对于胡适反对谈布尔什维克不以为然,反对谈政治的理据也与胡适不尽相同。他一共列举了五点:一、中国百姓不配骂政府,中国的社会不会比政府好。

① 杨天石主编《钱玄同日记》(整理本)上册,第373页。

二、现在社会上该攻击的东西多得很。三、"中国的该办人和皇帝一样的该杀。"四、"要改良中国政治,须先改良中国社会。"五、五四运动的主人翁来做总统,未必比徐世昌高明。总而言之,中国各色人等其实大同小异,骂谁都无聊。应该先坐在书房里,请几位洋教习来教他们做人之道是正经。"等到略有些'人'气了,再来开始推翻政府,才是正办。"①

后来周作人也公开表态:"我最不喜欢谈政治","《新青年》的同人最初相约不谈政治,那是我所极端赞成的,在此刻想起来也是那时候的工作对于中国最有意义","政治我是不喜谈的,但也有要谈的东西。我所顶看不入眼而顶想批评的,是那些假道学,伪君子"。不过反对假道学伪君子与反对无耻政客一样危险,白费精神,所以不再反对,只做自己的工作。②其他如高一涵等,也明确站在胡适一边。

深入一层探究,谈不谈政治的问题,主要是谈什么政治以及如何谈政治,而谈什么政治和如何谈的问题,并不仅仅是思想的分歧,更为重要的是关乎是否应该实际参与到政治行动中去。马克思主义从来不主张空谈,而是行动的哲学,是为被压迫阶级和多数人进行社会革命的行动纲领。五四运动前,除了陈独秀怀有用思想言论唤起民众的预期外,其余《新青年》

---

① 钱玄同:《钱玄同文集》(第6卷)书信,中国人民大学出版社,2000,第14—15页。
② 岂明(周作人):《我最》(1925年9月27日),《语丝》第47期,1925年10月5日,第1版。张菊香、张铁荣编著《周作人年谱》(增订本),第296—297页。

同人大都处在思想启蒙教育青年的阶段，并没有唤起民众，鼓动其展开社会运动的意愿，更没有预想过自己也要亲身投入群众性的社会运动中去。众多民众参与的社会运动，往往造成社会动荡，在知识人心中存在很大的顾虑。鲁迅虽然不反对谈政治，可是自清季以来，对于群体事件的第一反应也往往是趋避。将《新青年》同人视为新文化运动的鼓动者倡导者，作为思想上的客观影响尚有可说，如果作为主观取向，则既模糊了五四前《新青年》鼓动的新思潮与五四学生运动带动起来的新文化运动之间的分别，也扭曲了《新青年》多数同人对于民众性社会运动的消极态度，掩盖了他们显而易见的保留意向。

　　同样主张谈政治的李大钊，对于新文化运动的反应值得深究。他当然赞成新文化运动，可是凭借的舞台不是《新青年》，而是少年中国学会，所主张的新文化运动也有所分别。1919年9月，新文化运动刚刚兴起，李大钊就在少年中国提出，用"少年运动"创造理想的"灵肉一致的"少年中国，而"少年运动"的第一步，"就是要作两种的文化运动：一个是精神改造的运动，一个是物质的改造运动"。"精神改造的运动，就是本着人道主义的精神，宣传'互助''博爱'的道理，改造现代堕落的人心，使人人都把'人'的面目拿出来对他的同胞。把那占据的冲动，变为创造的冲动；把那残杀的生活，变为友爱的生活；把那侵夺的习惯，变为同劳的习惯；把那私营的心理，变为公善的心理。"精神的改造要与物质的改造一致进行。"因为人类在马克思所谓'前史'的期间,习染恶性狠深。物质的改造固然成功,人心内部的恶,若不划除净尽,他在新社会新生活里依然还要复萌,这改造的社会组织,终于受他的害,保持不住。"

至于物质改造运动,就是本着勤工主义的精神,创造一种"劳工神圣"的组织,改造现代游惰本位、掠夺主义的经济制度,把劳工的生活从这种制度下解放出来,使人人都须作工,作工的人都能吃饭。基础性的经济组织没有改变,表面的文化精神的改造很难成功。为此,他呼吁"少年中国"的少年好友,不要漂泊在都市上于工作社会以外作文化游民,应该投身到山林村落里去,作辛苦劳农的伴侣,共同劳动的同时传播文化,打破文化的交通阻塞,开发与改造劳农的精神。[①]

少年中国学会其实是新文化运动中明确以从事文化运动为宗旨的团体,李大钊走向山林村落的文化运动,与胡适主张的象牙塔中提高,显然是两条截然不同的路线。正是在少年中国学会等主张坐言起行的一批有志之士的努力和五四、新文化运动的影响下,群众运动成为正面的概念。而李大钊着重经济构造的取向,与一般新文化运动以社会文化构造为主的取向也明显有别。

在此之后,李大钊关于新文化运动的响应并不多见。他与陈独秀之间的反差,既不是因为要不要谈政治,也不会由于

---

① 李大钊:《"少年中国"的少年运动》,《少年中国》第1卷第3期,1919年9月15日,第1—3页。

畏惧群众性的社会运动。新文化运动涵盖之前的新文学、新文艺、新思想、新思潮，存在很大的模糊性，这也是新文化运动究竟是什么的问题长期困扰人们的要因。尽管陈独秀等人竭力加以解释说明，却始终不能如愿以偿。胡适不赞成新文化运动，是因为在他看来根本没有新文化，其心目中的新文化，实际上就是所谓西方文化。而"学衡"一派的留美学生指责北大新文化派所主张的，不过是欧美文化的浅近部分，并非毫无道理。

无独有偶，以在一省范围从事新文化运动而声名鹊起的毛泽东，同样否认已经有新文化。毛泽东等人响应新文化运动，创办长沙文化书社，但在其撰写的《发起文化书社》一文中断言：湖南乃至全中国尚没有新文化，甚至全世界一样尚没有新文化。一枝新文化的小花，发现在北冰洋岸的俄罗斯。几年来风驰雨骤，成长得好与不好，还在未知之数。"如何可使世界发生一种新文化，而从我们住居的附近没有新文化的湖南做起"，就是全体湖南人公负的责任。①

胡适主张的新文化在泰西，毛泽东眼中的新文化则是在新俄，如果说前者是第一次世界大战后颇有日薄西山之感的资本主义文化，后者则是新兴的社会主义文化。与新俄更加接近的

---

① 《发起文化书社》，长沙《大公报》，1920年7月31日，"来件"，第2版。同年8月24日，又以《文化书社缘起》为题，在长沙《大公报》第7版"新文化运动"栏全文刊载，文字略有不同。见中共中央文献研究室、中共湖南省委《毛泽东早期文稿》编辑组编《毛泽东早期文稿》，湖南出版社，1990，第498—499页。

李大钊，此时对于泰西的新文化，恐怕已经感受不到足够的吸引力，于是转头朝着北冰洋岸的新新文化无限向往了。

第四节　后认：链接新文化运动

五四运动的发生，与《新青年》密切相关，而新文化运动由五四运动催生。因缘这样的关联，很早就有人将新文化运动与《新青年》的鼓动相连接。早在1920年9月新文化运动发生一年之际，费哲民就写信告诉陈独秀："近一年来新文化的运动，都说是受《新青年》杂志的觉悟，于是新思潮的勃发，就跟着这个云头，改造环境，思想界的变迁，可谓革新中国的好现象了。"[①]从顺序上费哲民知道新文化运动发生于五四运动之后，所以将新文化运动持续的时间定为近一年来，只是说到新文化运动的思想渊源，才指为受《新青年》的启发。

将新文化运动与《新青年》及北京大学联系在一起，并非新文化运动的主张者、参与者和赞同者的专利，自称"积极主张新文化运动，而反对白话文学、写实主义、自然主义、过激主义"的"学衡派"主将之一的胡先骕，专门写了《新文化之真相》一文，发表于1920年5月的《公正周报》第1卷第5号，表

[①]《妇女·青年·劳动三个问题》，《新青年》第8卷第1号，1920年9月1日，"通信"。

示赞成新文化而不赞成《新青年》所提倡的新文化，他说：

> 自《新青年》杂志以新文化号召以来，一时风靡全国。此极可乐观之现象也。尝谓自辛亥改革之后，袁氏专政，暴厉恣睢，一如曩日。一般社会有志之士，曩以为满清推翻，共和成立之后，我国即可趋于政治之正轨者，至是乃完全失望，于是六七年来，政论学潮，阒然无闻，一方固由于绝对之失望，一方亦由于他种之改革运动正在酝酿之中也。故胡适之、陈独秀等辈出，登高一呼，全国遂群起响应之。此无他，郁之既久，则爆发之力愈大，曩日之纯抱悲观之人，骤闻人诏以乐观之道，则亦犹迷失于具茨之野，而骤获指南针，焉有不踊跃而从之者乎。

> 虽然，提倡者之主张，尝为片面的，而从之者不察，遂认为新文化者，要如某某所主张，与之同者，谓之新文化，与之违者，斯非新文化。同时未受欧美教育之老辈，恫于一二偏激之论，遂视新文化为毒蛇猛兽，而不虞之毁，纷至沓来，亦犹光宣之末，老辈之畏东洋留学生为蛇蝎，而不分立宪党人革命党人，皆侧目视之也。故以胡、陈等提倡白话文学，遂以白话文学为新文化；彼等提倡社会主义，遂谓社会主义为新文化；彼等提倡写实主义、自然主义，遂谓写实主义、自然主义为新文化；彼等偶一论及过激主义，遂谓过激主义为新文化；甚有因五四学生运动，遂谓

学生运动为新文化者。因陈、胡二子偶论及过激主义之沿革，遂谓彼二人为过激党者，至其极也，至将胡适之之师杜威博士亦畏之如虎，岂非世界上最可笑之事耶。①

其实，在1919年12月以前，《新青年》从来不曾打出"新文化"的旗号，即使此后，也只有陈独秀先是附和，继而呼应新文化运动，而不是以"新文化"相号召；胡适则一直反对新文化之说，更不赞成有所谓新文化运动。而且陈独秀虽然主张新文化及新文化运动，可是对于究竟什么是新文化，长篇大论却依然语焉不详。这样的模糊不清也是令《新青年》同人对新文化运动敬而远之的要因之一。至于用新文化来强分疆界，也从来不是《新青年》杂志以及办刊同人的主张行径。正如胡先骕这篇文章强行指认《新青年》以新文化相号召，用新文化来分别彼此一样，将《新青年》主张的各种新思想概称为新文化，并指新文化森严壁垒乃至顺者昌逆者亡的，都出自他人甚至反对者之口。

然而，为了解决新文化运动是什么的问题，接下来关于新文化运动真精神的讨论，却使得五四前的新思潮与五四后的新文化运动在内容上直接连接起来。

新文化运动虽然如火如荼，可是究竟什么是新文化，一直

---

① 胡先骕：《新文化之真相》，《公正周报》第1卷第5号，1920年5月13日，第12—13页。

困扰着从事新文化运动的人们,也导致反对和质疑之声不绝于耳。陈独秀三番五次演讲新文化运动是什么或什么是新文化运动,使自己很快走向新文化运动的中心,却并没有真正消除人们心中的困惑。1920年8月,陈启天在《少年中国》发表《什么是新文化的真精神》,对究竟什么是新文化表达意见,他认为闹新文化运动已有一两年,说明新文化是什么的却很少,只有胡适之的《新思潮的意义》一篇,较为切要。只是似乎偏重思想和方法一方面,不能算文化的完全界说。新文化的真精神包含两方面,一是人生的新倾向,二是思想的新方法,缺一不可。①

　　陈启天没有提及陈独秀专门解释新文化运动是什么的所有演讲和文章,反而拉出胡适关于《新思潮的意义》作为新文化运动真精神的最佳答案。而胡适的《新思潮的意义》本来是不满于当时报纸上发表的几篇解释新思潮的文章所举出的新思潮的性质,"或太琐碎,或太拢统,不能算作新思潮运动的真确解释,也不能指出新思潮的将来趋势",因而不能使人明白新思潮的共同意义是什么。在他看来,"比较最简单的解释要算我的朋友陈独秀先生所举出的《新青年》两大罪案——其实就是新思潮的两大罪案——一是拥护德莫克拉西先生(民治主

---

① 陈启天:《什么是新文化的真精神》,《少年中国》第2卷第2期,1920年8月,第2—5页。陈平心:《北京通信》,《申报》,1920年3月7日,"国内要闻",第7版。

义），一是拥护赛因斯先生（科学）"。[①]胡适的《新思潮的意义》写于1919年11月1日，一个月后刊载于《新青年》第7卷第1号，陈独秀的《本志罪案之答辩书》见于1919年1月15日《新青年》第6卷第1号，后者发表之时，新文化运动尚未出现，前者虽然运动已经发生，可是胡适十个月后仍然不承认有所谓新文化和新文化运动，也不能简单地拿其所说的新思潮的意义直接作为新文化运动意义的表述。

不过，尽管胡适坚决反对将新思潮与新文化运动相混同，尽管在胡适心中，二者的取向显然有别，可是新文化运动事实上与新思潮不无关联，内容上又具有笼统性，对于一般人而言，无论是赞同还是反对，往往非但不能严格区分，反而一概而论，不断强化二者的连续性同一性。余家菊甚至明确表示："革命党最利害的武器，是智识的，不是物质的。是破坏的批评，是拆台的理论。他们感受环境变化的刺激，和生活状态变更的影响，趋向于新的适应，看不惯旧的规则，对于旧的价值，尽力为否定的评论，指摘旧的缺点，不使有所遗漏。只知破坏，并没有建设的目的，所标举的，多是否定的义理，一面要用作攻击的武器，一面要用作结合本党的标语（Watch Word）。所以越宽泛，越激烈，就越有力。结果，一切制度，一切习俗，都为他所震撼，要从新

[①] 胡适：《"新思潮"的意义》，《新青年》第7卷第1号，1919年12月1日，第5—12页。陈独秀：《本志罪案之答辩书》，《新青年》第6卷第1号，1919年1月15日，第10—11页。

建设社会的秩序，就难之又难。从来革命党的成败，就以会利用这种武器与否为转移。"有鉴于此，"应该抱定我们的方针，善用我们的武器。那末，'文化运动呀！''文化运动呵！'才是出自心肠的话，才不是这边耳朵进那边耳朵出的！"①

正如余家菊所说，新文化的笼统性恰是其迅速流行的重要因素，新文化运动兴起刚过一年，1920年10月，有人就发现：

> 一年以前，"新思想"之名词颇流行于吾国之一般社会，以其意义之广漠，内容之不易确定，颇惹起各方之疑惑辩难。迄于最近，则新思想三字已鲜有人道及，而"新文化"之一语乃代之而兴。以文化视思想，自较有意义可寻。然欲诠释其内容，仍觉甚难。即叩诸倡言"新文化运动""新文化主义"者，亦未易得简单明确之解答也。②

有的新社团也将新思潮与新文化运动直接联系到一起。1919年9月成立于上海的新思潮学社，简章的定名"为革新思想，促进学术，集合同志互相切磋"，宗旨却是"谋社会改革，作文化运动"。③而外国人著的《新思潮大观》一书，内分德谟克拉

---

① 余家菊：《什么是革命的最好方法？》，《少年中国》第2卷第1期，1920年7月15日，第36页。
② 君实：《新文化之内容》，《东方杂志》第17卷第19号，1920年10月10日，"评论"，第1页。
③ 《新思潮学社简章》，《申报》，1919年9月5日，"来件"，第11版。

西、社会主义、劳动问题、生活问题、妇人问题、近代文学、近世哲学、心灵问题、以及过激派、人种改善等十编，"凡关于新思潮之问题，搜罗殆尽"。翻译出版，是因为"文化运动磅礴全国，惟主义若何，尚多茫然，殊为憾事"。所以"本社为灌输文化起见，亟译饷世"。①意为可以由此解惑文化运动的主义。

新思潮与新文化运动的混同，使得《新青年》及其代表人物很快取得了新文化运动领袖的地位声誉。呼应演讲新文化运动是什么的陈独秀，被称为"新文化巨子"，江苏省教育会副会长黄炎培推许"陈先生系提倡新文化、新思潮最先之人"。②本来矢口否认新文化及新文化运动的胡适，也被尊奉为"大名鼎鼎的文化运动家胡适之先生"。③他去山西，受新文化感化的当地学生竟然有50余人愿"随往转学北大"。④连亲历其事的北京国立医学专门学校校长汤尔和也说："对于北大，甚钦其为文化运动之中心点。"⑤

商家敏锐地把握住商机，选编《国语文类选》，分文学、思潮、妇女、哲理、伦理、社会、教育、政法、经济、科学十门，"都是新文化的结晶体"。"所选的文字，都是最近的国

---

① 《申报》，1920年5月1日，第11版。
② 《陈独秀演说现今教育之缺点》，《申报》，1920年3月30日，"本埠新闻"，第10版。
③ 《申报》，1920年4月15日，第5版。
④ 端端：《山西通信》，《申报》，1920年5月6日，"国内要闻"，第7版。
⑤ 《北大同人宴送蔡孑民氏纪》，《申报》，1920年11月24日，"本埠新闻"，第10版。

语文学，可以做模范的。"著作人包括胡适、蔡元培、陈独秀、蒋梦麟、张东荪、张一麐、陶孟和、胡汉民、罗家伦、朱希祖、周作人、刘文典、李大钊、戴季陶、沈兼士、高一涵、陶行知、任鸿隽、周建人等六十多家。"研究新文化的人，和研究国语文的人，读这一部书，比读几十种杂志日报差不多。检查翻阅，还要便当的多咧！"所以称为"新文化的先锋，白话文的大观"。[1]《世界知识新文库》是"汇萃最近两年间之杂志、月刊、旬报、日报"，"于四千余篇之中汰存三百余篇"合成，百余位撰述人中，陈独秀居首，其余包括胡适、蔡元培、任鸿隽、朱执信、吴稚晖、汪精卫、侯德榜、蒋作宾、陈霆锐、高一涵、蒋梦麟、叶楚伧、刘文典等。这是为了因应"欧战以后，世界局势全变，万事万物，无不弃旧更新，新知识之发达，新思想之展布，新学术之发明，新文化之号召，新事业之创设"，国民手此一编，"则世界大势朗然在目，潮流所趋，不难预测。且撰著之人，皆当代名流，文字新颖精湛，发皇流利，购此一编，又可作新文之模范"。[2]这两种文选的作者榜单，可见《新青年》同人在鼓吹或附和新文化运动者的心目中，俨然已经成为新文化运动的代表人物。

各种因素作用下，虽然大体上人们还知道新文化运动兴起于五四运动之后，可是与之前新思潮的界限已经相当模糊。

---

[1] 《申报》，1920年5月27日，第2版。
[2] 《申报》，1920年6月3日，第1版。

第五节 "五四新文化"说的内在紧张

　　1929年12月，胡适发表《新文化运动与国民党》一文，一改往日不以新文化和新文化运动为然的态度，自居于新文化运动者的立场，从文学革命，思想自由，新旧文化态度等方面，抨击国民党历来反对新文化，认为中国的新文化运动从戊戌维新开始，而陈独秀的拥护赛先生与德先生说，就是为新文化运动而提出。"近年的新文化运动的最重要的方面是所谓文学革命"。"新文化运动的一件大事业就是思想的解放。我们当日批评孔孟，弹劾程朱，反对孔教，否认上帝，为的是要打倒一尊的门户，解放中国的思想，提倡怀疑的态度和批评的精神而已。""新文化运动的根本意义是承认中国旧文化不适宜于现代的环境，而提倡充分接受世界的新文明。"并且声称："我们要明白指出国民党里有许多思想在我们新文化运动者眼里是很反动的。"国民党本来不赞成新文学，五四运动后，孙中山才命其同志创办《星期评论》和《建设》，"参加新文化运动"。[①]

　　胡适的口诛笔伐，引发国民党方面潘公展等人的强烈反弹，动员组织力量对胡适进行文化围剿。尽管潘公展也算五四

---

① 胡适：《新文化运动与国民党》，《新月》第2卷第6、7号合刊，第3—5、13—14页。署期1929年9月10日，实际出版日期当在12月。

运动的亲历者，却只是针对胡适抨击的各方面进行自我辩解，已经说不清楚国民党本来是新文化运动的发动者，新文化运动是与新思潮不同的社会运动和国民运动，一开始就具有政治革命的目标，文化运动是革命的形式，而胡适其实在相当长的时间里并不赞成新文化运动等等事实。双方论争的结果，反而进一步强化了包括胡适在内的《新青年》同人就是新文化运动发动者的印象，胡适的许多说法，成为后来新文化运动历史叙述的重要内容。五四运动与新文化运动，无形中演化为"五四新文化运动"，也就是说，五四运动既是学生爱国的政治社会运动，又是破旧立新的文化运动，《新青年》因而顺理成章地变成新文化运动的倡导者鼓动者，陈独秀、胡适等人则成了新文化运动的旗手和领袖。

然而，这样的叙述与历史的本事不相吻合，表面的顺理成章之下，产生了一些内在的矛盾。其中最为关键的，就是新文化运动的社会性，一方面引起《新青年》内部两派的分歧，导致双方最终分道扬镳，而现行的历史叙述几乎抹杀这一冲突，另一方面，社会运动与文化运动的双重性在新文化运动的后续发展中不断引起困惑，五四运动与新文化运动的继替与促进关系，也被模糊和扭曲。

1948年，五四运动过去将近三十年之际，夏康农的《论五四运动的中心性质——究竟是"社会运动"，还是"新文化运动"？》，标题就将五四以来不断引发争论的问题，以明确对比的形式提到世人面前。一种意见认为五四运动由觉醒的知识青年的实际行动造成，打击了社会的黑暗势力，是政治性强烈的社会运动。另一种意见认为知识青年的意识觉醒，得益于新文化的探讨与发扬，所以是新文化运动。意识觉醒的知识青年要从中找出一个安身立命的准绳，"就是怎样将'小我'（个人）的力量最有效地配合上'大我'（社会）的需要。这里就必然牵联到不只是单纯的思想意识之争，而且也是实践行动之争，不只是知识青年里面独有之争，而且也是知识中年们要求得到一个解决的问题。所以，单只这一个问题的本身，已经就是一个社会性的问题，也是一个文化性的问题"。

在作者看来，"'五四运动'并不是单纯的'社会运动'，也不是单纯的'新文化运动'，它既是'社会运动'，也是'新文化运动'。这不是冬烘和事老的调和论，这是我们今天应该把握到的认识。世间那里有一场轰轰烈烈的社会运动而不含文化意义的？世间又那里有一种像样子的文化运动而没有社会影响的"？五四青年的意识觉醒的中心，正是民族意识，要靠社会运动才能发扬，靠文化运动才能充实，社会运动是文化的实践，文化运动是社会的慧眼，"这是一件东西的两面，而'这一件东西'贯穿着从'五四'到今天的，正是民族自主的意识"。[①]

[①] 夏康农：《论五四运动的中心性质——究竟是"社会运动"，还是"新文化运动"？》（1948年5月4日），《现代教学丛刊》第2辑，1948年5月25日，第8—11页。

这样的一事两面说,当年陈独秀未必能够苟同。他曾经专门写了《文化运动与社会运动》的随感录,断言"文化运动与社会运动本来是两件事,有许多人当做是一件事,还有几位顶刮刮的中国头等学者也是这样说,真是一件憾事"！在他看来,文化运动是文学、美术、音乐、哲学、科学之类的事,而社会运动是妇女问题、劳工问题、人口问题之类的事,二者的内容分明不同。虽然文学美术可以描写妇女和劳动问题,社会运动者要留意文化等事作为工具,仍是两类事。有人可以兼做两方面运动,但不等于两类事是一类。从事文化运动的人不一定要从事社会运动,而社会运动也不一定就是文化运动。如果把政治、实业、交通等都看成文化,就过于宽泛,混淆模糊。创造文化是民族重大的责任,这几年不过极少数人摇旗呐喊,想造成文化运动的空气罢了,实际的文化运动还不及九牛之一毫,责备文化运动和以文化运动自居的人,都未免把文化太看轻了。"最不幸的是一班有速成癖性的人们,拿文化运动当做改良政治及社会底直接工具,竟然说出'文化运动已经有两三年了,国家社会还是仍旧无希望,文化运动又要失败了'的话,这班人不但不懂得文化运动和社会运动是两件事,并且不曾懂得文化是什么。"[①]

　　陈独秀的说法,显示他对胡适等人疏离社会运动未必全

[①] 独秀:《文化运动与社会运动》,《新青年》第9卷第1号,1920年5月1日,"随感录",第4—5页。

然否定，而对于新文化运动的社会性未必了然。尤其是将文化运动作为改良政治与社会的工具，正是新文化运动鼓动者的初衷，一方面改革政治与社会的基础，一方面则推动国民革命。"专以办文化运动为事"的少年中国学会，一些成员就主张"不为浮游于大码头的文化运动"，而专注于"根本上的组织和训练"。[①]"提高是自身的事，普及——宣传——才是运动。"[②]在该会看来，"新文化运动"的一大缺陷，就是各团体的所在地和活动范围全部集中于都会，中国是一个农国，所以新文化运动要向地方分散，至少应该每省有一二个中心地（少年中国学会仅有成都分会）。[③]

胡适对新文化运动的保留和批评，主要是针对参与新文化运动的青年很快被国共两党所吸引，转而以全副精力投身于政治运动。少年中国学会的成员虽然主张社会性的文化运动，对于直接参与政治，有的却不一定认可。王光祈就将中国近三十年来的三次改革运动，分为政治改革与文化改革两大类型，戊戌维新与辛亥革命都是政治改革，先将夺取政权，再利用政治权力实行大规模改革，结果破产殆尽。而新文化运动改弦易辙，其精髓在于由政治改革进为社会改革，"若思想不革新，

[①] 蔡和森：《蔡林彬给毛泽东》（1920年5月28日），《蔡和森文集》上册，人民出版社，2013，第34页。
[②] 苏甲荣：《今后的文化运动——教育扩张》，《少年中国》第2卷第5期，1920年11月15日，第18页。
[③] 《少年中国学会消息·会员通讯》（郑伯奇八月二十日，宫津），《少年中国》第2卷第6期，1920年12月15日，第60—61页。

物质不发达,社会不改造,平民不崛起,所有一切其他政治改革,皆是虚想"。所以必须抱定宗旨,以毕生精力投入社会事业,从事社会活动,反对政治活动。①将政治活动排除于社会活动之外,本身就是对社会活动的压缩。

夏康农所说的"小我"与"大我"的矛盾,"澄平"早在12年前已经论及。后者的《从五四运动谈到今后的新文化运动》认为,五四运动"开创了中国'新文化运动'。在社会思想革命方面的代表要算是当时的《新青年》杂志"。它要求的新思潮如指导者陈独秀所说,一是拥护"德莫克拉西"(民治主义),一是拥护"赛因斯"(科学)。"这个文化革命宣言,就把秦汉以来悠久的孔子思想和家族主义的社会机构全盘地打碎了,这样就把西洋文化的精华——民治与科学——根本地介绍到中国来了。"不过,五四运动的先驱对于新文化运动的功绩固然值得敬仰,破坏的工作效果显著,但是建设工作却不成功。"我们青年固然难以摸索到新文化的路径,可是新文化的导师又在那里?是个人主义者胡适之吗?是虚无主义者鲁迅吗?是幽默大师林语堂吗?是性学博士张竞生吗?是阶级主义者陈独秀吗?不是,统通不是!"新文化的建设工作之所以失败,是"因为他们不明白民治与科学是近代国家的产品和工具,只有在最高有机体的国家社会中,科学与民治才得运用发

---

① 王光祈:《政治活动与社会活动》,《少年中国》第3卷第8期,1922年3月1日,第3—6页。

展。……新文化问题的中心是中国近代组织化和最高有机体化的问题，换言之，要建设中国的新文化，必先要建设国族阶段的近代中国。可是五四新文化的运动者不明白这个根本的道理，他们只是消极地把中国人从家族主义中解放出来，只是把中国人放在个人主义的圈套里。他们迷恋着个人主义的所谓自由乐园，他们忽视了国族社会生存斗争和中国文化的使命"。[1]在一些具有国民政府官方立场的人看来，膨胀"小我"牺牲了"大我"，甚至对于中国面对日本的侵略不能统一应对也难辞其咎。

历史叙述与历史事实之间往往存在差异，史学的功能之一，就是不断近真，并且在此进程中因缘历史的复杂不断修正充实自己的认识。既有的历史叙述自有其形成的机缘，体现了人们总结历史经验以丰富思维的努力。而近真的过程可以进一步展现历史的丰富多彩，显示无论后来的认识多么条理清晰且富有逻辑，相比于史事的繁复，依然显得简单苍白。《新青年》同人与新文化运动的纠葛，反映了那一时期中国先进知识人面向的域外新知，已经不再是笼统的欧风美雨，东欧与北美的歧路，成为后来主导中国人理想且相争不已的重要选项。而由此出现的"大我""小我"如何才能相得益彰，以及特立独行与群体运动怎样可以并行不悖，相辅相成，还需不断调适。

---

[1] 澄平：《从五四运动谈到今后的新文化运动》，《青年生活》第1卷第14期，1936年5月1日，第11—14页。

在赋予新的内涵并且不断地重新解读之下,《新青年》的文本寓意及其历史影响逐渐深邃和广泛。这固然适应了事过境迁的时势需求,却与本事本义渐行渐远,从而使得《新青年》与新文化运动的历史和历史上的《新青年》与新文化运动的关联变得扑朔迷离。将二者合为一体,依照时空联系探究发生衍化的全过程和各方面,能够获得崭新的历史启迪和思想挑战。

第三章　北京大学的角色

由于陈独秀被捕入狱、胡适态度保留,其他人关注重心转移,主办《新青年》的北京大学教授群体,对于五四以后兴起的新文化运动较为疏离。而在蔡元培等人回归常态的要求下,北大学生也显得相对静默。陈独秀出狱后,敏锐地把握到新文化运动的巨大潜力,连续撰文演讲,迅速加入新文化运动的行列,并且很快跃升到中坚和领袖的地位。胡适对于新文化运动社会性普及的一面不以为然,后来则逐渐模糊五四前后新思潮运动与新文化运动的关系。而新思潮与新文化之间存在的事实联系,使得参与甚至异议新文化运动者将二者混为一谈。历史上的新文化运动与新文化运动的历史叙述因此出现混淆。

五四运动之后,国民党、江苏省教育会和北京大学三方合力发起新文化运动,旨在继续鼓动一种社会运动,迎合世界潮流,反对官僚军阀恶政,改造社会文化,其具体目标则是反对安福系执掌政权,扩张势力。不过,北京大学参与共谋的,并非主办《新青年》的那批教授，而是与北京大学没有渊源、名义上代替蔡元培实际上代表江苏省教育会临时出掌北大的蒋梦麟。新文化运动兴起之时，后来被称为新文化运动旗手的北大教授群体，大都全然没有意识到自己被赋予的使命与角色，从集体茫然到各自不同程度的自觉，其间经历了相当复杂曲折的变化转换。这是认识历史上的新文化运动和新文化运动的历史之间的联系与分别的重要一环，应该依照事实的时空联系，予以深究。

第一节 胡适：没有新文化运动

1920年9月11日，北京大学在第三院举行始业式即开学典礼，①虽然是照例行礼致辞，"但是日颇有较为重要之演说与报告，足以表示该校革新进步之精神"。所以《申报》特以连载

---

① 关于此次开学典礼举行的日期，各书记载较为混乱。高平叔编《蔡元培全集》第3卷（中华书局，1984）和欧阳哲生编《胡适文集》12（北京大学出版社，1998），据《北京大学日刊》1920年9月17、18日所载蔡元培和胡适的演说词，分别标为16日和17日；曹伯言、季维龙编著《胡适年谱》（安徽教育出版社，1986，第183页）定于9月17；胡颂平编著《胡适之先生年谱长编初稿》（联经出版公司，1990，第417页）、耿云志著《胡适年谱》（中华书局香港分局，1986，第63页）则定为9月20。胡颂平所依据的是台北爱俄寮版庄赞编《世界名人讲演集》。《蔡元培全集》或可解释为依据刊载日期（1996年人民教育出版社出版的高平叔撰著《蔡元培年谱长编》中册已将日期更正），《胡适全集》编者附识明确指"本文为1920年9月17日胡适在北京大学开学典礼上的演讲"，则显然混淆了演讲词的刊载日期与开学典礼的举行日期。

的形式纪其概要。相继致辞演说的有校长蔡元培、教务长顾孟余、总务长蒋梦麟,以及新聘教授颜任光、任鸿隽、陈衡哲、谭仲逵、燕树棠,旧教授演说的则是胡适和陈惺农。

胡适自1917年进入北京大学,连年出席开学典礼,这已经是第四次。因为是抱病出席,本来没有准备讲话。可是总务长蒋梦麟致辞中提到:前日在胡适家中谈起"近年所熟闻之新文化运动","胡先生也说:现在简直没有什么新文化,连文化也没有。此话甚长,将来有胡先生发表,我不必多说"。①

此时蔡元培已经决定于10月赴法国,校务再度交由蒋梦麟代理,蒋梦麟的致辞自然引起关注。所讲主要包括三点,第一是加强师生的联系,相互沟通;第二是增强学生自治的能力,发达合群的美德;第三点则是关于新文化运动。蒋梦麟虽然只是起了个头,但是话题为当时万众瞩目的新文化运动,又语出惊人地透露胡适认为没有新文化,连文化也没有,并且留下伏笔,让胡适来详说。双方事先并未沟通,人在现场的胡适"本来不预备说话,但蒋先生偏偏提出我的谈话的一部分,偏偏把'且听下回分解'的话留给我说,所以我不能不来同诸位谈谈"。在日记中,他自称当天勉强说了十多分钟。

胡适并非钱玄同那样语不惊人死不休的故意偏激之人,之所以下惊人断语,是因为"我暑假里,在南京高等师范的暑期

---

① 野云:《纪北京大学始业式》,《申报》,1920年9月14日,"国内要闻·北京通信",第6版。

学校里讲演,听讲的有七八百人,算是最时髦的教员了。这些学员是从十七省来的,故我常常愿意同他们谈天。他们见面第一句就恭维我,说我是'新文化运动'的领袖。我听了这话,真是'惭惶无地'。因为我无论在何处,从来不曾敢说我做的是新文化运动。他们又常常问我,新文化的前途如何?我也实在回答不来。我以为我们现在那里有什么文化?我们北京大学,不是人称为新文化运动的中心吗?你看最近的一期《学艺杂志》里有一篇《对于学术界的新要求》,对于我们大学很有些忠实的规谏。他引了陈惺农先生对于编辑《北京大学月刊》的启事,我们大学里四百多个教职员,三千来个学生,共同办一个月刊,两年之久,只出了五本。到陈先生编辑的时候,竟至收不到稿子,逼得他自己做了好几篇,方才敷衍过去。《大学丛书》出了两年,到现在也只出了五大本。后来我们想,著书的人没有,勉强找几个翻译人,总该还有。所以我们上半年,弄了一个《世界丛书》,不想五个月的经验结果,各处寄来的稿子虽有一百多种,至今却只有一种真值得出版。像这样学术界大破产的现象,还有什么颜面讲文化运动。所以我对于那第一句话的答语,就是'现在并没有文化!更没有什么新文化'"!①

《北京大学日刊》刊载的胡适的演说词,是由陈政记录,或许经由胡适审阅。《申报》的报道与此大同,但也有些值得

---

① 陈政:《胡适之先生演说词》,《北京大学日刊》第696号,1920年9月18日,第3版。

注意的小异：

> 我此次从八月一日到南京，至八月二十五日回北京，在此二十五日内，每日听我讲演的人有八百余，每日所接见的客有三十余，因此我很受了一种感触，并且得了一种教训。凡恭维我的人，皆对我说：你是新文化运动的中心。我真是惭愧得很。继又问我：新文化运动的前途如何？我更答不出来。试问今日文化在那里，不说新文化，就是旧文化又在那里？所谓文化，不仅是精神思想一方面，即物质科学一方面也包括在内。试问今日中国，配说有科学吗？仅仅用几个奋斗、博爱、自决、劳动神圣等名词到处讲解，就算新文化运动吗？以北京大学总算是全国中最高学府，又是新文化运动的中枢，试看以二百多教员、二千多学生办一月刊，至今才出过六册，办一丛书，至今才出过五大本，试问代表文化的东西在那里？同人不得已，乃拟编世界丛书，以为不能著书，尚可以翻书。乃稿子百余篇，经审查结果，只成了一部书，而时间已费去五个多月，文化运动岂不可怜？此是第一层，为我所最感触而不能不说的，因为现在实在是没有文化，更没有新文化。[1]

---

[1] 野云：《纪北京大学始业式（续）》，《申报》，1920年9月15日，"国内要闻·北京通信"，第6版。

两相比较，前者说各地来的教员称胡适为新文化运动的领袖，后者则称之为新文化运动的中心。至于恭维胡适的是七八百听讲者还是三十余所见客，还可以进一步追究。如果十七省的七八百教员都知道新文化运动，无论运动的内容是否充实，应该说都算是颇具规模了。胡适感到惭愧，从《北京大学日刊》所载看，主要是北京大学的新文化运动开展得如何，是否当得起中心和领袖的美誉，而就《申报》所载看，范围则肯定不仅限于北京大学，对于新名词泛滥的指责，以及没有科学的质疑，都是以全国为考量单位。北京大学人称新文化运动的中心，而实际上却没有什么新文化可言，中心尚且如此，其他不问可知。

　　问题是，新文化运动已经被运动起来整整一年了，如果没有新文化，更没有新文化运动，何以在南京高等师范听讲的十七省七八百教员，众口一词地谈论新文化运动及其前途？所以胡适接着讲的第二个问题，就是"现在外面学界中总算有一种新的动的现象，是不能不承认的。但这只可说是一种新动机、新要求，并没有他们所问的新文化运动。他们既然动了，按物理学的定理，决不能再使不动。所以惟一的方法，就在把这种运动的趋向，引导到有用、有结果的路上去"。①如此看

---

① 陈政：《胡适之先生演说词》，《北京大学日刊》第696号，1920年9月18日，第3版。《申报》的记录为："若说世界有一点变动，发生出新需要，这却是有的，我也不能不承认，或者对于此种动的空气新的现状加以一种名词，亦未尝不可，于是我可以说出第二层的意思，第二层是什么呢？就是对于这种动的空气发生出一种希望，照物理的定理说，既动之后，不能使他不动，只有引他动到有用的方向去。"

来，尽管北京大学没有什么新文化运动，胡适也不得不承认外面学界已经在动，只不过他认为这种新现象仅限于动机和要求，还谈不上是新文化运动。

胡适对新文化和新文化运动的否定，完全没有触及蒋梦麟一年前鼓吹新文化大潮的言论文字，应该是有意回避。虽然蒋梦麟和蔡元培等人的新文化诉求就北京大学而言内外有别，也强调北大学生主要应致力于提升，但既然是大潮，就势必席卷整个社会。两方面不可能不偏不倚，必须有所取舍。

仔细揣摩，胡适的言外之意还有另一层，即他所说，这种动的趋向有两个方面，一是普及。"现在所谓新文化运动，实在说得痛快一点，就是新名词运动。拿着几个半生不熟的名词，什么解放、改造、牺牲、奋斗、自由恋爱、共产主义、无政府主义……你递给我，我递给他，这叫做'普及'。这种事业，外面干的人很多，尽可让他们干去，我自己是赌咒不干的，我也不希望我们北大同学加入。"

这番话的意思，等于是宣称外面所谓的新文化运动，充其量就是新名词运动，与北大无关，北大师生也不应参与其事。胡适口中的"普及"，换做今日的流行语，就是造势而已。

第二种趋向是提高。"提高就是：我们没有文化，要创造文化；没有学术，要创造学术；没有思想，要创造思想。要'无中生有'地去创造一切。这一方面，我希望大家一齐加入，同心协力用全力去干。只有提高才能真普及，愈'提'得'高'，愈'及'得'普'。你看,桌上的灯决不如屋顶的灯照得远,屋顶的灯更不如高高在上的太阳照得远,就是这个道理。"①

显而易见,在胡适看来,必须创造出新的学术思想文化,才算是新文化,否则无论多么热闹,都算不上新文化运动。"现在既有这种新的要求和新的欲望,我们就应该好好预备一点实在的东西,去满足这种新要求和新欲望。若是很草率的把半生不熟的新名词,去供给他们的知识饥荒,这岂不是耶稣说的'人问我讨面包,我却给他石块'吗?"

依照这样的逻辑,北大师生必须走提高的路子,由高深的学问创造出新文化,才有可能带动起中国的新文化运动。所以胡适明确宣称:

> 我们北大这几年来,总算是挂着"新思潮之先驱""新文化的中心"的招牌,但是我刚才说过,我们自己在智识学问一方面贫穷到这个地位,我们背着这块金字招牌,惭愧不惭愧!惭愧不惭愧!所以我希望北大的同人,教职员与学生,以后都从现在这种浅薄的"传播"事业,回到一种"提高"的研究工夫。我们若想替中国造新

---

① 《申报》记为:"现在动的方向却有两种,(一)是普及;(二)是提高。第一种方向我是不愿意加入的,并且不希望大家同学加入。因为普及只是构出几个半生不熟的新名词,到处供给别人,这是无益于人,绝不足以救思想界的饥渴。我们大学学生应该做出饭来供给别人吃,使人家吃饱了才能得着一点营养品,万不可再拿那些半生不熟的名词作充饥食品。此等事业只好让别的人做去,我们不必做。我们须从提高一方面着手,能提高自然就能普及。"

文化，非从求高等学问入手不可。我们若想求高等学问，非先求得一些求学必需的工具不可。外国语、国文、门径科学，这都是求学必不可少的工具，我们应该拿这种切实的工具，来代替那新名词的运动，应该用这种工具，去切切实实的求点真学问，把我们自己的学术程度提高一点。我们若能这样做去，十年二十年以后，也许勉强有资格可以当真做一点"文化运动"了。二三十年以后，朱遏先先生和陈女士做中国现代史的时候，也许我们北大当真可以占一个位置了。

在胡适心中，迅速漫延全国的新文化运动不过是浅薄的传播事业，真正要创造新文化，必须研究高等学问。为了达此目的，胡适总结道："若有人骂北大不活动，不要管他；若有人骂北大不热心，不要管他。但是若有人说北大的程度不高，学生的学问不好，学风不好，那才是真正的耻辱！我希望诸位要洗刷了他。我不希望北大来做那浅薄的'普及'运动，我希望北大的同人一齐用全力向'提高'一方面去做工夫。要创造文化、学术及思想，惟有真提高才能真普及。"[①]

虽然北京大学之前从来没有挂过"新文化的中心"的招牌，不过胡适显然只是不承认当时漫延全国的新文化运动，却不否认中国应该有新文化运动，并且希望由北大师生致力于提

[①] 《胡适之先生演说词》，《北京大学日刊》第696号，1920年9月18日，第3版。

高，来造成真正的新文化和新文化运动。这仍然是近代中国的新派人士打倒别人树立自我的老套路。

不无巧合的是，在此之前，胡适接到傅斯年从欧洲的来函，信中对留学界普遍的急功近利感到不满，"不济的不消说，即所谓人才者，也每每成politician与journalist之'一而二，二而一'的人格。我很希望北京大学里造成一种真研究学问的风气"。尤其是对"现在在中国知识界的地位已高"的胡适，"愿先生终成老师，造一种学术上之大风气，不盼望先生现在就于中国偶像界中备一席"。因为"为个人言，古来成学业的，都是期于白首，而不隐于才华；为社会上计，此时北大正应有讲学之风气，而不宜止于批评之风气"。①

稍早前，傅斯年另外还写了一封致北京大学校长蔡元培的信，对母校表达了同样的期望。他首先比较了牛津、剑桥和伦敦大学的差异，认为"牛津圜桥以守旧著名，其可恨处实在多。但此两校最富于吸收最新学术之结果之能力。……而且那里是专讲学问的，伦敦是专求致用的。剑桥学生思想彻底者很多，伦敦何尝有此？极旧之下每有极新，独一切弥漫的商务气乃真无办法"。在傅斯年看来，"北京之与上海，北大之与清华，有些仿佛是剑桥与伦敦之比"。并进而向蔡元培进言道："北大此刻之讲学风气，从严格上说去，仍是议论的风气，而

---

① 欧阳哲生主编《傅斯年全集》第7卷，湖南教育出版社，2003，第13—14页。是函写于1920年8月1日。

非讲学的风气。就是说,大学供给舆论者颇多,而供给学术者颇少。……大学之精神虽振作,而科学之成就颇不厚。这样的精神大发作后,若没有一种学术上的供献接著,则其去文化增进上犹远。近代欧美之第一流的大学,皆植根基于科学上,其专植根基于文艺哲学者乃是中世纪之学院。今北大之科学成绩何若,颇是可以注意的。跛形的发达,固不如一致的发达。"①

胡适主张北京大学应着重于提高,或与傅斯年的意愿不无关联。其意思从积极的角度解读,可以说是强调北京大学师生应当承担起特别的职责,不要混同于一般社会群体。但是,如果将新文化运动局限于提高一面,而根本否定外面学界如火如荼进行的是新文化运动,恐怕有失偏颇。江苏省立第二女子师范学校本科三年生朱黛痕撰写的《拟与同乡某君讨论新文化运动施行方法书》,就因为有人谈及鼓吹爱国运动的方法,相与讨论如何在地方上从事新文化运动。她说:"自从五四运动直到现在,新文化运动的声浪,就一天高似一天,那一般人有赞成的,有反对的,最可怜那没有知识的人,连这个意思多没有明白,到现在还是糊糊涂涂,没有丝毫觉悟。唉!照这样看起来,新文化运动是不能普及的,无论呼声怎样高,他的效果从

---

① 欧阳哲生主编《傅斯年全集》第7卷,第15—16页。是函无署期,仅说明原载于1920年10月30日《北京大学日刊》,实为10月13日。从信的内容判断,当写于1920年3月至6月间。参见孙玉蓉《〈李四光年谱〉中出现的时间误差考索》,《天津大学学报(社会科学版)》2009年第4期。函中提及李四光从德国来信询问北京大学电招其前往任地质学教授事。陈群等编《李四光传》(人民出版社,1984,第35页)称李四光1920年5月即已到任北大,似不确。

那里来呢?"

可是,"弗论做什么事情,总要求实在,要从做得到的地方做起,并且要从小的地方做起,要从简单的方法做起,那么积少成多,要望多数人的觉悟,也是不难的了。"新文化运动要想先易后难,积少成多,也要循序渐进,"施运动的人一定要把自己的环境和被运动人的环境预先考察得清清楚楚",以免大而无当,不生效果。顶好在各人住的地方先运动起来。如本乡的人程度高下不齐,对下层的人放假时设立义务学校,编辑白话文,平时利用旅外同乡会组织连接起来,将来回去逐步做去。①这样的做法和步骤,与胡适强调的提高明显有别。尽管胡适只是不主张北大师生从事普及性的工作,但是将所有的普及一概判定为非新文化运动,则新文化是不可能成为运动的。

果然,有人就提出了"新文化运动是什么"的命题,质疑"新文化运动只是'移植的新学'运动么?只是'贵族式'的文化运动么?不对不对。题目认错了。我们从事'新'文化运动,不是从事旧文化运动。旧文化运动,中国闹新学时,已有过,是'利用'的,'政客'的,至好也不过是'学桶'的文化运动。新文化运动是社会平民全体的文化运动,不要瞎眼看不见世界的潮流。但是现在中国的文化运动不敢说"。②新文化运动既然

---

① 朱黛痕:《拟与同乡某君讨论新文化运动施行方法书》,《江苏省立第二女子师范学校校友会汇刊》第9期,1919年11月,"杂俎",第36—38页。

② 《新文化运动是什么》,《兴华》第17卷第34期,1920年9月8日,"选评",第26—27页。

是社会平民全体的文化运动，而不是贵族式的文化运动，就不能只是单纯的提高，而必须普及。普及虽然未必能创新文化，却能够使得全社会革新文化，这当然是新文化运动的应有之义。

胡适关于新文化运动提高与普及的言论，引起各方面的关注，也招致不少的非议，一时间提高与普及成为聚讼纷纭的话题。张邦铭就隐去胡适的名讳直言批评道：

> 中国现在是固有文化和外来文化渐渐化合而产生新文化的时代，所以批评家的责务有二：（一）审定两种文化的分子；（二）帮助分子的结合，并求其配合得宜。最近有位有名的学者说："中国现在没有文化，更没有新文化。"这话太过分了。他这话的语病是在把西洋文化看得太高，遂蔑视中国固有的文化。他的论调和老顽固派说"洋鬼子野蛮，中国文明"的差不多；不过一个太看高外国文化，一个太看高中国文化，这一点儿不同。其实文化中外都有，现在正是两种文化交接滋乳的时候。但是外来的一切分子，未必都是文化。西洋人尚武而又好战，尚武可算是文化分子，好战便不是文化分子。固有的也是一样，中国人爱和平，肯退让，爱和平是文化的分子，肯退让未必是文化的分子。诸如此类的辨别，乃是批评家最要的专责。[①]

[①] 张邦铭：《现在中国批评家的责务》，《批评》第1号，1920年10月20日，第2、3版。上海曾随《民国日报》附送，非该报副刊。

也有人不大顾及情面，同为北大一分子的缪金源发表《所谓"新文化运动"的查抄与破产》时，特意加上附识，解释道："我这篇文章，前半讲应多读书，近于'提高'，后半讲应多办小册子，近于'普及'；我对于'提高与普及'的论调，似近于调和，其实不然。我向来立论，也喜偏激（中国人吃了麻醉剂，非吃兴奋剂不可！）。我的意思，正与胡适先生相反。他说：'惟有提高才是真普及。'（北大开学演说词，见北京《晨报》）我说：'惟有普及才是真提高。'譬如说一般人民程度才有一寸高，我将我所有的二寸高的智识送给他们，这是'普及'；他们也有了二寸高了，这就是'提高'。但是他们已和我一样高了，我自己便不得不去用功读书，再提高我的程度到三寸，然后再去普及给他们，使他们也提高到三寸。否则你一人提高到十寸，不普及给大家，也只是部分的提高，不是'全体的提高'。所以我说，提高是普及的工具，普及是提高的目的（为什么提高自己的程度？因为要普及给大家）。提高不是单提高自己，是要'提高群众'，提高群众，就是'普及'。这叫做'惟有普及才是真提高'！"[1]这些话，都是指名道姓针对胡适的言论提出的批评意见。

其实，关于新文化运动提高与普及的关系，早在1919年12

---

[1] 缪金源：《所谓"新文化运动"的查抄与破产》，《批评》第1号，1920年10月20日，第3、4版。

月南京举行江苏全省中学以上学生演说竞进会时就已经提出并且着重论述。获得中学组第一名的暨南学校中学科的华侨学生黄国元在演讲中称：推行新文化运动非从教育入手不可，其方法可分纵横二种，横向普及学校教育和社会教育，使一般人民不问男女贫富贵贱健全残疾，都受教育，具有普通知识，由教育普及实现文化普及，纵向到处开办各种高等专门学校、大学校等，使一般人民都受高等学术的知识，并且开放所有大学和高等专门学校，请大学教员到各地巡回讲演。在各处设立学术研究会，以弥补金钱人才的不足。普及和提高应双管齐下，才能促使中华民国的文化大进步。①

百年之后回顾黄国元当年的憧憬，颇有预言应验之感。如果说横的方法主要就是普及，那么纵的方法可以说是在提高中普及，在普及中提高，提高和普及相辅相成，就能达到新文化运动的目的。所谓新文化运动，就是要在全国普遍没有新文化的情势下，通过向全社会普及文化，推动文化创新与人格改造，奠定社会改造的基础。所以，没有新文化运动，恰恰表明开展新文化运动的必要性，而不是否定其存在的价值和意义。

---

① 黄国元：《新文化运动之种种问题及其推行方法》，《中国与南洋》第1卷第9期，1920年3月，"杂录"，第8—11页。

第二节　陈独秀：我们新文化运动

看到胡适的演说词以及各种争议的意见，已经离开北京大学转到沪上专门从事社会活动的陈独秀，在1920年12月1日《新青年》第8卷第4号的"随感录"，专门写了一则《提高与普及》，表达自己的意见。他认为："一国底学术不提高固然没有高等文化，不普及那便是使一国底文化成了贵族的而非平民的，这两样自然是不能偏废。适之先生对于大学生主张程度提高，理论上自然是正当，别人驳他的话，我看都不十分中肯。"此说看似为胡适转圜，也抓住了胡适主张的正当性一面，总体上却并非赞同胡适以提高否定普及的意见。对于这一问题，陈独秀的两种感想是：

（一）大学程度固然要提高，同时也要普及，提高而普及的方法，就是全国多设大学，各大学中多收绝对不限资格的自由旁听生。学术界自然不能免只有极少数人享有的部分，但这种贵族式的古董式的部分，总得使他尽量减少才好。

（二）专就北京大学学生而论，现在低的还没有，如何去提高？我觉得眼前不必急于提高，乃急于实实在在的整顿各科底基础学。历来北大底毕业生有几个能自由译读西文参考书的,有几个基础的普通科学习得完备的?蔡子民先生到北大以后,理科方面并不比从前发展,文科方面号称发展一点,其实也是假的,因为没有基础学的缘故。没有基础学又不能读西文书,仍旧拿中国旧哲学旧文学中昏乱的思想,来高谈哲学文学,是何等危险!我劝适之先生别高谈什么提高不提高,赶快教朱谦之、易家钺一流学生多习点基础科学,多读点外国文,好进而研究有条理的哲学,好医医他们无条理的昏乱思想罢!

作为对胡适主张的补充和修正,陈独秀的侧重显然在于辩证地看待普及与提高的关系,即使大学甚至北京大学,也应该既要提高,更要普及,基础不牢,谈不上提高,而基础仍是普及的问题。最后陈独秀还特意点名隔空发问:"我这两种感想,适之先生以为如何?"① 希望得到胡适的积极回应。

陈独秀和胡适关于提高与普及的认识差异,其实是两人对待群众性社会运动态度不同的体现。陈独秀对于新文化运动蓬勃展开的反应,明显较胡适敏感和积极。新文化运动兴起前夕,陈独秀刚好被捕入狱,《新青年》群龙无首,刊物暂停,同人各行其是。而胡适接手《每周评论》,又陷入问题与主义

---

① 独秀:《提高与普及》,《新青年》第8卷第4号,1920年12月1日,"随感录",第5—6页。

之争，进一步凸显了趋新阵营内部的分歧，模糊了方向，最终《每周评论》也被查封。包括胡适、钱玄同、周氏兄弟在内，都没有留意到新文化运动的兴起可能对中国的未来产生多么广泛而深远的影响。或者说，他们还在原来各自鼓吹的新文学、新思潮的道路上继续前行，不曾想过用一个既涵盖广泛又色彩鲜明的"新文化运动"加以整合。因此，面对已经迅速漫延到全国的新文化运动，他们多少有些不知所谓，不知所措。

陈独秀出狱后，独自主编《新青年》，很快发现问题的症结所在，并立即着手加以补救。在续刊的1919年12月1日第7卷第1号上，他撰写发表了多篇文字，其中几处使用了"新文化运动"的概念，并且表明了自己的态度。由于其他同人并未参与这一期的编辑，尽可以凸显脱离教职投身社会运动的陈独秀特有的敏锐，在一众《新青年》同人中，他率先看到了方兴未艾的新文化运动大有可为的发展前景。

在这一期发表的《调和论与旧道德》一文中，陈独秀着重批评了新旧调和论以及维护旧道德的东方文化论。主张调和论的著名代表是章士钊，尽管1917年12月17日章士钊在北京大学二十周年纪念会上关于调和论的演讲，直到1925年10月底才以"进化与调和"为题，刊布于《甲寅周刊》第1卷第15号，[①]但是1917年12月21日《北京大学日刊》的《本校二十周纪念演说会纪事》，已经简要披露了主要内容：

---

① 《章士钊全集》编者误以北京大学二十周年纪念在1918年12月28日。

章行严教授演说谓：大学今日尚不免有新旧冲突之隙，此为二千年学术专制之遗毒，不可不抉去之。因历引中西哲学家之言，以证明世界进化不外乎调和主义，有正则必有负，不能举一而废百。且谓进化之迹，点点相续，积渐转移。划一时期，以为学术之标识，最不合于论理。

该刊称："是日演词，有学生韩君笔记，将次第宣布于本日刊。"①不过，后来陆续刊载的几篇演讲，并未包括章士钊的演讲词，而是以《章教授士钊之演说词》为题，收入1918年北京大学印行的《国立北京大学廿周年纪念册》。这时章士钊讲调和，意在化解北京大学内部的新旧纷争，待到1919年9月27日在上海寰球中国学生会演讲"新时代之青年"，继续新旧调和的主旨，所指已是因新文化运动而漫延全国的新旧冲突。20天后，章士钊于1919年10月17日在《新闻报》国庆增刊发表《新思潮与调和》，即将陈独秀、胡适等人主张的新文学和道德革命，作为代表新思潮的重点批评对象。②

陈独秀的《调和论与旧道德》，主要就是针对章士钊的言论。值得注意的是，陈独秀将调和论的意见，说成是和我们新文

---

① 《本校二十周纪念演说会纪事》，《北京大学日刊》第30号，1917年12月21日，"纪事"，第2—3页。
② 详见郭双林《"甲寅派"与现代中国社会文化思潮》第3章。

化运动很有关系,这一方面将"我们"与新文化运动相联系,既有我们和新文化运动一道,也有我们就是新文化运动的意思,另一方面,则将调和论及其主张者划到了新文化运动的对立面。

无论是无心插柳,还是精心布局,《新青年》这一期的"随感录",都不像是信手拈来的随意之作,所起到的实际效果,就是迅速拉近因为陈独秀的被捕而停刊数月的《新青年》与新文化运动的联系,并且站在新文化运动一方,瞄准对立面的标靶。《留学生》将留东学生和留西学生说成与中国文化史无关,留东学生"和中国卖国史都是关系很深了。西洋留学生除马眉叔、严几道、王亮畴、章行严、胡适之几个人以外,和中国文化史又有什么关系呢?这班留学生对于近来的新文化运动,他们的成绩,恐怕还要在国内大学学生中学学生的底下(至于那反对新文化的老少留学生,自然又当别论)"。① 而南北军阀一丘之貉,南京、武昌、广州,都同样禁止国民爱国运动,拘捕学生,打伤学生,比北京还要厉害;广州的护法军人居然赶跑了议员,打毁了报馆,枪毙了主笔。"北京固然是一派人的家天下,广州也是政学会的家天下;军人反对旧国会的军政府改组案,不是他们指使的吗?他们上海的机关报,现在开始攻击新文化运动了。"②

---

① 陈独秀:《留学生》,《新青年》第7卷第1号,1919年12月1日,"随感录",第119页。
② 陈独秀:《段派,曹、陆,安福俱乐部》,《新青年》第7卷第1号,1919年12月1日,"随感录",第120页。

修补和密切因停刊造成的《新青年》与新文化运动疏离的关系，当然不能仅仅靠着敲边鼓式的旁敲侧击，必须有宣言式的正面檄文。不久，陈独秀就于1920年1月11至12日在长沙《大公报》连载长文《告新文化运动的诸同志》，这可以说是陈独秀代新文化运动立言的第一篇文字。他说：

> 现在主张新文化运动的诸同志，自然是觉得旧文化有不足的地方。我们中国底社会上有发生新文化运动的必要，这是不用说的了。但是我现在要敬告诸君的有三件事：（一）出版物是新文化运动底一端，不是全体；（二）新文化运动只当向前的发展，不当向后的反动；（三）不应该拿神圣的新文化运动做射利底器具。

陈独秀所正告的三点，第一是希望开展新文化运动不要局限于办报，彼此模仿，内容雷同，"现在差不多每星期都有新报出现，内容都大同小异（内中有几种牛鬼蛇神的报，又当别论）。看报的还是那一班人，实在人力财力都太不经济。所以我总希望大家拿这些人力财力，去办新文化运动中比出版物更进一步更要紧的事业"。

第二，不要用"趾高气扬的态度，夸大眇视的心胸"，骂倒一切新杂志，貌似推崇科学，实则中体西用，抱着张之洞以来"科学是新的好，道德是旧的好。物质文明是西洋好，精神文明是中国好"的一种成见。"我们现在一面要晓得自然科学只是各种学术底一种，不能够拿他来取消、代替别的学术；一方面要晓得别的学术（道德学、性理学也包含在内）多少都要受科学精神的洗礼，才有进步，才有价值。"应该"珍重研究介绍新思潮的人，他若真是打破了中国人的文学脑筋，改造了一个科学脑筋，就应该指出那种思潮是新的，是合乎科学的，是可以发生好的效果；那种思潮是旧的，是不合乎科学的，是可以发生恶的效果。不可以笼统说凡属自然科学以外的新思潮，都是'玄谈'，都是'谬论'，都是'空谈'，都是'燎原之祸'，都是'拾人牙慧'（羲皇之言，何尝不是人之牙慧），都是'似是而非之妄解'，都是'虚诞无实之谬谈'，都是'可害中一人'，都是'可害遍族类'"。

之所以坚决反对一概骂倒，是因为"谬论与空论不同。说他是谬论，必须要指出他所以然的谬处，才算是科学态度的批评。若拿出科学家的态度，实际批评那种新思潮是何以好，那种新书报，那篇文章，有那种谬论，他谬处在那里。像这种学理的讨论，正可以使新文化运动向前发展。若是不问青红皂白，对于一切新思潮笼统加以'鼓吹谬论'的徽号，这简直是从根本上反对新文化运动，助守旧官僚张目，要造成向后的反动。若是明目张胆的守旧派说出这种话，我们不以为奇。某杂志似乎也是一班主张新文化运动的人办的，竟然有向后反动的现象。像这种挂起'毋忘国耻'招牌卖日货的办法，我们断然不能容忍"!

第三,有人以赞成新思潮新文学作为求官的砝码,有人则因为新思潮的报刊销路好而当作投机的事业。陈独秀听闻相关消息,"不禁替新思潮捏了一把冷汗!我们所欢迎的新思潮,不是中国人闭门私造的新思潮,乃是全人类在欧战前后发生的精神上物质上根本改造的公同趋势。这是何等神圣事业!我们中国人腐败、堕落,精神上物质上都到了破产的运命。最后的希望,就是想随着全人类大改造的机会,来做鼓吹这大改造的新思潮新文化运动,或者是起死回生底一线生机。这种最后救济的新运动,不过才有一点萌芽。倘若仍然把他当作从前的维新、立宪、革命运动一样,当作一种做官发财的器具,这便是明明要把中国人和全人类同样做人的一线生机斩断了"。有鉴于此,他"很希望在上海的同志诸君,除了办报以外,总要向新文化运动底别种实际的改造事业上发展……就以办报而论,也要注重精密的研究,深厚的感情,才配说是神圣的新文化运动"。[1]

陈独秀的这篇文字虽然是向主张新文化运动的诸同志进言,并没有明确居于新文化运动的主导地位,可是所敬告的三件事,却颇有些指导众生的意味。

---

[1] 陈独秀:《告新文化运动的诸同志》,《大公报》(长沙),1920年1月11、12日,"研究",均见第7版。

第三节　新文化运动巨子

陈独秀并不以"我们新文化运动"为满足，转战上海后，开始大张旗鼓地为新文化运动正名，积极主动地掌控相关话语权。1920年3月20日星期六晚，上海青年会廿五周年征求会举行结束会即闭幕式，先期发出公启：

"星期六二十号晚闭幕，除发表各队分数并演活动影戏外，请陈独秀先生演说'新文化运动是什么'，以启发吾人之新智识，兼有毕德辉博士独唱，都春圃先生奏琴，童星门先生滑稽种种，以助兴味。特此附告。届时并祈偕友早临，无任欢迎。"[1]

陈独秀关于新文化运动是什么的系列演讲首秀于青年会，体现了新文化运动与中国基督教的关联。是晚八时，闭幕会开始，由聂云台主席，先请骆维廉引导唱爱国歌，继请童星门君作滑稽演说，题为"武化运动是什么"，引证考据，庄谐杂出，颇堪发噱。继以都春圃钢琴独奏及鼻唱，毕德辉博士唱歌。此后为陈独秀演说"新文化运动是什么"。由于讲题意广而时间局促，无法详细解释，陈独秀只能择要简单加以讲解。其演词略谓：

"解释新文化，必先明其方位，新文化含有三种性质，即

---

[1]《青年会征求会之成绩》，《申报》，1920年3月20日，"本埠新闻"，第11版。

经济、实业与军事是也。军事者，即所谓武化运动是也。文化中所有之要点，不外科学、文学、哲学、道德、宗教五种。现在新文化运动之澎湃，固尽人皆知，但不能不防其将来于此种运动上有所误会，所以请一一解明之。"

演讲的具体顺序，与上述有所分别。首论科学，即针对一战后欧洲东方文化论流行的情况，指出中西时趋不同。"德国为发展科学最烈之国，欧战以后，德国败绩，科学亦将从之消灭，西方古怪之人，且弃科学而专从事于哲学。因有此点，而于文化运动方面，乃发生一极大之危机矣。发展学问，可以达于文明。我国于学问上一无条理，故不能整顿文明。我国之科学，本甚幼稚，今且欲将此极幼稚之胚胎并废之，其于学问上有何益乎？况无论经济、社会，必须将旧者整顿之，于科学上又须尽力训练，而何反废弃之乎？总之，欲发展新文化，必须先整顿旧文化。学问又分思想与幻想二种，而思想与幻想之区别极大。无科学之哲学，乃完全幻想也。所以科学万不可废弃之。"

其次讲道德，主要辨析新旧道德的分别及联系，提示新文化是要改变和扩张现有道德，而不是根本否定一切道德。"道德亦是新文化上最要之点。我侪何以不赞成旧道德，并非谓可以无道德，因旧道德之义太狭，其所施之道德，仅至家庭而止。道德之大意，仅一爱字，爱决不可自己一人发生，惟必须各人对各人发生者，或一人对数人发生者。以前之道德为忠孝，现在所须提倡之道德为人道。即以前之道德对于自己一人之爱，现在所须提倡之道德为对于他人之爱,将忠孝之范围扩大,即成为人道矣。但现在提倡新文化者之见解,亦有误会之处。有人以为父母或前辈皆已古旧,皆已陈腐,发展新文化,必须组织新家庭,于是乎不得不与旧家庭脱离,所以现在极多倡脱离旧家庭之说者。余则以为不然。非余袒护旧派人物,盖亦有一种见解焉。旧家庭之范围本甚狭小,欲达到良好的家庭之目的,非扩充张大不可。今非徒不扩张之,而反将原有之家庭缩小其范围,使其各治其事,不能联络,此意实大背新文化运动之真义也。"新文化唯有扩张道德适用范围,才能体现真价值。

陈独秀关于"宗教亦新文化之一要点"的主张,引起不少质疑之声。他解释说:"余非迷信宗教者,但余以为,万物皆须择其善者而取之,宗教非尽不善者,视其有无价值而定取舍。如此种宗教于个人或社会有益者,不妨取之,盖弃之殊为可惜也。且不能因与个人作对,而必以善者诬之曰恶。"其对宗教的评语引起宗教界人士的注意,不仅视为友善积极的态度,而且触发宗教与新文化的互动。

在陈独秀看来,文学方面的美学与音学为最重要,确是文明的精粹。"此二种均可以见人民最高性情的表示,均可增进人民之乐趣。欧西人民之有乐趣者,十家有其一,日本则百家有其一,我国则千家中且不得其一矣。盖皆因此二种学问之不得发展也。有人反对京戏锣鼓者,余亦当极力反对之。我国之乐器至于今日,惟剧院中之锣鼓耳。若并此音学之影象亦去之,则此学从此无生望矣。至于美学,则更无所发展,惟各种月份牌上之美女飘摇遍市。故我国人民最高性情之表示,仅月份牌上之美女及戏院中之锣鼓而已,不亦可叹哉。"这些意见,却引起不小的争议。

不知是记录有误还是陈独秀演讲有失,被列为文化要点之一的哲学,并没有出现在演讲的内容之中。

尽管侧重点有所不同,陈独秀关于"文化运动完全社会性的,并非单独的"观念,与胡适不赞成社会运动的论点明显彼此抵牾。"以前仅使个人得其机会,又无所为团体,无所为会社,即有群众之运动,亦不能常存。"由于人民没有共同心,不仅政治有南北分争,即学生中亦有分争。西人一方面有妒忌心,一方面又有共同心,方不致分争。我国则只有妒忌而无共同心,所以纷争不已。"我国人民个人仅知对于家庭有极大之牺牲,且尽力将社会上之种种事业为家庭之牺牲,其无丝毫之共同心,于斯可见矣。政治之分争,学校之捣乱,商业之失败,莫不因此而然。为今之计,非改变旧习惯不可,而在此新文化中,必须免去抄袭之弊,而竭力创造。不可学欧西之皮毛以发展于我国,盖欧西所创造之事未必皆善,我又何必一一仿效之。我人创造者未必皆不善,我又何必放弃之。永远创造,即有永远的新文化,一时不创造,即落人之后,遂成为旧文化矣。"[①]此

---

① 《青年会征求会之结束会·陈独秀演说新文化运动是什么》,《申报》,1920年3月21日,"本埠新闻",第10版。

说表明，至少赞同新文化的陈独秀对于西方文化并非机械地一概接受，简单移植，不仅要避免抄袭皮毛，而且必须创造出新。

陈独秀演说完毕，放映影戏二幕，接着由王正廷报告各队取得的成绩，最后由青年会负责人致谢词乃散。由闭幕式的节目安排可见，这次大会主要是联谊娱乐性的，陈独秀的演说虽然重要，也不过是其中的插曲，而且与滑稽演说"武化运动是什么"相对应。《申报》21日的报道中，陈独秀的演讲题目就少了一个"新"字，更与"武化"对称。

不过，陈独秀本人倒是郑重其事的，他认真整理并大幅度充实了演讲词，以《新文化运动是什么？》为题，正式发表于1920年4月1日的《新青年》第7卷第5号。这篇在相当长的时间里被忽略的文字，很大程度可以说是陈独秀为新文化运动所作的宣言书。鉴于新文化运动开展半年多来，伴随着十分流行的盛况，是人人感到的模糊不清，该文开宗明义，直切主题：

> "新文化运动"这个名词，现在我们社会里很流行；究竟新文化底内容是些什么，倘然不明白他的内容，会不会有因误解及缺点而发生流弊的危险，这都是我们赞成新文化运动的人应该注意的事呵！要问"新文化运动"是什么，先要问"新文化"是什么；要问"新文化"是什么，先要问"文化"是什么。文化是对军事、政治（是指实际政治而言，至于政治哲学仍应该归到文化）、产业而言，

新文化是对旧文化而言。文化底内容，是包含着科学、宗教、道德、美术、文学、音乐这几样；新文化运动，是觉得旧的文化还有不足的地方，更加上新的科学、宗教、道德、文学、美术、音乐等运动。

围绕新文化运动的各方面，陈独秀首先指出偏蔽，澄清误解。在他看来，科学从内容上看只是新文化运动的方面之一，从方法上看却具有普遍性。

  科学有广狭二义：狭义的是指自然科学而言，广义的是指社会科学而言。社会科学是拿研究自然科学的方法，用在一切社会人事的学问上，像社会学、论理学、历史学、法律学、经济学等，凡用自然科学方法来研究、说明的都算是科学；这乃是科学最大的效用。我们中国人向来不认识自然科学以外的学问，也有科学的威权；向来不认识自然科学以外的学问，也要受科学的洗礼；向来不认识西洋除自然科学外没有别种应该输入我们东洋的文化；向来不认识中国底学问有应受科学洗礼的必要。我们要改去从前的错误，不但应该提倡自然科学，并且研究、说明一切学问（国故也包含在内），都应该严守科学方法，才免得昏天黑地乌烟瘴气的妄想、胡说。现在新文化运动声中，有两种不祥的声音：一是科学无用了，我们应该注重哲学；一是西洋人现在也倾向东方文化了。各国政治家、资本家固然利用科学做了许多罪恶，但这不是科学本身底罪恶；科学无用，这句话不知从何说起。我们的物质生活上需要科学，自不待言；就是精神生活离开科学也很危险。哲学虽不是抄集各种科学结果所能成的东西，但是不用科学的方法下手研究、说明的哲学，不知道是什么一种怪物！……用思想的时候，守科学方法才是思想，不守科学方法便是诗人底想像或愚人底妄想，想像、妄想和思想大不相同。……主张新文化运动底青年，万万不可为此呓语所误。"科学无用了"，"西洋人倾向东方文化了"，这两个妄想倘然合在一处，是新文化运动一个很大的危机。

据此，所谓东方文化派，虽然貌似鼓吹新文化和参与新文化运动，实际上是渲染非科学的哲学化新文化，从而将新文化运动引向歧途。

关于宗教、道德与新文化运动的关系，陈独秀的看法有些与众不同。他认为"宗教在旧文化中占很大的一部分，在新文化中也自然不能没有他"。人类的行为因为外部刺激而产生内部反应，在外部刺激下有无反应，如何反应，知识固然可以居间指导，最主要还是本能的感情冲动。"利导本能上的感情冲动，叫他浓厚、挚真、高尚，知识上的理性、德义都不及美术、音乐、宗教底力量大。知识和本能倘不相并发达，不能算人间性完全发达。"对于宗教，"凡是在社会上有实际需要的实际主义者都不应反对。因为社会上若还需要宗教，我们反对是无益的，只有提倡较好的宗教来供给这需要，来代替那较不好的宗教，才真是一件有益的事。……现在主张新文化运动的人，既不注意美术、音乐，又要反对宗教，不知道要把人类生活弄成一种什么机械的状况，这是完全不曾了解我们生活活动的本源，这是一桩大错，我就是首先认错的一个人"。

也许因为演讲的场合与对象属于基督教，陈独秀关于宗教的看法，多少有些示好的意向，虽然得到中国基督教会改革派人士的重视，在新文化运动阵营中未必具有代表性。基督教青年会在华快速扩张，尤其是其教育事业发展迅速，并得到各教会本宗的大力支持，恰好是包括少年中国学会会员在内的有心之士发起新文化运动和非宗教非基督教运动的直接动因。在他们看来，新文化运动的作用之一，正是抵制基督教的在华扩张，以免造成中国文化的殖民地化。

至于道德，陈独秀认为："我们不满意于旧道德，是因为孝弟底范围太狭了。……所以现代道德底理想，是要把家庭的孝弟扩充到全社会的友爱。现在有一班青年却误解了这个意思，他并没有将爱情扩充到社会上，他却打着新思想新家庭的旗帜，抛弃了他的慈爱的、可怜的老母；这种人岂不是误解了新文化运动的意思？因为新文化运动是主张教人把爱情扩充，不主张教人把爱情缩小。"由此可见，陈独秀并非不问青红皂白地一概反传统。

文学与文字革命,新文化运动中也存在误解。通俗易解是新文学的一种要素,不是全体要素。"现在欢迎白话文的人,大半只因为他通俗易解;主张白话文的人,也有许多只注意通俗易解。文学、美术、音乐,都是人类最高心情底表现,白话文若是只以通俗易解为止境,不注意文学的价值,那便只能算是通俗文,不配说是新文学,这也是新文化运动中一件容易误解的事。"问题是文学的价值从何而来,是否应该包含吸收旧文学的成分。

除了指出新文化运动中的种种误解及缺点,陈独秀还提出了应该注意的三件事:

其一,"新文化运动要注重团体的活动。美公使说中国人没有组织力,我以为缺乏公共心才没有组织力"。西洋人同样有忌妒独占的私欲心,"但是因为他们有维持团体的公共心牵制,所以才有点组织能力,不像中国人这样涣散。中国人最缺乏公共心,纯然是私欲心用事",所以政、商、工、学各界,人多即冲突,团体易涣散。学生运动里也发生无数的内讧,和南北各派政争遥遥相映。"新文化运动倘然不能发挥公共心,不能组织团体的活动,不能造成新集合力,终久是一场失败,或是效力极小。"中国人之所以缺乏公共心,全是因为家族主义太发达。"戕贼中国人公共心的不是个人主义,中国人底个人权利和社会公益,都做了家庭底牺牲品。""各人自扫门前雪,不管他人瓦上霜",就是描写中国人家庭主义独盛没有丝毫公共心的经典。这样的判断对于同时代趋新的国人会觉得毫无疑义,可是放眼世界,华人的组织力似乎天然强劲,反而是在国家权力的高压之下才变得松散。

其二,"新文化运动要注重创造的精神。创造就是进化,世界上不断的进化只是不断的创造,离开创造便没有进化了。我们不但对于旧文化不满足,对于新文化也要不满足才好;不但对于东方文化不满足,对于西洋文化也要不满足才好;不满足才有创造的余地。我们尽可前无古人,却不可后无来者;我们固然希望我们胜过我们的父亲,我们更希望我们不如我们的儿子"。创造必须有所凭借,不能凿空逞臆,不满足于东西新旧文化,就只能在融合吸收的基础上不断创新。

其三,"新文化运动要影响到别的运动上面"。军事上最好能够止战,退一步也要化敌为友。产业上令劳动者觉悟自己的地位,令资本家把劳动者当做同类的"人"看待,不要当做机器、牛马、奴隶看待。政治上要创造新的政治理想,不要受现实政治的羁绊。现实政治的护法、统一等等,都是无聊政客造谣生事,和人民生活、政治理想都无关系,不过是各派政客、军人狗争骨头似的争权夺利。"他们的争夺是狗的运动,新文化运动是人的运动;我们只应该拿人的运动来轰散那狗的运动,不应该抛弃我们人的运动去加入他们狗的运动!"[①]回到

---

① 陈独秀:《新文化运动是什么?》,《新青年》第7卷第5号,1920年4月1日,第1—6页。

民初普遍厌恶政治的语境,可见连积极鼓动社会运动的陈独秀也不屑于介入罪恶至极的时政,是否远离时政,几乎成为道德人格高下的分水岭试金石。

两相比较,在青年会的演讲中,陈独秀所列举的文化要点,为科学、文学、哲学、道德、宗教五种。而《新青年》的文章,为科学、宗教、道德、美术、文学、音乐,没有哲学,增加了美术和音乐。《新青年》刊登的文本虽然没有将哲学单列为文化要素,可是又说政治哲学应该归到文化,却并未解释为何演讲内容不包括哲学;原来包含在文学里面的美术和音乐,成为与文学并列的文化要素,实际演讲中则是参合一起讲解;各文化要素的具体演讲顺序,与《申报》的记录大体一致,只有道德与宗教的位置颠倒。就内容而言,《新青年》的文本比《申报》的记录要详尽得多,——具体指陈新文化运动包含什么,防止什么,注意什么,同时意思也更加清楚、准确。

这样的差别,不仅是由于演讲者本人在文字上有所增订,还因为陈独秀在此期间应沪上各校之邀,就这一主题讲过好几次,每次的意思略有增添。这些增添的意思,都被整合进了正式发表的文本。由于《新文化运动是什么?》未能受到应有的重视或是不知如何解读,与之相关的各个文本均未引起研究者的关注,彼此的异同更加没有进行过应有的检讨,因而有必要详加引述和比较。

3月24日下午一时,上海沪江大学"全体学生极有幸福得请到陈独秀先生，在大礼堂演讲"，题目即为"什么是'新文化'运动？"苏灿福的现场记录自觉"终不能尽达陈先生所讲的意思，所以还要请陈先生原谅呢"。应该没有经过陈独秀本人的审订，未必完全符合原意，不过还是透露了一些重要信息，有助于解读《新文化运动是什么？》的文本和陈独秀观念的演化。演说开始，陈独秀略作谦逊，即进入正题：

> 现在我要讲的题目，叫做"什么是'新文化'运动"。这个题目，我从前已在上海青年会讲过了，登在报上，想诸位大概也看见过。现将这个题目再讲，其中还加添些新近的意思罢了。"新文化运动"这一个名词，中国不论南方北方的人，都是很留心的。但是许多人还不明白这一个名词的内容。因不明白他的内容，就发生了误会，因发生了误会，就起了不满足之感。第一要知道"文化"占了甚么的位置，"文化"运动是同产业的军事的政治的三大运动并立，"文化"的内容，就是"科学""道德""文学""美术""宗教"和"音乐"，所以"文化"二个字，是这些学问的总名词，是"军事""政治""产业"以外的东西，不能和三者合而为一的。

沪江大学的演讲所列举的文化要素，与《新青年》的文章一致，顺序上开始列举时宗教置于倒数第二位，实际演讲中仍是紧随科学之后，居第二顺位。

这时的陈独秀认为，新文化运动其实就是用西洋文化来改造中国旧文化。因为"中国的旧'文化'，很多不满人意的地方，所以必须要改变。且不特要改变，还要采取西洋的学说，以弥补他的不足呢"。接下来陈独秀依照上列六种新文化的内容，分别说明：

（一）科学。科学有二种，一种叫做"自然的科学"，一种叫做"广义的科学"。物理、化学、生理、天文、地质等，均属于"自然的科学"。社会学、伦理学、哲学和心理学，属于"广义的科学"。简言之，就是用科学的方法，去研究人事。古时没有用科学的方法去研究人事的学问，所以古代仅有哲学。后来的学者用了科学的方法，从哲学中抽出了心理学、伦理学。故科学是"新文化"的一种"文化"。清季以来，中国人的观念世界里"科学"的含义有多重，在《新文化运动是什么？》一文中，科学主要是指方法，而此处则包含分科的意思。不过，中国古代是否有哲学，也是聚讼纷纭，看法多歧，不能一概而论的。

当时有人以为，德国的科学很发达，但已被协约国打败了，可见科学终究还是无效。梁启超在《时事新报》上也说："现在西洋人很觉得西洋文化不甚好，要倾向于东洋文化呢。"陈独秀认为这两个意思都错了，聚在一块，更加危险。因为西洋人看德国人太相信科学，受此反感，觉得科学以外，要用些精神来扶助他，并不像我国人所想和梁启超所说。且西洋人同梁启超说的是客气话,未必代表西洋人的真意。世上假使没有科学,一定很危险。德国人误用科学做了坏事,并不是科学的不好。中国的旧学须用科学的方法去研究方才可以。故做"新文化运动"的人,不能看轻科学。"现代的哲学均用科学去说明了。有人说'新文化运动'无须用着科学的地方,多是假造的谣言,或受了思想的误会了。前几天我从南洋公学出来,后有一个青年人上前来问我这一段谣言,我答他说,假使真是如此,那末'新文化'做了一个大罪恶了。"辨析东西新旧、物质精神文化的异同优劣,是新文化运动的一大主题,陈独秀的说法,可谓新派西化的典型表述。只是这一段直接批评梁启超的文字,后来比较隐晦。

(二)宗教。陈独秀以前在报上说明对于宗教的见解,有许多人反对,以为"新文化"的运动是不要宗教的。几个朋友也来信质问道:"你如何起来利用宗教去鼓吹'新文化'呢?"陈独秀坦率认错:"我从前也以为宗教是无用的,但我现在不是这样了。宗教的末流,自然不能据之以批评宗教的不好。哲姆斯、罗塞儿辈,皆不反对宗教的。大凡人类的动作,均从外界的刺激而来,人已受外界的刺激,内部即起反应。在刺激和反应的中间,就是智识出来了。人所以高贵的,就是有智识呢,至于反应的好不好,要用什么法子,既反应的后来,将收怎样的效果,这都是属于智识问题了。"反应有用智识的,有不用智识的。很多有学问有智识的人,所作的坏事,更加厉害。故科学和智识,对于人生是不足够的,必需要宗教以扶助人生的本能。假使人类没有宗教,即变成不完满。"新文化"运动是要使人类完满,故宗教万不能丢掉。

(三)道德。中国旧时的"道德"是不完全的,狭义的,所以要反对,应该将孝悌主义、家庭主义扩充至于人类的全社会。现在新文化运动里面有人大大的误会了新道德、新家庭,错误地因母亲太腐旧了,就抛去不顾。"他们对于社会的亲爱还没有做出来,倒反先使自己的母亲受了痛苦。非特不能够扩充'旧道德',反将'旧道德'缩小了。此实系大误会。"如此,则新旧道德是因大小不同而导致优劣有别。

陈独秀将音乐和美术合并讲解,而在讲解道德之前,特意声明将文学搁去不讲,所以六点内容只分了四点来讲。他认为:"美学和音乐,是人类的精华。现在社会假使没有这二种的学问,社会定要受很大很危险的损失。"可是从事新文化运动的人,没有谈及这两件很要紧的事。美术音乐的教育若不普及,便做不成新文化。单靠禁止旧法子是不会有效的。

至于新文化运动的三个应注意事项,与《新文化运动是什么?》只有文辞的差异,意思完全一致。[①]

连番的演讲,不仅使陈独秀本人关于新文化运动的认识论说愈加丰富全面,而且使之迅速跃升到新文化运动领袖的位

[①] 陈独秀先生演讲,苏灿福先生笔述《什么是"新文化"运动?》,《沪江大学月刊》第9卷第4期,1920年4月,"演词",第44—49页。

置。据《申报》3月26日的报道:"南洋公学学生分会日昨请新文化运动巨子陈独秀先生演说。夜七时许,大礼堂上已座无隙地,复旦诸君亦多前来恭听。陈先生八时始来,坐待者毫无倦容。于此一端,可见先生感人之深矣。"[1]由此可见,经过连续几次演说,陈独秀在沪上已经成为新文化运动的大家闻人。

不过,陈独秀关于新文化运动的种种说法,并非都能得到认同。唐隽到青年会听过陈独秀的演讲,便生出许多怀疑,又看过《新青年》第7卷第5号刊登的文章,怀疑非但不能解除,且愈加厉害。陈独秀说:欧美各国学校、社会和家庭里,充满了美术和音乐的趣味,就是日本社会和个人的音乐、美术及各种运动、娱乐,也不像中国人的生活这样干燥无味。有人反对妇女进庙烧香,青年人逛新世界,可是烧香逛新世界,总比打麻雀好;打麻雀又比吸鸦片好一点。空言劝止人不要吸烟、打牌,难以奏效。没有任何运动娱乐,若不去吸烟打牌,资本家岂不要闲死,劳动者岂不要闷死?"所以有人反对郑曼陀底时女画,我以为可以不必;有人反对新年里店家打十番锣鼓,我以为可以不必;有人反对大舞台、天蟾舞台底皮簧戏曲,我以为也可以不必。表现人类最高心情底美术、音乐,到了郑曼陀底时女画、十番锣鼓、皮簧戏曲这步田地,我们固然应该为西洋人也要来倾向的东方文化一哭,但是倘若并这几样也没有,我们民族的文化里连美术、音乐底种子都绝了,岂不更加可悲!"

---

[1] 君豪:《名人演说》,《申报》,1920年3月26日,"新闻拾遗",第14版。

为了增强自己论点的说服力，陈独秀还旁征博引，如蔡元培曾说："新文化运动莫忘了美育"。前几天"我的朋友"张申府的来函也说："宗教本是发宣人类的不可说的最高情感（罗素谓之'精神'Spirit）的，将来恐怕非有一种新宗教不可。但美术也是发宣人类最高情感的（罗丹说：'美是人所有的最好的东西之表示，美术就是寻求这个美的'，就是这个意思）。而且宗教是偏于本能的，美术是偏于知识的，所以美术可以代宗教，而合于近代的心理。现在中国没有美术真不得了，这才真是最致命的伤。社会没有美术，所以社会是干枯的；种种东西都没有美术的趣味，所以种种东西都是干枯的；又何从引起人的最高情感？中国这个地方若缺知识，还可以向西方去借；但若缺美术，那便非由这个地方的人自己创造不可。"[①]

　　唐隽单就陈独秀所说的"美术""音乐"两端提出质疑。其一，陈将美术与音乐并列，实则美术是概括之词，音乐是局部的美术，不能并列。陈是新文化中最有力的一个人，一般人很受他的话的影响，所以要辨明。其二，不反对无谓的假美术是无益的。应该反对郑曼陀般的时女画以及大舞台、天蟾舞台的皮黄戏，前者有害于真美术的发展，后者不应与舞台结合，舞台是社会不良分子造成罪恶之处。陈独秀以为，时女画和皮黄戏虽然不好，但中国除此之外别无其他，只能将就。唐隽则

[①] 陈独秀：《新文化运动是什么？》，《新青年》第7卷第5号，1920年4月1日，第4页。

认为应竭力破除虚伪邪恶，才能创造真好，不可因陋就简。①

美术与音乐的关系，牵连清季以来美术本身概念的本义及衍化，唐隽与陈独秀各自心中的美术内涵外延未必一致。而美术的真假好坏，更是随时而转，百年来聚讼纷纭的糟粕与精华，常常就在一转念之间。

尽管有些质疑的声音，一个显而易见的事实是，陈独秀一出狱，便敏锐地捕捉到五四运动后兴起的新文化运动已成具有巨大发展潜力的时代风潮的重要动向，立即设法改变《新青年》停刊期间编辑群体之于新文化运动的隔膜疏离，主动地迅速靠近，短短的一个月时间，就从旁观者的评点，到以同道的身份代新文化运动立言，而在上海正式演讲仅仅三天，就成功地从助兴式的演讲者，升华为新文化运动的巨子。胡适暑期在南京被全国各省来的教员奉为新文化运动领袖，北京大学被认为新文化运动的中心，与陈独秀的演说和著文不无关联。后来者忽略陈独秀这篇对于新文化运动而言具有纲领性作用的重要文字，究其缘由，主要就是混淆了历史上新文化运动发生演化的实事与后来新文化运动的历史叙述的顺序，以致语境错乱，语义不明，意义不清，无法理解何以此时才来讲开头的ABC，即便讲了，又有何作用，就算有些想法，觉得可议，理不清来龙去脉，也只能欲说还休了。

---

① 唐隽：《读陈独秀的〈新文化运动是什么？〉》，《美术》第2卷第2号，1920年4月30日，"杂评"，第105—107页。

第四节 北京大学的新文化运动

胡适说北京大学没有文化，更没有新文化，所以新文化运动无从谈起。这样的判断，就算是其眼底心中真实的看法想法，也未必符合北京大学的实情。何况对于身边发生的新文化运动，胡适不可能一无所知。只不过他并不认可这些言论行事是新文化运动而已。

为了争取蔡元培同意回长北大校务，北大同学虽然不得不委曲求全，应允恢复原状，可是五四风潮激荡起来的内心世界却无法平复，而且并无改善的环境还在不断刺激着躁动的年轻心灵。几乎与新文化运动同步兴起少年中国学会，是以鼓动推行新文化为己任的团体，其会员当中，北京大学毕业及在校学生占比不少。曾琦出国后，于1919年7月1日函告周太玄、李幼椿：学会的进行，"有润玙（王光祈）在京主持，将来润玙或赴南洋，还有守常（李大钊）、愚生（陈淯）、守和（袁同礼）、（黄）日葵、楚僧（许德珩）诸友，现在又新加入易克嶷、康白情、孟寿椿、徐彦之诸君，皆北京大学最优秀分子，必可商同办理一切"。[①]可见北大学生从组建之时就是少年中国学会的骨干。

---

① 《会员通讯》，《少年中国》第1卷第1期，1919年7月15日，第41页。

少年中国学会北京会员中的北大师生在新文化运动中表现突出。除李大钊在会中呼吁做两种文化运动之外，康白情等人对新文化运动的执着引人关注。戴季陶在《建设》杂志提出新文化运动的纲领，就是回答康白情的来信关于"革命"的询问。①戴季陶对于"革命"的解释或许说服力不足，所提出的新文化运动作为革命的新形式倒是深切打动了康白情。而少年中国学会会员在推动北京大学学生会和全国学生联合会参与新文化运动中起到重要作用。1919年9月17日，在上海的中华民国学生联合会总会召开理事会，康白情提议："吾人此后唯一之天职，在乎尽力于文化运动。国人懵懵，酣睡未醒，犹赖吾党先觉登高疾呼，砭其痼疾，而国人脑质之贫弱，血清注射之余，尤须加以滋养。由前之说，则宜有关于批评之出版物为血清运动。由后之说，则又宜有关于学术之出版物为滋养运动。"议案获得通过，决定创办中华民国学生联合总会月刊，于1920年1月1日出版；总编辑由理事会礼聘一人，公推康白情担任。②另一北大出身的少年中国学会会员许德珩则任《全国学联日刊》总编辑。

受少年中国学会的影响，北京大学学生积极参与新文化运动。1919年10月，北京各校学生会改组为常设组织，26日，北

---

① 戴传贤：《革命！何故？为何？——复康君白情的信》，《建设》第1卷第3号，1919年10月1日，"论说"，第1—13页。
② 《学生联合会总会消息》，《申报》，1919年9月22日，"本埠新闻"，第10版。

京大学学生会评议部在该校法科大礼堂首先召开成立大会，主席方豪致辞称："吾人以后救国之根本方法为文化运动，欲使国民人人悉能为共和国之健全分子，以实行真正的平民政治，非一朝一夕之所能达，此学生永久机关组织之所由来也。"方豪虽然不曾加入少年中国学会，但与北大中的多位少中会员交往甚密，以文化运动为根本方法的主张，也与少年中国学会合拍。作为同学代表讲话的少中会员许德珩，亦"谓学生会以后之急务为文化运动。（一）社会的。（甲）平民学校；（乙）平民讲演；（丙）发行日刊。（二）国际的。办理通讯社以流通国内外之消息"。①

11月9日，北京学生联合会特别召开北京学生全体大会，欢迎慰劳10月1日被警厅拘捕、11月7日获释的全国各界请愿代表32人。学生联合会主席致慰劳词谓："今敝会已抱定文化运动主义，尤望各地一致行动，破除隔阂，齐心努力。"康白情演说则称："文化运动是总解决的方法，如请愿等等是零碎解决的方法。今后我当抱定宗旨，以两法兼用而进行之。"②

媒体对于以北京大学学生为代表的北京学界积极从事新文化运动的动向极为关注，并予以高度评价："北京大学为全国最高学府，年来内部活动之力极大，其势力似已弥布于域内，

---

① 《北大学生会评议部成立》，《申报》，1919年10月30日，"国内要闻"，第3版。
② 《京津学界慰劳请愿代表记》，《申报》，1919年11月12日，"国内要闻"第6版。

可称居全国思想之中心。盖自蔡氏接任校长后，对于文理两部极谋改进，所有教员颇多富于进化思想之人，内部酝酿已非一日。迨欧战既停，全球人心一变，而该校师徒之思想，亦如春笋惊雷脱地而起，未几遂有五四之役，举国学界联成一大团体，以解放思想、改良社会为目的，专从事于文化运动。观于近来出版物之多，已可想见。北京学校除北大外，若高师、法专、农专、工专、清华等校，以感受思潮之故，青年学子态度迥异于前，中等学校大率亦复类是。"①

后来《申报》专文介绍以北大学生为主的新潮社、新知编辑社、哲学研究社、中国社会学会，称这些团体"皆所以策文化运动之进行，继续'五四'未竟之大业，而其因缘牵合，殆无一不与北大发生关系焉"。②北京大学的学生团体从事思想文化事业，始于新文化运动之前，至于新文化运动发起后的活动，则与少年中国学会的关系更为直接。参加少年中国学会的北大学生，有的就是北大学生小团体的骨干成员，如黄日葵是《国民》杂志编辑，康白情、徐彦之是新潮社干事，孟寿椿更是一身而二任。他们同时活跃在各种团体当中，将不同组织的宗旨办法相互传导。

北京学界组织的文化运动，强化了北京大学作为新文化中

---

① 市隐：《都门教育界近况》，《申报》，1919年12月11日，"国内要闻"，第6版。
② 静观：《都门文化运动中之四结社》，《申报》，1921年1月12日，"国内要闻"，第6版。

心的印象。《申报》称:"自'五四''六三'以后,全国学界几以北京学界为中心,而北京学界则又以北京大学为重镇,因其学程既高,人数亦众。年来一切文化运动,无论有形无形,莫不以东中西三院为其策源地。"①1920年,北京各校学生于北京大学第三院大礼堂举行"五四周年纪念会",到者约四五千人,来宾中段锡朋"略述所以有文化运动之故,语极沉痛,全场掌声如雷。末复提出四条,希望大家注意:(一)作事须有目的;(二)文化运动须到底不懈;(三)宜有组织;(四)宜研究学问以发展运动之能力"。②有人甚至提出,要借着推广文化运动各项事业的时势,使各地"北大化"。③反观以中小学职教员居多的北京教育会,"对于近来思想界之改革尚未能十分了解,故于文化运动事业亦未敢率尔参加,较之江苏、浙江等省教育会之活动,似未可同年而语"。④

任教于北京大学的杨昌济并不在通常所说的新文化派之列,其1919年的日记只有10月19日至12月1日的部分,一开头就明确说:"今年国民始有自觉之端绪,新文化之运动起于各地,新出之报章杂志,新译新著之书籍,新组织之团体,逐日

---

① 平心:《北京通信·北大学生议决罢课》,《申报》,1920年3月7日,"国内要闻",第7版。
② 静观:《北京通信·记北大五四周年纪念会》,《申报》,1920年5月8日,"国内要闻",第6—7版。
③ 野云:《北京通信·将放假之京教育界》,《申报》,1920年7月3日,"国内要闻",第6—7版。
④ 市隐:《北京通信·都门教育界近况》,《申报》,1919年12月11日,"国内要闻",第6版。

增加，于是有新思想之传播，新生活之实现。此诚大可欣幸之事也。"如果这段话不是后来增添改动，就应该是使用"新文化运动"的概念并对新文化运动描述概括较早的重要文字。须知"新文化运动"的提出是1919年8月以后事，《新青年》到是年12月才对新文化运动有所反应，而胡适次年9月还断言没有新文化运动。照杨昌济的这段话，胡适否定北京大学有新文化运动，多少有些自以为是。胡适常常好以北大代言人自居，其实北大的多样性，并非他所能够代表。

受到新文化的影响，杨昌济所授伦理学课程的教法有所改变，不专教一本书，"取各伦理学书中之精要者而选授之"，且不限于讲西洋之伦理学说，"中国先儒如孔孟周程张朱陆王及船山学说亦间取之"。"又可取报章杂志中新思潮而批评之"，目的是"想较与学生有益"。不仅如此，他还经人介绍，加入了尚志学会，"该会近日广征名著印行，于文化运动大为有助。余欲该会多置书籍，作一小小图书馆，以供会员之阅览。又欲会中同人于会中筹设英文法文德文之日班夜班；会中并可办一中学校，将来并可办法政专门学校，再扩充之为大学，如庆应、早稻田然。余从前因精力不及，兴味索然，不多诣人，不多开口；此后当稍变冷静之态度，与社会中人相接。己固可以得益，有时亦可以于人有益。大学中人如蔡孑民、胡适之、陶孟和、李守常皆可与谈者。湘中旧相知如周印昆、雷道衡、方叔章、李佩君、熊知白、黎劭西，皆欲与之时时会

第三章 北京大学的角色 185

晤。"这样的主张和行事，与新文化运动高度合拍。

精神面貌焕然一新的杨昌济不但自励，还希望与李石岑、方竹雅、周名第、傅昌钰、李飈丞、萧子升以及在湖南的友人学生时时通信，而且劝人进步。他劝章士钊退隐，理由是"政治漩涡中诚非吾辈所应托足，无补国事，徒有堕落人格之忧。谓宜飘然远引，别求自立之道。今日之事当从底下做起，当与大多数国民为友；凡军人官僚政客，皆不当与之为缘。不当迎合恶社会，当创造新社会；当筑室于磐石之上，不当筑室于沙土之上也。吾辈救世惟赖此一枝笔，改革思想，提倡真理，要耐清苦，耐寂寞。望翻然改图，天下幸甚"！

杨昌济尤其关注各报刊传播新思想的文章，并随时录入日记。如《时事新报》10月29日刊载《新社会出版宣言》称："我们改造的目的，就是想创造一德莫克拉西的新社会——没有一切阶级、一切竞争的自由、平等、和平、幸福的新社会。我们改造的方法是：向下的——把大多数中下级的平民的生活、思想、习俗改造起来；渐进的——以普及教育作和平的改造运动；切实的——一面启发他们解放要求的心理，一面增加他们的知识，提高他们新道德的观念。我们改造的态度是：研究的——根据社会科学的原理，参考世界各国已往的改革经验；是彻底的——切实的述写、批评社会的病源，极力鼓吹改造的进行，不持模棱两可不彻底的态度；是慎重的——实地调查一切社会上的情况，不凭虚发论，不无的放矢；是诚恳的——以博爱的精神，恳切的言论，为感化之具。"①这番说明文字，可以佐证新文化运动开展之际"德先生"的一种较为普遍的历史意见，与后来的时代意见显然有别。

胡适说北京大学没有新文化，连文化也没有，更谈不上新文化运动，已经是一年之后，对于本校师生加紧进行的新文化运动毫无所知，究竟是实情还是故意？1920年4月北京大学派出游日团，同时又受少年中国学会执行部委任，"以少年中国学会代表名义，接洽其种种新文化运动团体，作相当的宣传"。②胡适不仅全程参与了游日团的组建，而且与少年中国学会关系密切，据说"注意最早""帮忙最大"，被会员奉为学会的精神指导者，③要说他完全不知情，很难令人信服。如果明知新文化运动已经深入校园，却仍然声称北大没有新文化和新文化运动，最大的可能首先就是胡适并不认可这样的新文化和新文化运动，其次表明他不希望北大的学生从事这样的新文化和新文化运动。或者说，胡适与蔡元培等人有着心有灵犀的共识，校园内只能提高，而校园外的普及不宜由北京大学的学生来承担。

胡适声称北京大学的学生不必普及只重提高，可是学生们显然与之并不同调。缪金源在《北京大学学生周刊》第3号

---

① 杨昌济：《达化斋日记》（校订本），湖南人民出版社，1981，第194、197—198、205页。
② 康白情：《致少年中国学会诸同志》，《少年中国》第3卷第2期，1921年9月1日，第74—75页。
③ 李永春：《"问题与主义"之争和少年中国学会》，《安徽史学》2006年第2期，第87—96页。

发表《文化运动的重要和着手的方法》，明确认定文化运动是提高一般人民的程度，叫他们适合于民治，所以文化运动也可以叫"民治的教育"。五四时因为除学界外没人帮忙，于是大家实行露天讲演，办《五七》和各种日刊，演讲时有人拍掌，有人送汽水，叫他们不买仇货，答应"是"。这便是人民程度提高的证据，这便是"文化运动"的好效果。"我们现在觉悟了：一国的文化上不发达，不能和各文明国携手，空谈改革，是做不到的；一国的大多数平民知识程度过低，单靠少数人把持，是没有用的。我们也不敢说什么'文化运动的中心'，我们只是尽力和全学界的学生诸君，依以下的步骤去'做文化运动'：第一步，努力研究学理——整理旧学说和绍介新学说——做改造政治和社会的工具。第二步，多编印刷物——日刊、周刊和小册子等——做平民的指南针。第三步，力行通俗讲演——路行讲演和定所讲演等——做平民的暮鼓晨钟。"[1]这样的认识、决心和规划，显示北京大学的学生与被外界奉为旗手的老师在新文化运动的道路上渐行渐远。

新文化运动继五四运动而起，而北京是五四运动的发源地和中心，新思潮的形成主要也是北京的《新青年》等刊物和北京大学几位教师的鼓动作用，按说北京发展新文化运动具有得天独厚的天时地利人和等优势，可是尽管北京大学并非如胡适

---

[1] 缪金源：《文化运动的重要和着手的方法》，《北京大学学生周刊》第3号，1920年1月18日，第6—7版。

所说没有新文化和新文化运动，外界却不无质疑之声。1920年，《新人》杂志为了了解各地新文化运动的实情，组织人员分别进行调查，结果北京的情形似乎不如人意。不仅整个北京的新文化运动表现不够突出，北京大学的虚骄情况尤其令人不满（详见第六章第一节）。固然，《新人》不免挑毛病的故意，但多少也反映了世人的负面情绪。

社会上乃至学术界对于所谓北大"新文化派"的霸道积怨甚深，决不是简单的新旧之争可以解释。1924年日本东方文化事业计划在北京设立人文科学研究所和图书馆，北大想方设法包揽所长馆长职位，引起校外学者的普遍不满。张星烺致函陈垣，认为："北大党派意见太深，秉事诸人气量狭小，其文科中绝对不许有异己者。而其所持之新文化主义，不外白话文及男女同校而已。当其主义初创时，如屠敬山等史学专家皆以不赞同白话文而被摈外间，有知其内容者皆深不以其事为然。北大现在已几成为政治运动专门机关，不宜再使与纯萃学术牵混，故图书馆馆长及研究所所长皆宜立于党派之外，且人须气量宽洪也。"他宁肯赞成日方以柯劭忞或梁任公充所长之说，因为柯为遗老，"与世无争，梁则无党，且气量宽洪，可容纳异派人也。"[①]由此可见外界对北大以新文化主义排斥异己倾向的严重不满。

---

① 陈智超编注《陈垣来往书信集》，上海古籍出版社1990年，第209页。

第五节　新思想的摇篮

胡适固然不能代表北京大学，陈独秀也不等于《新青年》，陈独秀与《新青年》其他同人对待新文化运动的态度明显有别。也可以说，除了陈独秀，《新青年》群体的其他核心成员都没有及时注意到新文化运动的巨大潜力，有的还有所怀疑甚至不屑一顾。所以陈独秀实际上无法代表《新青年》同人。但在社会观感上，陈独秀的形象已经与《新青年》密不可分，陈独秀就是《新青年》的代表和旗帜。从舆论和民情的视角看，陈独秀的言行，很大程度上就是代表了《新青年》。而《新青年》并非独立存在，至少在各式各样的新式潮流方面，《新青年》与北京大学相辅相成，甚至是一而二二而一的合体。所以，尽管陈独秀已经离开北京大学，只要他与《新青年》的关系依然存在，就不可能与北京大学脱了干系。

严格说来，新文化运动的兴起，与北京大学只有部分的关联，而且不是与以《新青年》为代表的新派群体的关系。其直接的关联者，是与北京大学没有渊源也不在《新青年》同道之列的蒋梦麟，他背后所代表的，主要是江苏省教育会对全国学界政界的企图。

蒋梦麟是最早高揭"新文化运动"旗帜的运动家之一，还在1919年9月，他就认为社会有病，所以要讲新学术来救治。五四学潮以后的中心问题，就是新学术问题，就是新文化运动的问题，新文化运动的目的，就是酿成新文化的怒潮，把中国腐败社会的污浊冲刷干净。

五四风潮平息后，蔡元培、蒋梦麟、胡适等人都希望北京大学的学生专研学术，创立中国新文化的基础，使北京大学成为中国的最高文化中心。可是，要以高深学术创造国家的新文化，决非朝夕可以建功。在五四以后的一年多时间里，北京大学校园里既没有轰轰烈烈的新文化运动，也未能在高深学术的创新方面有所表现，显得相对沉闷。少年中国学会会员虽有不少北大生或毕业生，活动却主要不在校园之中。就此而论，胡适说没有新文化和新文化运动，一定程度也符合北京大学的状态。

不过，蒋梦麟主张的是"改良社会，创造文化"，二者之间，如果以胡适的提高为标准，顺序应该颠倒，先要创造文化，才能进而改良社会。而蒋梦麟为青年决百川之水所列举的办法是：一、愿青年自己认作富于感情、思想、体力，活泼泼的一个人；二、用活泼泼的能力讲哲学、教育、文学、美术、科学种种的学术；三、用宝贵的光阴在课堂、图书馆、试验室、体育场、社会、家庭中作相当的活动；四、抱高尚的理想拼命做去；五、多团体活动，抱互助精神，达到团体的觉悟。也就是说，既要改造自我，提高能力，又要发扬能动，影响社会。

为此，蒋梦麟呼吁青年："你们自己的能力，就是水；运用千百万青年的能力，就是决百川之水；集合千百万青年的能力，一致作文化的运动，就是汇百川之水到一条江里，一泻千里，便成怒潮——就是文化的怒潮，就能把中国腐败社会洗得干干净净，成一个光明的世界！"①从五四以来北京大学学生的表现看，与这样的期许存在不小的差距。

北京大学内部的实情，外面的人一般很难确知。人们所知道的，新文化运动是受五四运动的鼓荡而兴起，"自从去年五四运动以来，国人感于国势之凌夷，学术之腐败，思想之顽固，因而发生觉悟，知道非从思想革新和学术改造上下手，中国决没有进步底希望，于是新文化运动遂应运而兴，冲破旧时底沉静，惊醒国人底迷梦，引导他们向光明的路上走。虽未能立刻实现那真善美底社会，且同时呈出了许多的破绽，而中国前途底一线曙光确是在这里啊！我们对于这种新文化运动是极表同情的，而且也很希望他能收最大的最良的功效"。②

而五四运动的发生，与《新青年》密切相关。因缘这样的关联，也有人将新文化运动与《新青年》的鼓动相连接。明知新文化运动发生于五四运动之后的费哲民，还是承认"近一年来新文化的运动，都说是受《新青年》杂志的觉悟"，新思潮

---

① 蒋梦麟：《新文化的怒潮》，《新教育》第2卷第1期，1919年9月，第19—22页。
② 周长宪：《批评的精神和新文化运动》，《批评》第1号，1920年10月20日，第2版。

因此勃发，进而要求改造环境，变迁思想，革新中国。①

在被鼓动者看来，"天下经天纬地的事业，那一种不由澎湃的大潮头而激成的！你看欧西有了十五世纪'文运复兴'的一个大潮头，方有今日西方的新文化；有了十六世纪'大改革'的一个大潮头，方有欧洲思想自由的新纪元；有了十八世纪'法兰西革命'的一个大潮头，方有民主的精神满布各国；有了十九世纪'各国革命'的一个大潮头，方有暴君恶相推翻的结果；有了二十世纪'欧洲大战'的一个大潮头，方有平民主义的精神发展，所以有了大潮头，方有大改革，大事业。反言之，就是要有大改革大事业，不得不起一种大潮头"！而大潮头有起因，文运复兴因黑暗时代的激励，由希腊学者讲道而成；十六世纪的大改革因教皇专制，滕贝格大学（Wittenbery）鼓吹而成；法国革命因专制压迫和卢骚学说而成；各国革命因暴君恶相压迫，法国革命动机而成；欧洲大战因德国没尽公理，协约国反抗而成。"总之，无论那一个大潮头，先有发生的原因，再有发生的利器才兴咧！"譬如人有病，又有医生，便可医治。社会陈腐，又有人鼓吹，才能改革。

世界的潮流大势如此，中国应该迎头赶上，"我亲爱的新少年呀，可以做老病中国的好医生，做大潮头的好利器。……这次'五四运动'，就是我们新少年驱使大潮头的起点，也就

---

① 《妇女·青年·劳动三个问题》，《新青年》第8卷第1号，1920年9月1日，"通信"，第3页。

是'新文化运动'的起点！大家奋发！大家努力！从今以后，各具活泼泼的精神，百度热的血轮，优美的感情，锐利的思想，勇往直前，把中国委靡不振、糊里糊涂、半生半死的老病鬼，用力针他一大针，那末那些静沉沉的死社会，才能变成活泼泼的新社会呢！"五四运动是新文化运动的起点，不仅是当时普遍的认识，也是历史事实。

新少年的新文化大潮头要漫布社会，有益社会，"第一步当先研究新文化传布的资料，第二步再研究新文化传布的方法"。所谓资料，就是社会病状和变革要求。精神上，环境方面，即不平等，包括贵贱、尊卑、男女、贫富、智愚、劳逸；个性方面，有各种恶习，如怯懦、懒惰、不诚、无公德心、欺善怕恶、守古模仿、不守秩序、无恒心。物质上，学术方面，缺少科学知识，如科学眼光、科学方法；事实方面，依然旧事业，工具仍是千年古物，街道房屋逼窄污暗，交通不便，矿产未开发，实业商业不发达。至于治病的药方，精神上，要提倡自由平等，生活独立，劳工神圣，博爱互助，创造生活，奋斗精神，优美感情，平民教育。物质上，要发展科学智识，实业智识，商业智识。传布的方法是，改良出版事业，注意社会教育（通俗演讲，改良新剧，创办义务学校，推广注音字母，传播白话文，鼓吹学校多开游艺会运动会，鼓励团体组织），多设大学和专门学校（大学实为新文化发源之地），便利交通，信息灵敏。①

五四运动由北京大学发端，思想上受《新青年》的鼓动，而《新青年》的核心成员，主要是北京大学的教授，受其影响发源于北京大学的新思潮，对于五四运动和新文化运动起到激荡的作用。因此，尽管《新青年》的成员大都对新文化运动不同程度地疏离，将新文化运动与《新青年》及北京大学相联系，并不完全是后来历史叙述的拉长或叠加。

早在1920年1月初，日本的《大阪每日新闻》就以上海通信的名目，对中国的新文化运动进行了综合报道，并且将新文化运动与五四前新思想的传播联系起来，报道称：

> 然而，到了今年，中国出版界的面目焕然一新，标榜新思想时代，批评新人生活的新出版，好似雨后的春笋怒茁起来。他们那些杂志呢，异口同声的力唱打破陋习，改造社会。虽然还没有脱离中国式的辞令，然而内容可是带了显著的"觉悟的"和"静思的"色彩了。所以我说国民运动，脱离了政客的手，要和思想问题握手的实证，亦在此点。
>
> 中国的新思想问题，事实上在学生运动以前已经有的，不过趁这一回学生运动爆发起来罢了。然而，养成中

---

① 龚均如：《新少年的新文化大潮头》，《新学生》第1卷第1期，1919年12月，第15—20页。

国新思想的摇篮——养育地——就是北京国立大学文科的教授胡适、钱玄同、陈独秀诸君。他们在大学里面热心鼓吹新思想，先从批评儒教起了论锋。在孔子根据地的中国来攻击儒教，好像在罗马法王时代要和法王为难的"布鲁的斯坦特"一样，所以北京政府用强制手段压迫他。然而不但没有效力，反倒煽动思想的余炎，大学里面思想自由的气势，竟渐渐昂高起来，竟由他们宣传新思想和新文学了。现下风靡中国言论界的白话文体，亦是由他们首倡，旧式文体亦是由他们先打破，新体诗亦是由他们创作，讴歌自由和人生，俄国文学和法国文学，亦是由他们翻译回来的，描写心理的文章亦是由他们创作，而且由"非君师主义"的一篇，把政治上的元首当做民之父母，国民道德的源泉的中国君主观，亦是由他们攻击起来了。近年出版界标榜新思想、新道德、新文艺而起来的新刊杂志，除了《新青年》一种以外，都是最近发刊的，其中的七八成，又是在七八两月之中创刊的。

所列举的新刊杂志及其发行方，主要有：《新青年》《北京大学月刊》《新潮》《国民杂志》《新教育》《新中国》《民铎杂志》《星期评论》《建设》《解放与改造》《少年中国》《教育潮》《醒世周刊》《黑潮》。

"以上不过流行于北京和上海最显著的新书，其余各小杂志和在各省发行的,想必是达于非常多数。现在单就浙江省内的新运动发生新刊的杂志,其数有八。而且那些北京上海的各种杂志,是由学生团体、学校青年会等的机关普及中国各处。至《星期评论》发行数目,已达八千份。拿最大的汉字新闻的发行数目才达四万份的中国社会的读书量来比例,真不能不算非常的普及了。"①

《大阪每日新闻》尚未使用新文化运动的集合概念,只是将新思潮作为文化运动的渊源,而中国的译者则加以《日本之中国新文化运动观》的标题。如此一来,报道所涉及的新思潮、新文学、新道德、新文艺等等,都以文化运动的名义做了全景式的鸟瞰,使得中国的文化运动具有前后相连的整体性。这样的连接之下,新文化运动虽然是被五四学生运动所激发,但是激发学生运动的新思想此前已经存在,国立北京大学是养成中国新思想的摇篮,而文科的教授胡适、钱玄同、陈独秀,则起到催生和育婴的作用。据此,北大及其文科教授也可以说是新文化运动的思想渊薮和精神领袖。

将北京大学作为新文化运动的发端和摇篮的看法,并非孤立偶然,四川的《公是周刊》社登出创刊公启,有人以《四川之新文化运动》为题评介道:"自北京大学提倡新文化运动以来,川省学者对此进行极速",从1919年下半年到1920年初,

---

① 金云:《日本之中国新文化运动观》(二)(译《大阪每日新闻》上海通信),《闽星半周刊》第2卷第2号,1920年1月5日,第12—15页。

陆续出版了《星期日周刊》《新空气》《威克烈》《公是周刊》，销数达千余份至三千余份不等。①在评介者的眼底心中，北京大学俨然就是新文化运动的主动倡导发起者。而以办刊物为新文化运动的主要形式，则与蒋梦麟、胡适等人所主张的研究高深学问殊途。

新文化运动既是文化运动，又是社会运动，是文化性的社会运动或社会性的文化运动，这也使得参与者容易将新文化运动与五四运动混为一谈。五年前毕业、此时在一所女校任教的静观说：

> 六五运动的时候，我有几位亲戚朋友——是在大学和中学校里求学的学生——为了爱国运动、文化运动，一天到晚没得空闲的时候。我很眼红，写一封信给我的亲戚王无逸君——因为他是省立师范学校里的学生，是一个很热心文化运动的学生——信上的大意说："可敬啊！现在的学生；可爱啊！现在的学生。我恨不能够再做学生，跟着诸君去奔走；但是很羡慕诸君，很钦佩诸君。"不过那个时候，一部分青年同志有误会的地方；以为我们学生都是知道爱国运动的，都是知道新文化运动的；一般教员们，都不知爱国的，都反对新文化运动的。我想现在全国的教员中，却[确]有许多头脑很旧的，我不去替他们辩护；

---

① 《四川之新文化运动》，《新中国》第2卷第3号，1920年3月15日，第27页。

但是一般头脑很清楚，肯提倡新文化，帮助社会作工的，也是不少，像北大教员陈独秀先生和胡适之先生……等，都是新文化运动的中坚人物。所以我们新文化运动的同志，没有界限的，大家要弄得清楚！①

作者在为自己的教员身份被人误会而抱屈的同时，却认定爱国运动与文化运动是一体两面，北大教员陈独秀、胡适是新文化运动的中坚人物，并且引为教员可以成为新文化运动同志的有力论据。

有意思的是，不仅新文化运动者将新文化运动与《新青年》及北京大学联系在一起，自称积极主张新文化运动，而反对白话文学、写实主义、自然主义、过激主义的"学衡派"主将胡先骕，赞成新文化却不赞成新文化倡导者所提倡的新文化，他批评国人将胡适、陈独秀等人的片面主张一概误认为是新文化，认为新文化运动的倡行者关于新文化的观念模糊混淆，所主张的并非新文化运动的正宗，并且分别五四学生运动与新文化运动，却仍然指新文化是因为《新青年》的号召而风靡全国，胡适、陈独秀登高一呼，举国响应，②等于从侧面坐实了胡适、陈独秀及《新青年》发动新文化运动的历史地位和作用。

---

① 静观：《告新文化运动的同志》，《新妇女》第1卷第2号，1920年1月，"随感录"，第31—33页。
② 胡先骕：《新文化之真相》，《公正周报》第1卷第5号，1920年5月13日，第12—18页。

第六节　新文化运动的真精神

新文化运动能够取代《新青年》所倡导的新思潮、新文学、新道德等等新时尚，后来居上，是由于新文化的概念可以涵盖一切，所以即便是胡适的不以为然甚至公开质疑，也难以改变时趋。梁启超在清季引领潮流之时，偶尔也遭遇被潮流裹挟、反复挣扎最终不得不随波逐流的情形，现在轮到胡适身处相同的境遇。

外延宽泛往往意味着内涵模糊，当新文化运动迅速向全国各地漫延之时，究竟什么是新文化运动的问题，引起人们越来越多的关注。陈独秀连续演讲"新文化运动是什么"或"什么是新文化运动"，恰好反映了如火如荼的新文化运动多少有些六神无主。局外旁观的东瀛人士及时发现了新文化运动的软肋，《大阪每日新闻》的上海通信就此详细论道：

> 然而，支那的文化运动是还没有中心点，换一句话来，就是还没有到得中心点的程度。现在实不过一种的国民的自觉力，漫然发生于各阶级里面，还没有到把这自觉力凝集成为一种力量的程度。但是在今日，要求得这个中心点，还是学生的努力。现在北京的大学和上海各种的学

生团体，和出洋留学生，其中虽不免有玉石同架、菽麦同釜的地方，却是不能不承认是健全的"国民的自觉力"，离了"崇拜外国文化"的浮习和"提倡排斥日货"的轻举，慢慢地确实抬起头来咧。

以学生为中心的文化运动的广泛影响，首先是对以孙中山为领袖的旧民党一派，后者"决绝了当面的政局，专心从事宣传文化运动的事情，这是我们很宜注目的"。孙中山辞去军政府的总裁，再不谈政治，且作了一大本《孙文学说》上卷。胡汉民亦辞了南方代表，潜心读书，并与戴季陶、朱执信、廖仲恺、汪兆铭等人创办《建设》杂志，以此为聚会之所。张继前不久则去了法国。其次，由文化运动簇发于各城市的各种团体，尽管"内中时髦的出产物，和中国式组织癖的出产物，亦是不少。然而，没有一回的春风，断不能生出春草，将来必有秀苗而结实的，亦有徒秀而无实的"。"总而言之，吾人不可不认定中国已经觉悟了。"

问题是，中国文化运动的宣传者到底想做什么，欲达成何种目的。自始至今，他们发表出来的意见是实在百人百样，相当纷繁，可以看出来的大概倾向，就是教育问题。"向来以为政争以外再没有能事的智识阶级，亦是渐渐注目于百年大计的教育问题来了。这本来不算甚么稀奇的事，但是在中国，就算是一件非常可嘉赏的事了。"

文化运动引发重视教育的重要表征,是近来南方各处开始筹办和北京大学一样程度的大学。上海制订了开办实业大学的计划,已经成立筹备委员会。广东计划开办西南大学,以盐税盈余的一部分充当经费。现由军政府通电西南各省,征求同意。汉口亦由黎元洪提倡设立武汉大学,正在磋商之中。此外还有普及教育的问题。中国的教育统计,百分之七十五的人不识字,其原因全是受了难解的汉字的累。所以,随着这回的新运动提倡国音统一,就是要免除汉字难解的困难,创作一种注音字母,而把统一国音作为前提。现在已经编出一本国音字典,内中胪列统一的国音和新字母音,而且上海和邻近的各处,决定从明年起采用这个制度。其余言文一致的新体文学非常普及,近来新闻杂志八成都是采用新体文学,并预备在上海发行白话报。

　　　　以上就是中国文化运动的现状了。中国是确实变化起来了,又确实向"何方面"前进起来了。然而单是一个自觉,那实在是不成问题,所以有一个中国青年对我说,现在是中国那的怀疑时代。他再加注释说,因为是怀疑时代的原故,现在的中国也是在"思想的危机",一方有"善化的"可能性,一方亦有恶化的可能性,而且是浑沌朦胧。所以中国的前途,说他是悲观也好,乐观也好。他的这个话,是实在切当的评论,黎明自不错,只不知道是晴天，是下雨，还须要静观他们的将来才对罢。①

怀疑是萌动的起点，也是危机的体现。如果新文化运动发端于《青年》或《新青年》，那么经过几年的实行，居然连新文化运动是什么都不清楚，不仅一般人不知道，领袖和中坚也不知其详，就令人有些匪夷所思。陈独秀的演讲，虽然专门针对这一问题进行解释，只是说明了新文化运动包括或是涉及的诸多方面，关于普及与提高的争议，以及后来关于文化运动与社会运动关系的讨论，都无法概括提出新文化运动的口号纲领，也就使得新文化运动者们仍然为此而感到困惑不已。在后来的历史叙述中，陈独秀为新文化运动的正名文章几乎被忽视，一方面固然是因为历史认识颠倒了五四运动与新文化运动的顺序，另一方面，也说明陈独秀的阐释未能提纲挈领地抓住新文化运动的核心要义。

关于北京大学、《新青年》、五四运动与新文化运动之间的联系，除了笼统的指认外，还有深入的探究，其关键就在于新文化的核心究竟是什么。1920年8月，陈启天在《少年中国》发表《什么是新文化的真精神》，质疑"新文化"三个字已成时髦，几乎人人都是新文化运动家，但究竟什么是新文化，反对者固然误解疑虑，赞成者也不免惝恍不明，如此下去，难免

---

① 金云：《日本之中国新文化运动观（二）》（译《大阪每日新闻》上海通信），《闽星半周刊》第2卷第2号，1920年1月5日，第12—15页。

厌倦，无法收效。希望提倡新文化的学者将"什么是新文化的真精神"的问题说个明白，释疑解惑。

不知是有意还是无心，陈启天完全没有提到陈独秀关于新文化运动是什么的演讲及文章。陈独秀的演讲词和文章，刊登在大报和重要期刊上，作者理应注意，至少会有所耳闻，所以故意避而不谈的可能性较高。更加值得注意的是，绕过陈独秀的专题长文，陈启天却将胡适《新思潮的意义》专门提出来作为阐释新文化运动较为切要的唯一代表性文字。尽管他认为胡适所说的"新思潮是一种批评的态度，重新估量一切事件的价值"，以及"新思潮在输入学理，研究问题，整理国故，再造文明"，似乎偏重思想和方法一方面，不能算文化的完全界说。思想的新方法之外，还要加上人生的新倾向，二者合起来，才是新文化的真精神。[①]可是明确把新思潮的意义视为新文化的真精神，成为后来者将《新青年》与新文化运动加以因果联系的具体凭据。

有学人即据此提出，胡适所称的"新思潮""新思潮运动"，与时下之"新文化""新文化运动"同义。胡适认为，陈独秀以"德、赛两先生"概括"新文化运动"的性质和意义，虽然简明，但太笼统。陈独秀的《新文化运动是什么？》，可能是回应胡适的批评。他将"新文化运动"限制在"新的科学、

---

① 陈启天：《什么是新文化的真精神》，《少年中国》第2卷第2期，1920年8月，第2—5页。

宗教、道德、文学、美术、音乐等运动"之狭义范围内，而且完全将"民主"排除在外。阐述虽然具体，却远没有"拥护德、赛两先生"那样具有决绝的气势。亦因为此，陈独秀这篇专门诠释"新文化运动"的文章甚少为后来史家所提及。由于不满意陈独秀的诠释，胡适提出了自己的看法。他说："据我个人的观察，新思潮的根本意义只是一种新态度。这种新态度可叫做'评判的态度'。"而"'重新估定一切价值'八个字便是评判的态度的最好解释"。"这种评判的态度，在实际上表现时，有两种趋势。一方面是讨论社会上、政治上、宗教上、文学上种种问题，一方面是介绍西洋的新思想、新学术、新文学、新信仰。前者是'研究问题'，后者是'输入学理'。这两项是新思潮的手段。"就学理而言，胡适用"重新估定一切价值"来概括"新文化运动"，比陈独秀的"德、赛两先生"更为精当切要。①

这样的解释，显然无法放回历史本来的位置顺序。胡适的《新思潮的意义》，写于1919年11月1日，整整一个月后刊载于《新青年》第7卷第1号，通篇没有使用新文化运动的概念。从后来胡适在北京大学开学典礼的讲话看，他是有意识地用"新思潮""新思潮运动""新文学运动"等等自创的概念，而不用"新文化运动"这个他创的概念。这在胡适，显然有不想与他认为语焉不详的新文化运动为伍的意识。其原因当与胡适正在进行的"问题与主义"论争有所关联。正如胡适在文中

---

① 王奇生：《革命与反革命：社会文化视野下的民国政治》，第32—33页。

所说:"这两三年来新思潮运动的最大成绩差不多全是研究问题的结果。……研究问题的文章所以能发生效果,正为所研究的问题一定是社会人生最切要的问题,最能使人注意,也最能使人觉悟。……研究问题最能使读者渐渐的养成一种批评的态度,研究的兴趣,独立思想的习惯。"①而当时社会上流行的新文化运动,在胡适看来顶多不过是以杂志为载体的新名词运动,而且很容易偏重主义之争。

有鉴于此,胡适希望新思潮的领袖人物"能把全副精力贯注到研究问题上去;能把一切学理不看作天经地义,但看作研究问题的参考材料;能把一切学理应用到我们自己的种种切要问题上去;能在研究问题上面做输入学理的工夫;能用研究问题的工夫来提倡研究问题的态度,来养成研究问题的人才"。新思潮的唯一目的是再造文明,而"再造文明的下手工夫,是这个那个问题的研究。再造文明的进行,是这个那个问题的解决"。②由此看来,新文化运动所包括的文化与社会两方面,尤其是在社会运动方面,过于浮浅,与胡适的理念相去甚远。

至于指陈独秀演讲"新文化运动是什么"可能是回应胡适的批评,有些牵强。因为此时胡适并没有批评新文化运动。而指胡适不满意陈独秀的诠释,至少从所举证据看绝无可能,因

---

① 胡适:《新思潮的意义》1919年11月1日,《新青年》第7卷第1号,1919年12月1日,第8—9页。
② 胡适:《新思潮的意义》1919年11月1日,《新青年》第7卷第1号,第9—12页。

为胡适的看法发表于前，不可能预知陈独秀的诠释，当然也就无所谓满意不满意。

陈启天的文章，使得《新青年》与新文化运动在精神内核上发生了因果联系，后来的新文化运动历史叙述未必直接受到这篇文章的影响，可是叙述的顺序和要点却高度吻合。如胡适的《新思潮的意义》指当时报纸上新近发表的几篇解释新思潮的文章所举出的新思潮的性质，"或太琐碎，或太拢统，不能算作新思潮运动的真确解释，也不能指出新思潮的将来趋势。……不曾使我们明白那种种新思潮的共同意义是什么。比较简单的解释要算我的朋友陈独秀先生所举出的《新青年》两大罪案——其实就是新思潮的两大罪案——一是拥护德莫克拉西先生（民治主义），一是拥护赛因斯先生（科学）。陈先生说：'要拥护那德先生，便不得不反对孔教、礼法、贞节、旧伦理、旧政治。要拥护那赛先生，便不得不反对旧艺术、旧宗教。要拥护德先生，又要拥护赛先生，便不得不反对国粹和旧文学。'"[①]

陈独秀的话见于1919年1月15日《新青年》第6卷第1号的《本志罪案之答辩书》，虽然胡适觉得所说很简明，却嫌太笼统一点，民主与科学的确成为后来新文化运动历史叙述的两大核心要素。只是当时陈独秀不可能用来指尚未发生的新文化运动，而胡适则是有意不指正在进行的新文化运动。

[①] 胡适：《新思潮的意义》1919年11月1日，《新青年》第7卷第1号，1919年12月1日，第5页。

有意思的是，"学衡派"主将胡先骕"以国人对于新文化运动有如此众多不幸之误解，而此误解对于新文化之前途大有阻碍，故不惮以新文化之真相为国人告"，所说居然和胡适引陈独秀的意思大同小异。他说：

> 新文化与旧文化之根本差别，约有二端：一为民本主义，俾人人得有均等之机会，以发展其能力，而得安乐之生活；一为进步主义，俾文化日以增进，使人人所得均等之享受日益增进。其余纷纷之争点，皆方法之不同，而非舍此二者，另有第三目的也。

民本与进步，其实就是民主与科学的同义词。关于民本主义，胡先骕详细论道：

> 旧文化首不认民本主义之可能，而认治人治于人两种阶级为天经地义。故在中国，则有君子治人小人治于人之说，而在希腊，亚里士多德乃承认奴隶贵族为自然之阶级。故虽知民为邦本，然必曰天视自我民视，天听自我民听。虽以民意为从违，然必托之于天命。对于理民之官吏，则曰视民如伤，如保赤子，道之以礼，齐之以德，虽为之谋福利，然必驱之驰之鞭之策之，而不认其主体。此种为民for the people而非由民by the people之观念，虽以孔

孟之圣，不能或免。盖亦时势使然也。其流风所被，虽在曩日立宪国家之德意志，尚有君权禀之上帝之说，而今日之日本，其宪法上尚有天皇神圣不可侵犯之文也。

新文化之根本观念，则以民为主体，以为凡圆颅方趾、戴发含齿之伦，无论其种族何若，家族何若，自呱呱堕地之后，即应享受其充分之人权，应得充分之机会，以发展其能力。对于个人之行为，虽有种种之制限，然要以极端之自由平等为归。卢梭《民约论》虽有悖于历史演进之事实，然其精神实无可訾议也。民约之义一立，则凡种种社会制度，皆可认为人民群居时所公认之契约，有利害之区别，而无是非之可言。故君主政体虽若有悖于民本主义之精神，然苟人民不欲有倾覆王室建立民国之纷扰，而此君主制度，复不足为民本主义发达之障碍，则君主可任其存在，如英国之君主立宪是也。又如，资本制度虽为民本主义所疾视，然苟如法国资本家占全国人民四分之三，则资本制度不可推翻之也。同时，若大多数人民以为国家社会主义为可行，即可组织国家社会之政治；以为无强权主义为可行，即可组织无强权主义之政治。一政治之选择，要以民意为从违，否则虽如俄国之广义派政治，理想非不高也，然率数千万绝无教育之劳动者，以控制全国，尽力以虐待资本阶级及中产阶级，亦不得谓为真正之民本主义。盖逆多数人民之心理，以强力执行一种理想政治，亦非真正民本主义所许也。

关于进步主义，胡先骕指旧文化以为社会福利的进步为不可能，"于是悬想一郅治时代，……盖虽以周孔之圣，亦不能悬想近日科学昌明、人文进步至于此极也。在欧洲中古时代，神权万能，各国人士但知敦教义、修身心为贵，而不知以研求科学，战胜天行为可能。且每以科学真理，尝有悖于教义，遂深恶痛绝之，摧残之，不遗余力焉。新文化则认定文化为进取的而非静止的，不但科学工艺可以日增而不休，即文学、哲学、社会、政治以及人生之根本观念，亦可继续而增进。旧文化最重保守，故虽以王荆公之经世伟略，元祐诸君子乃不惜以全力反对之。对于新颖之学理亦然，故虽有地质学证明地球之生命数千百万年，而宗教家始终认定上帝创世不过数千年之久。虽地动之说已明，然必视之为邪说，而不惜以酷刑加之学者之身。新文化则以数世纪之经验证明，每有视为不可能之学说，终乃成为事实之故，因之无论对于何种学说，皆虚衷以受之，而不贸然斥为不可能"。

以上二端，为新旧文化的根本异点。各种新文化运动，皆以达此二者为目的。虽偏激和缓，各有不同，有时若不相容，但只是方法有异。"故虽对于新文化派某种主张有异议，亦仅可攻击其方法，而不能訾及新文化之根本目的焉。故同一民治主义也，有绝对之无强权主义，有国家社会主义，有代议制之共和政体，有广义派之共产主义之别，其异点在达此民本主义之方法之不同，而其目的则一也"。又如同为新文学，写实主义与自然主义派，以宣暴社会罪恶疾苦为方法，浪漫主义与征象主义派，以表示人类优美情感与形上直觉为方法，"虽取途有殊，然欲开辟文学未有之境界则一也。"又如罗素的新唯物哲学，柏格森的创化哲学，詹姆斯的实用哲学，欧肯的人生哲学，"其眼光虽不同，然其探讨真理，福利人生之宗旨则一也。此义若明，则可知顽旧之老辈，恫于一二偏激之论，遂一概抹杀新文化者为谬妄，而知夫持一家一派之说，以一概抹杀他人之说者为偏窄。二者皆无所取焉"。

新文化以民本主义和进步主义为两大目的，其政治、社会、哲学、文学一切趋向的历史实迹，均与此相符。政治趋向，法国大革命为推倒君权之始；美国南北战争为推倒蓄奴制之始；欧战以来女子在英美各国获得选举权和就业权，为男女绝对平等之始；俄国广义派革命，为推翻资本家专制之始；日本于巴黎和会提出人种平等案（未通过），为消除种族意见之始。潮流所趋，将来必有一日，全世界皆得享受极端民本主义政治。

社会趋向，经过三期的变迁。最早为阶级社会时期，贵族平民，界限俨然。不但贵族自认其优越地位为当然，即平民亦承认贵族地位优越为当然。其次，十八世纪为个人主义极端发达时期，金知各争其人权，各求发展其个人之幸福，而不以他人为念，极端代表如尼采哲学。最近则为群众运动、人道主义时期。谋发展个人幸福之外,还须发展群众的幸福,而以人道主义、互助主义相号召。欧战之后,美国助同盟各国打败强德,无丝毫利己之念,纯为人道主义作战。社会中如限制妇稚工作,规定劳工保险制度,减少工作钟点,注意工厂卫生、劳工组合、生产组合,减轻遗传性罪犯的刑罚,废止死刑等事,亦为社会人道主义运动的结果。此外,女子教育问题、职业问题、贞操问题以及男女平等,一视同仁,亦为近日社会普遍趋向的一端。

新文化中哲学趋向最显著在宗教哲学的复兴。欧洲全部哲学史,希腊哲学为智慧哲学、美术哲学,以为人类智慧,足以穷天地之秘,而优美为人生最高尚之目的。至中古基督教盛行,则哲学为宗教思想所包。古学复兴之后,科学势力大张,于是又以为科学万能,而持绝对无神之唯物主义。近三十年,科学万能的幻梦渐醒,而唯灵论的信仰复著,发明天演学说的沃力斯,与发明无钱电报的罗忌(Oliver Lodge),均笃信唯灵论,则他人可以想见。所以"詹母斯之实用哲学、柏格森之创化哲学、欧肯之人生哲学、罗艾士Royce之宗教哲学一时蜂起,皆社会否认唯物哲学而复趋于宗教之所致也"。

文学趋势与哲学相类,尤以戏剧与小说为甚。欧洲文学自古学复兴以来,步趋希腊罗马。至十九世纪初,浪漫主义崛起。接着写实主义与自然主义文学兴起,用科学方法为社会罪恶写真,一时遂风靡全欧。"此种文学之起原,及其所以受社会欢迎之故,则由于科学与民本主义极端发达之故,而正与哲学上唯物派学说相表里者也。最近则人已渐厌写实与自然主义之文学，而新浪漫主义与征象主义文学代兴，……其著作皆纯以美术理想为重，且时有宗教之色彩焉。"印度泰戈尔的著作风靡一时，也是现代社会趋重美术、哲学、宗教、文学的表征。

总之，新文化的精神在民本主义与进步主义，"政治、社会、哲学、文学，皆以此二者为指归。哲学、文学，每为文化之先锋。故在民本主义未大张之时，则唯物派哲学与写实派文学起而尽鼓吹之力，以求除去社会上各种之专制，而达真正之自由平等。迨政治、社会已趋向于民本主义之后，哲学、文学乃又前进，而以人生哲学、实用哲学、征象主义文学以饷世人焉。吾人知新文化为进步的、为平等的，则不应有出主入奴之见，舍顽旧之保守派外，对于相对之学说，如唯物哲学、实用哲学、写实文学、新浪漫文学等，皆不应互相嫉视而争无谓之正统也"。①

胡先骕显然不赞成胡适等人的新文化观，可是连"学衡派"都要欢迎真正的"新文化"，虽然胡适不以"新文化运动"为然，并不能阻止"新文化"取代"新思潮"的潮流时趋。到1920年10月，人们回顾过去，赫然发现：

一年以前，"新思想"之名词颇流行于吾国之一般社

---

① 胡先骕：《新文化之真相》，《公正周报》第1卷第5号，1920年5月13日，第12—18页。以上未注明出处的引文同此。

会，以其意义之广漠，内容之不易确定，颇惹起各方之疑惑辩难。迄于最近，则新思想三字已鲜有人道及，而"新文化"之一语乃代之而兴。以文化视思想，自较有意义可寻。然欲诠释其内容，仍觉甚难。即叩诸倡言"新文化运动""新文化主义"者，亦未易得简单明确之解答也。①

宽泛模糊，使得"新文化运动"的旗号下人人可以自说自话，自行其是，或许正是易于流行的要因。大势所趋之下，胡适自己也不得不顺应潮流。到1929年11月底批判国民党对新旧文化的态度时，胡适已经是口口声声"我们从新文化运动者的立场"，不仅自居于新文化运动的主位，而且批评国民党的民族主义是反对新文化的，孙中山在民国七八年间还反对白话文，五四运动后才命同志创办《星期评论》和《建设》，参加新文化运动。胡适的这篇新文化运动历史的研究，通过把五四运动前后联为一体的办法，将自己变成新文化运动的主导者，而将本来是发端者之一的国民党说成是参加和利用新文化运动，而且骨子里是反对新文化运动的保守势力。②

不过，胡适心中关于此事仍然有几分纠结，后来他口述自传谈及这段历史，模棱两可地说：

---

① 君实：《新文化之内容》，《东方杂志》第17卷第19号，1920年10月10日，"评论"，第1—3页。
② 胡适：《新文化运动与国民党》，《新月》第2卷第6、7号合刊，第1—15页。署期1929年9月10日，实际出版日期当在12月。

事实上语言文字的改革，只是一个[我们]曾一再提过的更大的文化运动之中，较早的、较重要的和比较更成功的一环而已。这个更广大的文化运动有时被称为"新文化运动"，意思是说中国古老的文化已经腐朽了，它必须要重新生长过。这一运动有时也叫做"新思想运动"，那是着重于当代西洋新思想、新观念和新潮流的介绍……我本人则比较欢喜用"中国文艺复兴"这一名词。

此时胡适所说新文化与新思想的联系及分别，显然与其当年的认识有所出入，由于不赞成普及的泛滥，他在一段时间里有意不用新文化运动的概念。只是后来新文化运动的名号实在太响亮，胡适不能自外于时代潮流，才勉强将二者相混合。

胡适用"中国文艺复兴"来概述新思想、新文学、新文化运动，一方面是为了从历史发展的长期性来认识新文化运动的渊源流变，另一方面，则试图将自己放到新文化运动发生的源头和动能之上。胡适后来谈到北京大学趋新学生的作用，说："他们请我做新潮社的指导员。他们把这整个的运动叫做'文艺复兴'可能也是受我的影响。这一批年轻但是却相当成熟，而对传统学术又颇有训练的北大学生，在几位青年教授的指导之下，从不同的角度来加以思考，他们显然是觉得在北京大学所发起的这个新运动，与当年欧洲的文艺复兴有极多的相同之处。"

《新潮》的英文刊名"Renaissance",即文艺复兴。按照胡适的叙述,欧洲文艺复兴从新文学、新文艺、新科学和新宗教的诞生开始,要求新语言、新文字、新文化交通工具等自我表达的新工具,追求人的解放,摆脱传统旧风俗、旧思想、旧行为的束缚,相比之下,中国的新运动"实在是个彻头彻尾的文艺复兴运动"。这一运动进行了几年后,陈独秀、胡适等人的《本志罪案之答辩书》《新思潮的意义》才将其意义确定下来。[1]

《新潮》的英文刊名是否由胡适建议,缺乏证据,还须进一步求证。清季以来,国人即好将中国的思想革新与文艺复兴相联系。新文化运动发端之际,蒋梦麟也以文艺复兴相比拟。后来胡适好讲中国的文艺复兴,则与在燕京大学任教的瑞士学者王克私(Philipe de Vargas)有关。后者关注中国的新文学运动,曾经几次与胡适访谈,1922年2月15日,又在来华外国人组织的文友会讲演"中国文艺复兴的几个问题"(Some Aspects of the Chinese Renaissance)。改定后,以"Some Elements in the Chinese Renaissance"为题,刊登于1922年4—6月的《新中国评论》(*The New China Review*)。胡适觉得其文"实不甚佳",1923年4月,用英文撰写了《中国的文艺复兴时代》,分为宋代、王学、清学和近年等四期。[2]1933年1月,胡适在香港大学

---

[1] 欧阳哲生编《胡适文集》1,第339—342页。
[2] 曹伯言整理《胡适日记全编》3,安徽教育出版社,2001,第588页;《胡适日记全编》4,第7—8页。

演讲"中国文艺复兴",不过内容仅涉及新文学,尤其是白话文方面。

由此可见,胡适用中国的文艺复兴来概称新文化运动,很可能还是后来的观念,而非当时的见解。他在批评国民党的反动时,就说"中国的新文化运动起于戊戌维新运动",①与原来所论中国文艺复兴将晚清说成是黑暗时代出入甚大。主办《新潮》的傅斯年在《〈新潮〉发刊旨趣书》中谈及该刊与文艺复兴的关系,主要是因为那一时代欧洲的"学者奋力与世界魔力战,辛苦而不辞,死之而不悔。……彼能于真理真知灼见,故不为社会所征服;又以有学业鼓舞其气,故能称心而行,一往不返"。所以办刊同人"愿鼓动学术上之兴趣"。②其实就是效仿文艺复兴时期的学者求真理不畏艰险的精神。不过稍后他提到:"清朝一代的学问,只是宋明学问的反动,很像西洋Renaissance时代的学问,正对着中世的学问而发。虽说是个新生命,其实复古的精神很大。所以我平日称他做'中国的文艺复兴时代'。但是这个名词不能通行,我现在只好仍用'清代学问'四字了。"③这与胡适的看法也不无差异。

---

① 胡适:《新文化运动与国民党》,《新月》第2卷第6、7号合刊,第6页。
② 傅斯年:《〈新潮〉发刊旨趣书》,《新潮》第1卷第1号,1919年1月1日,第2—3页。
③ 《清代学问的门径书几种》,《新潮》第1卷第4号,1919年4月1日,"故书新评"。较早将清学与文艺复兴相附的是梁启超,1902年他陆续发表于《新民丛报》的《论中国学术思想变迁之大势》,已经将清学定名为古学复兴时代。关于近代中国的文艺复兴问题,另以专书详论。

胡适将五四运动之后发生的新文化运动与之前的新思潮运动、新文学运动相连接，固然有历史的脉络可循，同时也反映了他不赞成新文化运动的社会运动一面，以及试图后来居上成为新文化运动原动力的企图心。只是胡适的说法，在后来新文化运动的历史叙述中留下了深刻的印记，使其部分得偿所愿。

新文化运动之"新"，并非前所未有。就内容而言，如果文化可分新旧的话，的确可以说从戊戌维新开始就已经用西洋的近代文化来革新中国的旧文化了。催生新文化运动的五四运动，与之前的新文学运动、新思潮运动也确实存在几乎是因果性的联系，将新文化运动与新文学、新思潮运动相连接，事实上渊源有自。不过，作为五四爱国运动的接续，新文化运动一方面将重心从政治运动转移到基础性根本性整体性的文化革新，一方面将新文学和新思潮由少数人的鼓吹启蒙变成多数人的社会运动。而包括胡适在内的一众被称为新文化运动旗手的人，一度与新文化运动相当疏离。就此而论，新文学、新思潮和五四运动，仍然只是新文化运动前史，而不是运动本身的组成部分，否则就很容易模糊新文化运动的历史地位及其性质意义。历史上的新文化运动与新文化运动的历史叙述之所以发生混淆，原因就在于此。

第四章　少年中国学会的进止

少年中国学会正式成立之时，适逢新文化运动初兴，学会成员的理念与新文化运动高度吻合，于是很快转为专做文化运动的团体，利用其组织能量，使得新文化运动在各地迅速发展。其文化事业促使思想启蒙由青年学生向着城乡劳动平民推广普及，其社会事业则推动人与社会的改造。少年中国学会构成从《新青年》前期的新思潮转向五四后社会性文化运动的重要一环，使新文化运动的社会属性逐渐清晰。但在新文化运动亟于从社会运动进为政治革命的关键时刻，学会内部的主义之争以及王光祈等人将文化运动与政治运动截然对立的观念，导致无形解体，未能实现组织的整体转向，完成历史发展的全程。经过少年中国学会和新文化运动洗礼的一批优秀青年，则成为中国革命的重要力量。

在五四风潮的推动下，未能达成预期目的反而有所损失的几派势力遥相呼应发起新文化运动，旨在延续五四的社会运动,以便继续与安福系抗争缠斗。可是各方都缺少有力的组织形式,江苏省教育会虽然能够影响全国教育界,并且凭借教育影响力向各省各界扩展势力,毕竟系统性的组织动员只能局限于江苏一省。改组前的国民党内部四分五裂,影响力在全国范围主要体现于几种机关刊物,组织能力除西南外,很难展开。《新青年》并非团体,内部以胡适为代表的多数不以思想启蒙转向社会运动为然,甚至明确不赞成新文化及新文化运动。在此情形下,意涵模糊的新文化运动能够在短短时间里迅速席卷大江南北,除了五四之前新思潮的鼓荡和五四爱国运动的带动,少年中国学会的组织作用不能小觑。

关于少年中国学会与新文化运动的关联,相关论著均有所提及,有的还是主题主旨所在。[1]只是由于误判五四运动与新文化运动的时序,对于少年中国学会之于新文化运动的地位作用难以清晰准确地加以判断。依据历史事实调整五四与新文化运动的前后顺序,使得重新认识少年中国学会在新文化运动中的地位与作用,出现了不小的检讨空间。

---

[1] 房芳:《"新文化"如何成了一种"运动"——以"少年中国学会"为中心的探究》,《学术月刊》2009年第1期,第143—148页。

第一节　为文化的运动

少年中国学会发起于1918年6月，正式成立于1919年7月1日，其机关刊物《少年中国》发行于1919年7月15日。一个颇为引人注意的现象是，与同时期那些胸怀天下舍我其谁的新青年动辄立心立命的豪放相比，《少年中国》既没有发刊宣言，也没有编辑说明，一上来就直接刊载各种具体文章，如宗之櫆（白华）的《说人生观》，田汉的《平民诗人惠特曼的百年祭》，魏嗣銮的《人类进化的各面观》，易家钺译《野犬呼声》，左学训的《中国家庭对于子女教育的根本错误》等，看起来像是发刊已久的杂志，而很不像是新人新刊的创刊号。

少年中国学会正式成立前，于1919年3月1日起出版月刊《少年中国学会会务报告》，在5月1日出版的第3期上，登载了王光祈的《本会发起之旨趣及其经过情形》，据其所述，学会成立前，同人大半先有精神上的结合，出处进退，相互商榷，已略具团体规模。在此基础上，王光祈于1918年首先提出《吾党今后进行意见书》，主张今后宜为有统系和秩序的进行，并草拟规约大纲数十条。6月30日的北京岳云别墅会议上，由王光祈起草，与李大钊协商，确定规约70条。所述发起该会的理据是："盖以国中一切党系皆不足有为，过去人物又使人绝望，本会同人因欲集合全国青年，为中国创造新生命，为东亚辟一新纪元。故少年中国学会者，中华民国青年活动之团体也。"

该会的最终目的为创造少年中国，"即适于二十世纪之少年中国是也"。进言之，是要适合二十世纪的思潮。十九世纪的"少年意大利"之类，不再适合二十世纪。而二十世纪的思潮，有英美式民主主义，俄国式社会主义，还有安那其即无政府主义。作为旨趣，王光祈无法择定其一，只好笼统地说所欲建造的少年中国是进步而非保守的，创造而非因袭的，少年的而非老大的。至于宗旨，则为振作少年精神，研究真实学术，发展社会事业，转移末世风气，具体办法为出版书报、学术演讲、学术谈话等。[①]严格说来，此文只是叙述经过，旨趣究竟为何，多少有些语焉不详。或者说，由于各有主张，唯有含糊其词才能撮合在一起。

先行研究已经注意到，在少年中国学会召开成立大会时，由李大钊、王光祈、曾琦、陈淯、康白情、雷宝华等六人提议，将规约第二条改为："本学会宗旨：本科学的精神，为社会的活动，以创造'少年中国'。"并认为这是由传统士子色彩转变为较具现代知识精英风格的组织构想的体现。[②]

临时变更宗旨，似乎不大符合筹备了整整一年的团体的形

---

① 王光祈：《本会发起之旨趣及其经过情形》，《少年中国学会会务报告》第3期，1919年5月1日，第15—19页。

② 吴小龙：《少年中国学会研究——从最初的理想认同到政治思想的激烈论争》，中国社会科学院博士学位论文，2001，第9页。

象，很大程度反映了少年中国学会的成员在理想相似的前提下宗旨主张五花八门，无法并轨同步的实情。因此，在变更宗旨后，少年中国学会特意发出通告，请各地有不同意见的会员于一个月之内通知学会，在海外的会员可展期三个月。[①]由于学会宗旨尚未确定，机关刊物自然不便高张旗帜，以免出现彼此冲突的情形。

学会及编辑方面的小心谨慎显然不是杞人忧天，上海方面的成员聚会商议之后，果然提出一项重要意见：

> 即主张以后月刊中发表文字，宜取绝端慎重态度。现政界及社会普通人物，学识甚浅，不知审别，往往误认研究学术之叙述文字，以为会中之主张文字，又复不顾言论自由，竭其力之所至，横加摧残，甚或危及生命。夫果为主义而见辱，实学者之勇气，固当不屈，但为叙述他人之主义而见残，殊不值也。况吾学会对于政治及社会，纯取学术研究，尚未有主张，若因个人之文字而危及全体之进行，则不若暂时停止与学会存亡有关之言论，专从事于科学哲学人生观群学等，以发阐之，则政治社会诸问题，不解自解，且较有根据矣。即吾学会已有一定主义，亦在积极进行，无取张明旗帜，以召横祸，况尚在研究时期乎？作事有经有权，学会全体之进行事大，个人言论自由，比

---

① 《本会通告》，《少年中国》第1卷第1期，1919年7月15日，第43页。

之较轻，因个人而危及全体，智者不为。社会黑暗既已如此，吾人不得不暂时忍辱，专从事于健全无妄之学术，求得真理，将来确定一种健全无妄之主义，发扬蹈砺，死以继之，则不失学会之精神耳。设创始之初，即遭摧残，固属社会之罪，实亦吾人之不智也。故同人等主张月刊文字，暂时多研究"学理"，少叙述"主义"，以求维持学会之巩固，即发阐主义，总注意毋危及学会存亡，审度时势，暂时从权，实至要也。①

北京同人对于上海会员的意见"极表同情"，认定"本会宗旨即在建造'少年中国'。本会同人若在研究真实学术发展社会事业围范［范围］之内活动，同人自当互相与以积极之援助。倘有会员对于政治兴味极浓，急欲登台一试，或对于社会组织有所不满，急欲从事社会革命，本会同人对于上述两种会员，无论其成功失败，均不过问，听其自然。要之，本会同人严守研究真实学术发展社会事业之态度，个人在本会宗旨以外之活动，必不使其影响于团体，此固可以断言者也"。②

内部意见分歧，能够认同的理想目标比较宽泛，使得成员各有主张的团体难以形成统一的宗旨。而形势的波谲云诡又加剧了一个新兴团体确定宗旨目标的难度。少年中国学会成立之

---

① 《会员通讯》，《少年中国》第1卷第1期，第37—38页。
② 《会员通讯》，《少年中国》第1卷第1期，第38页。

时，恰逢五四学生运动高潮已过，新文化运动呼之欲出，蓄势待发的巨大能量应当何去何从方向飘忽不定的敏感时刻，而且由于北京会员参与学生运动的多人被举为南下代表，对于局势的进一步发展以及适合开展学会事业的恰当形式，一时间有些无所适从。学会明确不从政不参与社会革命，在"吾辈计划远大，收效期在十年以后，不求一时的发展也"[①]的说辞之下，会的宗旨变更未定与刊的无声未必胜有声，反映了主导者对于当下的具体走向举棋不定的困惑。值此时刻，康白情向国民党人的《星期评论》提出问询，正是少年中国学会和《少年中国》心有未安的体现，尽管造就"少年中国之少年"和"灿烂光华之少年中国"的长远理想早已成竹在胸，毕竟太过空洞，难以形成明确而有效的指引。

在多少有些茫然之中，学会主要发起人之一的王光祈小心翼翼地尝试进行探索，以求明确前进的方向。在1919年8月15日出版的《少年中国》第2期上，刊出了他的《"少年中国"之创造》，为了防止读者误以为是少年中国学会全体的意见，王光祈开篇就作出两点声明，其一，"这篇文章是我个人的意思，是我个人对于创造'少年中国'的意见"，写出来旨在请会内会外的同志指教。其二，中国为地域名称，不是指国家而言。中国为世界的一部分，要想世界大同，非将中国改造成适合于世界人类进化的潮流，而且与大同世界相匹配不可。在作者

---

① 《会员通讯》，《少年中国》第1卷第1期，第41页。

看来,"现在中国人的思想行为,无论在什么主义之下,都不能生存。要想中国人有适应各种主义的能力,非先有一番预备工夫不可"。好比病夫住在有碍卫生的屋里,无论请什么医生都没用。必须移居适于养病的所在,讲究养病防病的方法,然后施以药方,才能见效。要想改造中国,也要先变换污浊的空气,铲除劣根性,才能采纳适当的主义。

具体而论,"我们要改造中国,便应该先从中国少年下手,有了新少年,然后'少年中国'的运动,才能成功。现代哲学思潮的趋势,注重人生问题,我们'少年中国'的少年,应该注重'人的生活问题'——精神的与物质的——换一句话说,就是怎么样适应环境的问题。我以为'少年中国'的少年,要有下列的三种新生活。(一)创造的生活。(二)社会的生活。(三)科学的生活"。"凡是提倡民主主义Democracy的人,若不彻底使一般人了解社会的生活之意义,永远不能达到民主主义的目的。"上述三种新生活,"就是我们少年中国学会同志所要极力提倡的,我与他取了一个名字,叫做'少年中国主义'"。

至于实现的方法,则是要积极进行革新思想与改造生活两种事业。革新思想包括:(A)教育事业。教育部办的是贵族教育,我们要尽力随时随地创办平民学校,半工半读学校,不要学费且能顾全其生活,包括平民教育讲演之类。(B)出版事业。自著和翻译。(C)新闻事业。少年中国学会会员大概皆从事教育实业，兼营新闻事业的，占十之五六。拟在各国筹办通讯社，一面向内输入欧美各国政治社会状况，一面向外介绍中国青年的活动情形，以引起世界各国的同情，为青年的国际运动。改造生活首先是改造个人生活。其结论是："（一）'少年中国'的少年，是要有创造的社会的科学的生活。（二）实现'少年中国主义'的方法，简单说起来，要由我们一般青年与一般平民——劳农两界——打成一气，且为一种青年的国际运动。"①

王光祈的意见，虽说仅代表个人，在学会内部应当容易获得比较普遍的认同。宗白华在讨论小组织问题时就明确表示："我们学会的宗旨本是创造'少年中国'，但是我们并不是用武力去创造，也不是从政治上去创造，我们乃是从下面做起，用教育同实业去创造。教育实业本是社会事业，所以我们也可以说是从社会方面去创造'少年中国'。我们创造'少年中国'，就是创造一个'新中国社会'，我们创造'少年中国'的问题，就是创造'新社会'的问题了。"②其具体办法如在山林高旷处组织真自由平等的团体，造成经济和文化的完全独立，造成组织完美的新社会，并以此作为模范来改造旧社会，使全国都成为安乐愉快平等自由的"少年中国"。反对暴力革命的倾向，在少年中国学会内部未必普遍认同，但是将实业生

---

① 王光祈：《"少年中国"之创造》，《少年中国》第1卷第2期，1919年8月15日，第1—6页。
② 宗之櫆：《我的创造少年中国的办法》，《少年中国》第1卷第2期，第47—49页。

计与教育文化相结合,通过普及知识促使社会觉悟与社会进步的想法,与即将兴起的新文化运动相当合拍。

王光祈的意见和宗白华的主张以及相应的进行办法,尤其是革新思想与改造生活两种事业,革新思想的三种办法,以及从教育和实业做起,促成中国和世界的人类文化进步的进路,几乎可以直接纳入新文化运动的轨道。虽然相关表述过于学理化,没有概括成容易流行的口号,却为之后不久顺利接入新文化运动铺平了道路。

学会正式成立后,由大会选举出评议部职员,再由评议部选举执行、编译两部及月刊职员,由于选举评议员必须全体会员过半数,结果出来后又有个别人事调整,如当选为评议员的王光祈被选为执行部主任,必须辞去评议员,所以职员的确定持续了一段时间。担任月刊编辑正副主任的是李大钊、康白情,编辑员则依会员所在地域分为三组,轮流负责编辑工作。关于月刊文字,概要说明为"注重鼓吹青年,研究学说,批评社会三种,无论文言白话,均以朴实洁净为主"。[1]

直到1919年9月15日发行的第三期上,姗姗来迟的《少年中国》月刊宣言才终于面世,开头即赫然写着:"本月刊的宗旨:就是,本科学的精神,为文化运动,以创造'少年中国'。"[2]作为少年中国学会的出版物,月刊只是将学会的宗旨

---

[1] 《少年中国学会消息·会务纪闻》,《少年中国》第1卷第2期,第49—51页。
[2] 《〈少年中国〉月刊的宣言》,《少年中国》第1卷第3期,1919年9月15日。

照搬出来，唯一变更的就是将"为社会的运动"改成"为文化运动"。这一改动，看似不过为了适合月刊的属性，但是联系到新文化运动发生的大背景，月刊在体现自身价值时，也努力促使学会的整体事业嵌入即将兴盛的文化运动，并成为文化运动的重要推力。

学会整体走向新文化运动不仅体现于月刊宣言的宗旨，作为月刊编辑部主任的李大钊，在上任后首次主编的刊物上发表了题为《"少年中国"的"少年运动"》的文章，他开章明义地提出："我们的理想，是在创造一个'少年中国'。'少年中国'能不能创造成立，全看我们的'少年运动'如何。"要用"少年运动"创造理想的"灵肉一致的'少年中国'"，而"我们'少年运动'的第一步，就是要作两种的文化运动，一个是精神改造的运动，一个是物质改造的运动"。

所谓"精神改造的运动，就是本着人道主义的精神，宣传'互助''博爱'的道理，改造现代堕落的人心，使人人都把'人'的面目拿出来对他的同胞。把那占据的冲动，变为创造的冲动；把那残杀的生活，变为友爱的生活；把那侵夺的习惯，变成同劳的习惯；把那私营的心理，变成公善的心理"。精神的改造要与物质的改造一致进行。"因为人类在马克思所谓'前史'的期间，习染恶性狠深。物质的改造虽然成功，人心内部的恶，若不划除净尽，他在新社会新生活里依然还要复萌，这改造的社会组织，终于受他的害，保持不住。"

至于物质改造运动,就是本着勤工主义的精神,创造一种"劳工神圣"的组织,改造现代游惰本位、掠夺主义的经济制度,把劳工的生活从这种制度下解放出来,使人人都须作工,作工的人都能吃饭。"因为经济组织没有改变,精神的改造狠难成功。在从前的经济组织里,何尝没有人讲过'博爱''互助'的道理,不过这表面构造(就是一切文化的构造)的力量,到底比不上基础构造(就是经济构造)的力量大。你只管讲你的道理,他时时从根本上破坏你的道理,使他永远不能实现。"以文化构造为表面,经济构造为基础,显示唯物史观已经在李大钊身上发生影响,视野和观念自然与众不同。

此外,李大钊还向"少年中国"的少年好友们大声呼吁:

我们要作这两种文化运动,不该常常漂泊在这都市上,在工作社会以外作一种文化的游民;应该投身到山林里村落里去,在那绿野烟雨中,一锄一犁的作那些辛苦劳农的伴侣。吸烟休息的时间,田间篱下的场所,都有我们开发他们,慰安他们的机会。须知"劳工神圣"的话,断断不配那一点不作手足劳动的人讲的;那不劳而食的智识阶级,应该与那些资本家一样受排斥的。中国今日的情形,都市和村落完全打成两橛,几乎是两个世界一样。都市上所发生的问题,所传播的文化,村落里的人,毫不发生一点关系;村落里的生活,都市上的人,大概也是漠不关心，或者全不知道他是什么状况。这全是交通阻塞的缘故。交通阻塞的意义，有两个解释：一是物质的交通阻塞，用邮电舟车可以救济的；一是文化的交通阻塞，非用一种文化的交通机关不能救济的。在文化较高的国家，一般劳农容受文化的质量多，只要物质的交通没有阻塞，出版物可以传递，文化的传播，就能达到这个地方；而在文化较低的国家，全仗自觉少年的宣传运动，在这个地方，文化的交通机关，就是在山林里村落里与那些劳农共同劳动自觉的少年。只要山林里村落里有了我们的足迹，那精神改造的种子，因为得了洁美的自然，深厚的土壤，自然可以发育起来。那些天天和自然界相接的农民，自然都成了人道主义的信徒。不但在共同劳作的生活里可以感化传播于无形，就是在都市上产生的文化利器——出版物类——也必随着少年的足迹，尽量输入到山林里村落里去。我们应该学那闲暇的时候就来都市里著书，农忙的时候就在田间工作的陶士泰先生，文化的空气才能与山林里村落里的树影炊烟联成一气，那些静沉沉的老村落才能变成活泼泼的新村落。新村落的大联合，就是我们的"少年中国"。①

---

① 李大钊：《"少年中国"的"少年运动"》，《少年中国》第1卷第3期，第1—3页。

李大钊的认识多少有些超前，月刊编辑副主任康白情就尚未感受到山雨欲来风满楼的风向变化。1919年8月5日，中华民国学生联合会评议部举行闭会式，请孙逸仙到会演说，主题是"革命党与革命"。在当时的情势之下，这样的话题显然不大受欢迎。康白情认为革命党的能事就在革命以及革命党只能革命，反而说明辛亥以后革命党为何会败落。会后不久，偶遇孙逸仙，又谈到这一话题，孙还是主张革命是革命党毕生唯一的事业。两人因此很生了些辩论，康白情由此根本怀疑革命党在革命以外无能事。在他看来，革命思想和手段人人具有，革命事业不是某些人的专利，而且革命是人生的手段而非目的，既然旧革命党已成钝器，社会进化又需要革命，所以要创造新革命党。所谓新，即革命之外还能干人生种种正当勾当，具体包括独立生活的技能、浪漫的性质以及广义的"贞操"。有了新革命党，中国才能有所为。8月25日，康白情专门致函戴季陶，表达上述意思，并征询戴的意见。

9月11日，戴季陶反复思考后予以回复，关于革命与革命者的问题做了长篇辨析，尤其是在复函的结尾处，提出一个至关重要的问题："革命的事业到底是甚么呢？我们所要努力的具体的方法是甚么呢？是不是政权的攘夺？是不是兵力的征服？是不是要掌握财权？不是的！都不是的！"戴季陶用七句话给出了积极的答案，大意为：革命的最终目的是全人类的普遍的平等的幸福，现行目的使中国国家和社会的改造，其理想形式是全中国人民经济的生活改善和机会平等。普遍的新文化运动，是革命进行的方法。智识上思想上的机会均等和各个人理智的自由发展，是新文化运动的真意义。文字及语言之自由的普遍的交通和交通器具的绝对普及（如注音字母），是造成理智上机会均等的手段。平和的组织方法及手段，是革命运动的新形式。①

戴季陶关于革命与革命者的长篇辨析，未必能够说服康白情，可是所提出的七条具有新文化运动纲领性的意见，以及在回信的最后希望康白情和全体觉悟的青年担负起新文化运动的大责任，无疑打动了康白情。从此，康白情和少年中国学会的其他同人一起，在各种场合积极鼓动和推行新文化运动。

第二节 创造中国的新文化

确定了行动的大方向，少年中国学会以鼓动推行新文化为己任，继李大钊呼吁做两种文化运动之后，宗白华也提出"中国现在青年有两种奋斗的目的，同两种创造的事业：（A）奋斗的目的。（一）对于自心遗传恶习的奋斗，（二）对于社会黑暗势力的奋斗；（B）创造的事业。（一）对于小己新人格的创造，（二）对于中国新文化的创造"。相比之下，宗白华

---

① 戴传贤：《革命！何故？为何？——复康君白情的信》，《建设》第1卷第3号，1919年10月1日，第2—5、29—30页。

更加关注新文化的创造。他认为:"社会组织与社会文化都是人类体合自然环境而创造的,时代迁变了,环境改易了,社会的组织与文化都要革故呈新才能适应,才能进化。……现在旧文化既有许多不适用的,新文化又未产生,于是中国陷于文化恐慌的状态,旧学术消沉,新学术未振,旧道德堕落,新道德未生。一切物质文化及政治状况、社会状况,皆呈一种不新不旧不中不西的形式,若长此以往,历时愈多,中国文化堕落愈甚,恐将陷于不可恢复的境地。所以我们青年实负有创造中国新文化的责任。但是文化是全体民族的事业,不是几千几百青年学者所能创造成的,我们不过尽我们创新指导的责任罢了。还须全国国民一致奋进,才能达到新文化的实现。"

如何创造"少年中国"的新文化?"须先设想这新文化的内容,做个目标,再研究这新文化创造的方法。我们设想新文化的内容,又须先明白这文化概念的意义(中国人发阐学理与主张,往往不先将概念意义解释明白,所以文理茫昧,易生误会。吾等须改此病)。"尽管这样的毛病主要是清季来自日本的明治新汉语大量逆输入与汉语中文好譬喻的习惯相互作用而日益凸显,而且先定义清楚未必正确,大体把握学理性名词的语义,的确是思维言论不可或缺的前提。按照宗白华的判断,"文化是人所创造,不是天运所生,又是时时进化,不是守陈不变。我们创造新文化是可能的事业,是应尽的责任"。文化包括物质、精神、社会三方面,创造新文化,须从这三方面同时进行。"我们要创造中国的新物质文化,也是须从研究科学入手,取法欧西,应用科学法则,依据实际生活,创造适宜中国民生的物质文化,使中国全体国民生计充裕,然后一切精神文化与社会状况才能发展进化。物质文化是一切高等精神文化的基础,非常重要。……若没有物质文化的基础,我们所理想的精神文化是不能尽致发展的。我们现在发展中国物质文化的方法,就是取法欧西,根基科学,还要有创造的才能发阐东方闳大庄丽的精神。"

所谓"精神文化的产品,就是学术、艺术、道德、宗教"。中国古代精神文化的产品价值很高,但现在不如欧美。"我们现在对于中国精神文化的责任,就是一方面保存中国旧文化中不可磨灭的伟大庄严的精神,发挥而重光之,一方面吸取西方新文化的菁华,渗合融化,在这东西两种文化总汇基础之上建造一种更高尚更灿烂的新精神文化,作世界未来文化的模范,免去现在东西两文化的缺点偏处,这是我们中国新学者对于世界文化的贡献,并且也是中国学者应负的责任。因为现在东西文化都有缺憾,是人人晓得的,将来世界新文化一定是融会两种文化的优点而加之以新创造的。这融会东西文化的事业以中国人最相宜。因为中国人吸取西方新文化以融合东方,比欧洲人采撷东方旧文化以融会西方较为容易。以中国文字语言艰难的原故,中国人天资本极聪颖,中国学者心胸思想本极宏大,若再养成积极创造的精神,不流入消极悲观,一定有伟大的将来,于世界文化上一定有绝大的贡献。这是少年中国新学者真正的使命,真正的事业。不是提倡一点白话文字,介绍一点写实文学就了事的。"

宗白华的观念主张与通常所指北京大学以《新青年》为中心的所谓"新文化派"的认识不尽相同。说中国精神文化不如欧美,与胡适等人合拍,说要融合中西,就有些歧义;说中国古代精神文化价值很高,分歧更是显而易见;说创造新文化不仅为改造中国所必须,而且为人类社会所需要,可以贡献于世界文化的未来,恐怕无法被认可;至于说中国更适宜融会东西文化,在胡适看来一定是东方文化自大狂作祟。

关于现在青年学者创新文化的进行方法,宗白华的看法与《新青年》同人近似,"就是先于各种自然科学有彻底的研究,以为一切观察思考的基础,然后于东西今古的学说思想有严格的审查,考察他科学上的价值,再创造一种伟大庄闳根据实际的宇宙观及人生观,作我们行为举动的标准,不是剽窃一点欧美最近的学说或保守一点周秦诸子的言论,就算是中国的精神文化。我们还要刻苦的奋斗,积极的创造,数十年后,中国或者才实现一点新精神文化的曙光。照现在的现状,实在还无精神文化可言(学术艺术道德无一足称)"。由于欧学输入未久,"不但真正科学没有发展,就是科学严格的法则,客观研究的精神,还未曾深入中国新学者的脑经〔筋〕,中国遗传的文人头脑尚未曾改作科学头脑,提倡新学的还是偏于文学方面，于科学方面无所发扬。一班青年也还是欢迎文学的多，对于科学没甚趣味"。虽然作为过渡现象，不能深责，但是以后要加以改良，"对于一切学术事理，皆要取纯粹客观注重实证的态度，基础西方科学严格的精神，利用东方天才直觉的能力，发阐世界真理，建造新学术、新艺术、新伦理、新宗教，以造成中国的新精神文化"。

创新文化势必涉及与旧文化的关系，宗白华要保存发扬中国旧文化的精神并且作为吸收西方新文化的依托，与在此前后章士钊针对北京大学新旧冲突反复鼓吹的调和论不无近似。在宗白华看来，"我们所谓新，是从旧的中间发展进化，改正增益出的，不是凭空特创的，勿要误会。其实现在欧美新文明对于我们理想的新文化又算是旧的了。中国旧学说、旧道德、旧艺术中，实有很多精华不可消灭的。我们创造新文化，正是发挥光大这种旧文化，加以改正增益而已。……所以我们所谓新，即是比较趋合于真理而已。学术上本只有真妄问题，无所谓新旧问题。我们只知崇拜真理，崇拜进化，不崇拜世俗所谓新。古代发明的真理，我们仍须尊重，现在风行的谬说，我们当然排斥。学者的心中只知有真妄，不知有新旧。望吾国青年注意于此，凡事须处于主动研究的地位，勿趋于被动盲从的地位。我们全副精神须在于'进化'，不是在于世俗所谓'新'，世人所谓新，不见得就是'进化'，世人所谓'旧'，也不见得就是'退化'（因人类进化史中也有堕落不如旧的时候）。所以，我们要有进化的精神，而无趋新的盲动。我们融会东方旧文化与西方新文化以创造一种更高的新文化，是为着人类文化进步起见，不是为着标新立异"。这样新旧循环递进以及融合东西可以创造高于西方新文明的新文化的见解，恐怕无法得到胡适等人的认同。

更为重要的是，宗白华的新文化运动不限于思想启蒙，而着眼于"社会文化"。"社会文化Sociale Kultut就是社会一时代的政治组织与经济组织，社会状况时时变迁，政治组织与经济组织也时时革新。世界各国的政治自独夫专制改成君主立宪，又由君主立宪进成民主政体，数十年间变更已多。世界经济组织亦正在大变动中，未知所届。我们中国号称民主政体，本是极合世界政治潮流，但是有名无实，国民的言论自由都不能发展，真是中国民族的大耻辱，贻笑世界。"究其原因，是中国人的道德智识程度不够。"因为中国民族愚惰懦弱，所以才产生这种专制独断的军阀官阀。如果国民有独立自治的天性，崇尚自由的思想，威武不能屈，利害不能动，深知世界潮流，了解民主真谛，军阀官阀一定不能生存在这二十世纪的中国。我们少年中国少年对于中国政治没有别的方法，还是从教育方面去促进国民道德智识的程度，振作国民独立自治的能力，以贯彻民主政体的真精神。"实行这些老生常谈，目的就是要革新中国的政治经济组织。

总之，中国现代青年奋斗创造的最后鹄的，"就是建立一个雄健文明的'少年中国'。这少年中国的肉体已经有了，就是这数千年老中国的病躯残骸，我们现在只要创造一种新生命新精神输入这老中国病体里去，起死回生，就是我们的'少年中国'出现了，但是要快快着手，莫待老中国断了气，就为难了。我们创造这新国魂的方法，就是要中国现在个个青年有奋斗精神与创造精神，联合这无数的个体精神汇成一个伟大的总体精神，这大精神有奋斗的意志，有创造的能方，打破世界上一切不平等的压制侵掠，发展自体一切天赋才能，活动进化，不是旧中国的消极偷惰，也不是旧欧洲的暴力侵掠，是适应新世界新文化的'少年中国精神'"。①让全体青年奋发有为，给旧肌体注入新精神，创造新国魂，就是创造新文化，就是创造适应世界新文化的少年中国精神，这不仅使得兴起的新文化运动与原有的少年中国精神合为一体，而且让少年中国精神更加与时代合拍。

李大钊和宗白华两人的意见不尽相同，共同处主要体现于两点：一是要推进新文化运动，二是要实行个人与社会改造，二者相辅相成。这与《新青年》多数同人的单纯思想启蒙取向明显有别，却与新文化运动的发展趋向相当吻合。循着这样的方向，王光祈进而提出《少年中国学会之精神及其进行计画》，他承认少年中国学会会员信仰不一，多信奉国家主义、社会主义、安那其主义，共同的趋向"就是承认现在中国人的

---

① 宗之櫆：《中国青年的奋斗生活与创造生活》，《少年中国》第1卷第5期，1919年11月15日，第2、6—11页。

思想行为，无论在什么主义之下，都是不成功的。若要现在的中国人能有应用各种主义的能力，必先使中国人的思想习惯非彻底的改革一番不可，非经过一番预备工夫不可。少年中国学会的目的，就是努力从事这种预备工夫"。

预备工夫中的重要一环，就是知识阶级与劳动阶级相结合，"智识阶级中我们认为现在正受教育的青年学生最有希望，我们以为现在青年应该加入劳动阶级运动——或是农村或是工厂，……工厂农村皆须有我们青年的足迹，亦就是我们改革社会的起点"。具体目标是学生、华工、华侨三方面联合，若能成功，改造中国的机会便到了。"我们学会的宗旨，是本科学的精神，为社会的活动，以创造'少年中国'。换一句话说，本学会是主张社会改革的团体，从教育实业下手，因为教育可以革新我们的思想，灌输各种智识，实业可以增益我们物质上的幸福，减少我们生计上的痛苦。"创造新文化与改革旧社会，是一体两面的事业，"少年中国学会虽是少数青年的结合，少年中国学会的精神却是中国大多数青年思潮的结晶，……中国青年是世界新文化的创造者，是中国旧社会的改革者。有了中国青年的思潮，然后才有少年中国学会的产生"。[①]

本着坐言起行的方针，少年中国学会一方面让所有成员充分发表意见，一方面陆续开展各项事业。鉴于《少年中国》只

---

① 王光祈：《少年中国学会之精神及其进行计画》，《少年中国》第1卷第6期，1919年12月15日，第1、6—8页。

能登载学理性文字，关于应用科学的佳作不能发表，而且没有实际调查的记载，经会员提议，又创办了《少年世界》月刊，专载各种调查及应用科学文字。《少年世界》宣称："本月刊与《少年中国》月刊不同的地方：《少年中国》月刊注重文化运动，阐发学理，纯粹科学。《少年世界》月刊注重实际调查，叙述事实，应用科学。"[①]报道的消息包括学术世界、劳动世界、学生世界、妇女世界、华侨和民族自决运动，调查包括学校、工厂、农村、出版界等。

1919年11月9日和30日，《少年世界》编辑人员两度开会讨论并决定具体分工等相关事宜。[②]由左学训草拟、会员公同改订、以本社同人名义发表的发刊词《为什么发行这本月刊》提出，改造中国分为三个步骤，第一步"本科学的精神，研究现代思潮，使中国人对于现代思潮的趋势，有一个明确观念"。第二步"详细纪载由现代思潮演成的事实，给中国人一种更深的刺激"。第三步"根据思潮和事实的趋势，草一个具体的改造中国的方案"。《少年中国》月刊是做第一步工夫，《少年世界》月刊便是做第二步工夫，第三步要让中国全体青年去做。并且宣称：记载的范围永远限于"社会的活动"，决不会谈政治。第一个朋友便是学生，所以对于学生的消息特别注意，

---

① 《少年世界》第1卷第1期，1920年1月1日，封底。
② 《少年中国学会消息·会务纪闻·发行〈少年世界〉》，《少年中国》第1卷第6期，第49—50页。

"尤注重国内外各学校的详细调查,给现在的中学生一个'入学指南'"。第二个朋友便是劳动家,所以对于华工消息、工厂调查、农村生活特别注意。第三个朋友是华侨,所以特辟一栏。少年中国学会的重点在于影响青年,所有栏目的记载,或是社会的黎明运动,或是各种科学的专论,旨在供给青年参考资料。[①]而"学生世界"调查报导的重要事项,就是各地学生的文化运动。"地方调查"一栏,也单独列出各地的文化运动。

方东美在南京分会欢迎杜威时所致辞中,刻意阐述了现在着重于新闻事业活动的两个理由,一是"关于世界文化进行之聪颖的了解及特殊形势或问题之智识的洞察的急需,呼出我们研究的态度与兴趣,所以我们急急研究科学哲学及支配近世大同的德谟克拉西的社会之基本组织、范形及精神的各种主义。这种研究的结果,使得我们明白西方人类进化的步骤何等迅速,东方人类逃出迷途的步骤何等迂缓,所以我们特向国人大声急呼是'急起力追',以便与世界上一切进步,都成了整齐的步武,然后由同力合作的途术去谋必需的改造。本学会所发行几种杂志及其他印刷品,就用来宣布我们本科学精神研究基本及特殊问题所得的结果,终久庶可以引出国人协同的精力及活动,来与这目前的形势行相见礼"。二是生活的各方面向来拘泥于惯例的形式,是因袭的盲动,不是创造的活动;是非

---

① 本社同人:《为什么发行这本月刊》,《少年世界》第1卷第1期,1920年1月1日,第1—2页。

社会的，一切行动的领域限于狭隘的家庭里面；是无科学精神的，一切信仰都是固陋，一切思想全不合理。男女生活毫不根据平等的原则；神圣人权及思想自由，都因万恶的武力仍旧弥漫于全国，为社会改进极笨重的障碍，而未得保障。对于这些生活惨状深深疾恶，所以向那安全及光明的境界的运动，受着知识勇气及动力驱使，速度格外加快。理想中少年中国必须建在创造的、社会的及科学的美德上。要过理性科学的真确生活，主动批评惯例遗传的私见及信仰。这些统统是本学会杂志传播的意见。而会员只有68人，不能为人代劳，事事包办，必得要发动智识的及社会的革命，变革人心，改换思想及行动的方术，使全体国民自愿行动。希望"先知给我们忠告和指导"。而杜威正是德谟克拉西的先知。[①]

与此同时，王光祈在陈独秀、李大钊等人的赞助下，发起工读互助团于北京，计划将来在天津、南京、上海、武汉、广州各处设法推行。如能推广，"那么，这次工读互助团的运动，便可以叫做'平和的经济革命'"。此事发端，是因为"自从欧战停后，世界潮流排山倒海直向东方而来，中国青年受此深刻刺激，顿成一种不安之象，对于旧社会旧家庭旧信仰旧组织以及一切旧制度，处处皆在怀疑，时时皆思改造，万口同声的要求一个'新生活'。我便是其中的一个。去年二月由

---

① 《会务消息·南京分会会员与杜威教授之谈话》，《少年世界》第1卷第6期，1920年6月1日，第63—65页。

沪返京，取道金陵，曾与左舜生君讨论一次。去年夏间又有一封长信论及'小组织'事，颇引起社会上研究'新生活'的兴趣"。可是中国人向来有只说不做的习性，这回讨论工读互助团，又怕犯这毛病，所以王光祈在发表《城市中的新生活》后，"立即奔走筹画，不到一个星期，居然有了头绪，不到一个月，居然组织成功，其中最出力的，当首推陈独秀先生"。[①]发起人还有顾兆熊、李大钊、蔡元培、胡适、周作人、陶孟和、程演生、王星拱、高一涵、张崧年、罗家伦等。其初衷是实行半工半读主义，"不但可以救济教育界和经济界的危机，并且可以免得新思想的青年和旧思想的家庭发生许多无谓的冲突"。[②]所以王光祈认为："工读互助团是新社会的胎儿，是实行我们理想的第一步。"[③]蔡元培虽然觉得"读字不如学字的好"，改"工读"为"工学"，却推崇"现在各种集会中，我觉得最有希望的是少年中国学会。因为他的言论，他的举动，都质实得很，没有一点浮动与夸张的态度"。并且认为如果全国和世界的团体都照此做法，就可以解决全中国乃至全世界的最重大问题。[④]

蔡元培的希望，期于长远，王光祈等人的"新生活"，直接的目标还是为具有新思想实行新文化运动的青年提供社会支

---

① 王光祈：《工读互助团》，《少年中国》第1卷第7期，1920年1月15日，第42页。
② 王光祈：《城市中的新生活》，《少年中国》第1卷第7期，第43—45页。
③ 王光祈：《工读互助团》，《少年中国》第1卷第7期，第42页。
④ 蔡元培：《工学互助团的大希望》，《少年中国》第1卷第7期，第1页。

撑。1920年12月10日，王光祈致函恽代英，特意提到"近来文化运动，有许多青年受其感化，亟谋脱离家庭。然社会黑暗实较家庭为甚，故不能不组织互助团体，以图自卫。一面反对腐败之家庭，一面抵抗黑暗之社会，此亦为组织工读互助团动机之一"。恽代英则主张能力未充之前，须委曲求全于家庭，不可轻易脱离。王光祈不以委曲求全为然。①恽代英的看法却是："不委曲求全的，不定是好少年。因为怨望别个是最容易的，反躬自省是最难的。不反躬自省的怨望别个，大概是一般新文化少年共通的病，我看他们究竟软弱，究竟浮浅。"不委曲求全，就不能刻苦，不能过团体生活。②

恽代英要求青年能够忍辱负重，具有很高的道德标准。他于1920年4月22日致函全体会员，认为依照少年中国学会的宗旨，"我们不仅仅是讲学的团体，亦不仅仅是做事的团体，且不仅仅是讲局部的学做局部的事的团体。我们的目的，在于创造适应少年世界的少年中国。社会活动，一方是以创造少年中国为目标，一方亦以本科学的精神为条件。……要成个健全的、互助的、社会活动的团体，第一我们不应忘记我们迟早是做事的人，不是永远读书的人，那便要知道：（一）我们的事业，不永远仅是讲学；（二）我们的事业，不永远仅是靠文字的鼓吹。我并不蔑视讲学与文字鼓吹的功效，不过我信读书的人，非自

---

① 《会员通讯》，《少年中国》第2卷第11期，1921年5月15日，第64页。
② 《会员通讯》，《少年中国》第2卷第12期，1921年6月15日，第69页。

身投入实际社会生活，那便讲学与文字鼓吹，亦每易不能合于实际社会生活。我们中国二千年的业儒，便是中这个毛病。……我以为我们同志，总不要忘了社会的实际生活，社会的实际改造运动，讲学与文字鼓吹，有这种色彩，对于创造少年中国，才有切实效益。……第二我们固然应该注意今天是预备做事的时候，亦同时应该注意今天仅仅是预备做事的时候。所以我以为：（三）我们不应该敷衍的做社会事业，做我们不愿做的。（四）我们不应该虚伪的做社会事业，做我们不能做的"。[①]恽代英所说，就是坐言起行的关系，一方面要把讲学与文字鼓吹的新文化运动落实到投入实际社会生活做事上面，另一方面则要根据社会实际需求来确定应当做的文化事业和社会事业。

第三节 以运动收文化之效

少年中国学会设总会于北京，计划在全国各地及海外有会员五人以上之处设分会。先后成立的有成都、南京、巴黎分会，上海虽筹备却最终未能成立。据说东京也成立过分会。[②]此外，在武汉、长沙等地，少年中国学会会员也相当活跃。

---

① 《会员通讯》，《少年中国》第1卷第11期，1920年5月15日，第66页。
② 《会务消息·南京分会会员与杜威教授之谈话》，《少年世界》第1卷第6期，第63页。

新文化运动初兴，杨贤江撰文讨论学生与新思潮的关系，就注意到"今日所称之新思潮亦多矣，有关于社会者，有关于家庭者，有关于政治者，有关于经济者，又有关于妇女、儿童与劳工者，所谓'新社会''新教育''新生活''新文艺'等等新名词，盖无一而非新思潮之产物也。然名词虽多，问题虽繁，而其所以为新者，则有同一之原素焉。其事惟何？则'解放'与'改造'之二种运动是已"。如果说解放是思想运动，改造则是社会运动。其结论是："（一）新思潮为适应于现代之思潮。（二）新思潮之精神为'人本主义'。（三）学生对于新思潮，宜取顺应之态度，注重于自由研究与共同活动，以谋个性与群性之调和发展，因以完成人格。"[①]解放即启蒙思想，改造即革新社会，学生要通过参与运动，在改造社会的同时完善自我。《解放与改造》半月刊是研究系新学会的政论刊物，1919年9月1日创刊于北京，张东荪、俞颂华主编。按照杨贤江的解释，该刊的主张符合新文化运动的主要特征，在各地学界受到广泛欢迎，被当作传播和推进新文化运动的重要刊物。不过所鼓吹的"文化运动与政治运动相辅并行"，与国民党的意见相符，反映了研究系的政治诉求，而与一般新文化运动止于社会事业的理念有所冲突。

半年后，杨贤江又进而讨论学生与文化运动的关系，他

---

① 杨贤江：《学生与新思潮》，《学生》第6卷第10号，1919年10月5日，"论说"，第60、66页。

说:"文化二字的意义,是文明的普遍化。……运动两字,不过是普遍的传播底作用,表示进行、实现的意思,但要文化收效,运动却是个利器。"有人将文化运动解释为平民化,大概不错,但范围略小。"和文化运动相对的有政治运动。政治运动是从上面做起,而文化运动是从底面做起。从底面做起的,可以彻底,可以普遍,可以永久。文化运动对于别的社会运动,又是一种基本的运动。可以做各种改革运动的利器。因为他是教人明白'为什么''怎样做'的重要方法,是要人做个能自动、能自主的人,是一种要用智慧并且引起智慧的运动,所以文化运动的对象,就是平民思想底开发和促进。"其说颇有融通各种争议以谋新文化运动顺利进行的意味。

据此定义,推行文化运动的方法分为专门、通俗两面,专门是专就高深的学理设法推广,具体分为输入、研究、宣传三步。通俗是就平民的知识、道德、能力,设法开通、促进,具体有办义务学校、行通俗演讲、印浅近书报三种。三种方法对于促进实现群众运动有利。新时代的学生要服务社会,所谓文化运动,就是社会服务的一种。社会服务除文化运动外,还有其他如禁烟酒、劝用国货等,文化运动也还有其他机关担负,学生与文化运动不是全部的关系。教育发达的国家,包括文化运动的大部分社会服务不由学生负责。中国事实上懂得文化运动必要并能实地进行的人,以在校学生居多,所以要负提倡实行文化运动的大部分责任。"现在我国的学生,须要加倍的努力,来建筑个做社会运动先锋的文化运动底基础。"

文化运动是各种社会改革运动的基本运动,学生做文化运动,更应当做文化运动的根本运动,即一方面加重自己的研究工夫,一方面普及文字的势力范围。具体而言,首先要了解新思潮是什么,文化运动是什么,现代学生的新责任是什么。开展文化运动,"在地域上要求普及到全国各地;在势力上要求影响到各个平民"。希望全国各省、县、乡的学生,都要负担文化运动一部分的责任,推广识字;希望出版的书报门类很多,用极浅近的文字,适应一般稍识文字的人,增进他们的知识,引起他们的同情。"果能这样做去,我相信文化运动定有很好的成绩。文化运动果然收效,一切社会问题,政治问题,也都容易解决了。"[1]

少年中国学会会员大部分就是学生,所以学生与文化运动的话题,他们正是主角,并且在各地新文化运动中实际扮演重要角色。1919年9月17日,在上海的中华民国学生联合会总会召开理事会,康白情主张以"尽力于文化运动"为"吾人此后唯一之天职",并出任即将创刊的中华民国学生联合总会月刊总编辑。[2]另一少年中国学会会员许德珩则任《全国学联日刊》的总编辑。10月26日的北京大学学生会评议部成立大会上,许德珩还作为同学代表响应主席方豪发出的组织学生会永久机关以文化运动为救国之根本方法的呼吁,亦"谓学生会以后之急务

---

[1] 杨贤江:《学生与文化运动》,《学生》第7卷第4号,1920年4月5日,第1—5页。
[2] 《学生联合会总会消息》,《申报》,1919年9月22日,"本埠新闻",第10版。

为文化运动"。①

媒体对以北京大学为主导的北京乃至全国学界的新文化运动予以高度评价，推许全国最高学府的北京大学年来居全国思想的中心。经过五四之役，举国学界联成一大团体，以解放思想、改良社会为目的，专门从事于文化运动。②而北京大学的学生组织从事新文化运动，与少年中国学会的关系更为直接。参加少年中国学会的北大学生，很多都是北大学生小团体的骨干成员。

少年中国学会本身的活动以文化为中心，两种月刊之外，还编辑出版了一套丛书，成都分会出版了《星期日》周刊，《少年社会》则与南京分会关系密切。在海外的会员创办了巴黎通讯社，并准备于1920年筹办成立美洲通讯社。此外，一些会员在各地参与主办学术刊物，或是成为主要撰稿人。宗白华主持的《时事新报·学灯》，于1919年8月开辟"新文艺"栏。其他形式主要有学术谈话会和演讲会。按照学会规约第23条，一地有会员三人以上者，即应组织学术谈话会。南京分会率先实行，每月一次，北京取其经验，与常会合并办理。

还在筹备期间，少年中国学会就计划举行讲演会，因会员散居各地，无从聚集，改为在《少年中国学会会务报告》中开辟"名家讲坛"，请名人撰文代替讲演，先后有章太炎、胡适、

---

① 《北大学生会评议部成立》，《申报》，1919年10月30日，"国内要闻"，第3版。
② 市隐：《北京通信·都门教育界近况》，《申报》，1919年12月11日，"国内要闻"，第6版。

梁漱溟等讲述。①学会成立后,讲演会不定期举行,1920年4月21日午后三时,请李石曾在北京大学法科大讲堂开讲演大会,到者约六七百人,题为"中国少年与社会之新潮流"。②后续还拟请任鸿隽讲演。1920年5月8日在北京大学图书馆举行的常会上,由执行部提议,以名人讲演为本会重要会务,应每月举行,以益学识。经多数通过,决定以后每月必须举行一次。③

少年中国学会一开始就明确不与其他团体结党,唯一的例外,是与觉悟社、曙光社、青年互助团、人道社共谋改造事业的团体大联合。④1920年,北京大学组织的游日团于4月28日离京赴日,作宣传及视察之事业。⑤游日团正式成员四人,康白情、徐彦之、孟寿椿、方豪,另由黄日葵(北大预科同学)任翻译员,除方豪外,均为少中会员,且都是学会执行部重要职员。游日团虽由北大派出,同时又受学会执行部委任,"以少年中国学会代表名义,接洽其种种新文化运动团体,作相当的宣传"。⑥该会还在美国设中美书报代售处,不含营业性质,课

---

① 《本会特别启事》,《少年中国学会会务报告》第3期,1919年5月1日,封里。
② 《少年中国学会消息·会务报告》,《少年中国》第1卷第11期,第55—57页。
③ 《少年中国学会消息·会务报告》,《少年中国》第1卷第12期,1920年6月15日,第63页。
④ 《附录·改造联合宣言》,《少年中国》第2卷第5期,1920年11月15日,第65—67页。
⑤ 李永春、史飞:《少年中国学会与1920年北京大学学生游日团》,《民国研究》2014年秋季号,第176—185页。
⑥ 康白情:《致少年中国学会诸同志》,《少年中国》第3卷第2期,1921年9月1日,第74—75页。

余做三种事,1.有条理的介绍美国书报,以便国人作系统的学术研究。2.使国人能廉价购书。3."输出国内最近出版之书报,以便华侨及留学界注意于国内新文化运动者之购阅。"①

湖北的会员恽代英觉得,"文化运动现在在学生界情形很好。虽然出版物有些滥杂重复,然而这既是必有的现象,而且许多少年从这里很可以练习他做事的能力同品性,害少而利多,为什么不鼓励扶助他呢?但是,除学生的文化运动以外,还有市民文化运动与乡村文化运动。这两种以市民文化运动更要紧,因为他直接对于政治同社会有关系"。市民与乡村文化运动,"因为对手程度较低,所以办法与前不能完全相同,宜注意事实,不宜注意理论"。②为此,他准备出版《市民旬刊》,将重要新闻简要写出,散发为主,教社会不满于现在的状态,以为革新的动机。

开办非营利性的书报社,被认为是开展新文化运动的重要形式。恽代英和林育南等在武昌创办利群书社,于1920年2月正式营业,最注意的"不在营业,在于介绍文化",是一个专"卖新文化出版的处所"。照主办者所说,"利群书社是一个营业的机关,是一个文化运动的场所,是一个修养会社的结晶体,是一个社会服务的共同生活的雏形"。其动因主要有三:

---

① 《中美书报代售处缘起》(1920年11月1日自美国寄),《少年中国》第2卷7期,1921年1月15日,第56—57页。
② 恽代英:《民国八年日记》,《恽代英全集》第3卷,北京,人民出版社2014年,第348—349页。

其一，之前成立了很多小会社，都以助人为号召，使大家易于接受新文化。其二，从《每周评论》《星期评论》出世后，湖北同人发起了《新声》半月刊，从事新思潮的研究。"这个刊物，内容实在浅薄得很，但却是武昌第一个新文化出版物，或者亦是全国响应北大新思潮的先驱者。新声社的社员为了这个刊物，捱了许多的骂。但是便这样的越发助成他们成了新文化的研究者，亦助成所有互助社乃至别的会社的社员都有些趋向于新文化旗帜下面。一直到了现在，利群书社的分子仍勉力本着他们勤劳牺牲的精神，做他们文化运动事业。"其三，恽代英向来最爱看杂志，爱投稿，与杂志界有来往。《新潮》出版时，托他代售，后来《新青年》亦托他代售。此时恽代英在中华大学任职，见青年想知道世界最近政潮思潮的大概，屡屡提倡学生多看杂志。"积了一年的力量，又值'五四'以后新文化的花遍地茁发"，[1]于是创办书社来实现理想。

无独有偶，同为少年中国学会会员的毛泽东在湖南长沙也大力举办文化书社。湖南的新文化运动，被认为是当时中国各地进行得最有声色之处。戊戌时期一度闪耀新学光芒的湖南思想界，因为没有性质纯粹的学会，没有大学，留学西洋的少，且不能持续研究专门之学，留学东洋的又被黄兴吸去做政治运动，加上政治纷乱，没有研究的宁日，缺乏中心思想，二十年以来，黯淡已极。"近数年来，中国的大势斗转，蔡元培、江亢虎、吴敬恒、

---

[1] 恽代英：《利群书社》（1920年10月），《恽代英全集》第4卷，第250—252页。

刘师复、陈独秀等，首倡革新。……自思想、文学，以至政治、宗教、艺术，皆有一改旧观之概，甚至国家要不要，家庭要不要，婚姻要不要，财产应私有应公有，都成了亟待研究的问题。更加以欧洲的大战，激起了俄国的革命，潮流侵卷，自西向东，国立北京大学的学者首欢迎之，各国各埠各学校的青年大响应之，怒涛澎湃，到了湖南，而健学会遂以成立。"

1919年6月15日，湖南省教育会会长陈润霖邀集省城各学校职教员徐特立、朱剑凡、汤松、蔡湘等，发起健学会，在楚怡学校开会。陈润霖报告立会意旨道，比较四年前北京大学学生以做官为唯一目的，即大学以外的学生，亦莫不皆然，近期所见迥然不同。"大学学生思潮大变，皆知注意人生应为之事，其思潮已多表露于各种杂志日刊中。因之京师各校学生，亦顿改旧观，发生此次救国大运动。"五四运动的动因为蔡元培任大学校长以来，注入哲学思想，人生观念，使旧思想完全变换。学生救国运动实出学生之自动，及新旧思潮之冲突。"盖自俄国政体改变以后，社会主义渐渐输入于远东。虽派别甚多，而潮流则不可遏抑。"即使日本政府也不得不允许社会党人活动。"国人当及时研究，导之正轨。同人等组织学会，在采用正确健全之学说，而为彻底之研究"。朱剑凡的演讲"主张各除成见，研究世界新思想，服从真理"；向绍轩"主张采用国家社会主义"。会则以输入世界新思潮，共同研究，择要传播为宗旨。输入新思潮的方法包括：随时搜集最近出版的图书杂志，供会员阅览；请海内外同志调查报告；介绍名人谈话。传播方法则是讲演和出版。①该会成为湖南接纳新文化运动的重要铺垫。

在健学会之前，毛泽东等人已经组建了新民学会，曾经参与其事、后赴法勤工俭学的蔡和森就如何开展文化运动表达了自己的意见："学会办文化运动本为应有之事。我们既不为浮游于大码头的文化运动，则根本上的组织和训练，比之出报、出杂志更重要。现少年中国学会（此会在四川本地无根据）专以办文化运动为事，我以为好，但是我们的须更进一步"，"我以为我们于文化运动，大可仿照李石曾贴邮花的办法"。具体而言，新民学会宜办三种邮花："一种贴于男女各师范学校，其法在办好会中学术演讲会及以个人与师范生之优秀者往返。一种贴于各县各乡的小学校，其法以上之联络师范生为根据，俟他们返乡办学校，即可实行。或择现任各处之小学教员通信及介绍书报启发之。一种贴于现行之各出版物上。此三种邮花，皆可济会中经营之穷。（因会没有钱）而其作用与自办差等。"现在中学以上的文化运动，各处都已迸发了，新民学会宜着重注意小学文化运动以外劳动的文化运动。办法一是小学计划成，同时应筹划劳动教育。二是鼓吹各种合作运动，消费组合贷借组合要紧。三是出一些小册子（仿新生活）。四是

---

① 《健学会之成立及进行》（1919年7月21日），中共中央文献研究室、中共湖南省委《毛泽东早期文稿》编辑组编《毛泽东早期文稿》，湖南出版社，1990，第364—366页。

好小学能设法多收农家子弟更好。五是约聚会友中的兄弟亲属讨论，启发一下。①

湖南的新文化运动受到俄国十月革命和社会主义的影响，使得毛泽东等人的视野较一味向西的胡适等《新青年》同人有所改观。有意思的是，因为在一省范围从事新文化运动而声名鹊起的毛泽东，竟然和胡适一样，否认现在已经有新文化，只是理据有所不同。他在响应新文化运动的《发起文化书社》一文中断言：

> 湖南人在湖南省内闹新文化，外省人见了，颇觉得希奇。有些没有眼睛的人，竟把"了不得"三字连在"湖南人"三字之下。其实湖南人和新文化，相去何止十万八千里！新文化，严格说来，全体湖南人都不和他相干。若说这话没有根据，试问三千万人有多少人入过学堂？入过学堂的人有多少人认得清字，懂得清道理？认得清字、懂得清道理的人有多少人明白新文化是什么？我们要知道，眼里、耳里随便见闻过几个新鲜名词，不能说即是一种学问，更不能说我懂得新文化，尤其不能说湖南已有了新文化。彻底些说罢，不但湖南，全中国一样尚没有新文化。全世界一样尚没有新文化。一枝新文化小花，发现在北冰

---

① 蔡和森：《蔡林彬给毛泽东》（1920年5月28日），《蔡和森文集》（上），第34页。一些论著指蔡和森为少年中国学会会员，应误。

洋岸的俄罗斯。几年来风驰雨骤，成长得好，与成长得不好，还依然在未知之数。诸君，我们如果晓得全世界尚没有真正的新文化，这到是我们一种责任呵！什么责任呢？"如何可使世界发生一种新文化，而从我们住居的附近没有新文化的湖南做起。"这不是我们全体湖南人大家公负的一种责任吗？文化书社的同人，愿于大家公负的责任中划出力所能胜的一个小部分，因此设立这个文化书社（此外研究社、编译社、印刷社亦急待筹设）。我们认定，没有新文化由于没有新思想，没有新思想由于没有新研究，没有新研究由于没有新材料。湖南人现在脑子饥荒实在过于肚子饥荒，青年人尤其嗷嗷待哺。文化书社愿以最迅速、最简便的方法，介绍中外各种最新书报杂志，以充青年及全体湖南人新研究的材料。也许因此而有新思想、新文化的产生，那真是我们馨香祷祝、希望不尽的！[①]

胡适主张的新文化在泰西，毛泽东眼中的新文化则是新俄，在少年中国学会会员中，向往苏俄社会主义的志同道合者为数不少，人数更多的国家社会主义者，也不在西式自由民主主义的笼罩之下。

[①] 《发起文化书社》，长沙《大公报》，1920年7月31日，"来件"，第6版；同年8月24—25日，又以《文化书社缘起》为题，在长沙《大公报》第7版"新文化运动"栏全文刊载，文字略有不同。见《毛泽东早期文稿》，第498—499页。

文化书社里所销的东西，"曾经严格的选择过，尽是较有价值的新出版物（思想陈旧的都不要）。书——一百二十四种，报——四种，杂志——五十种（月刊三十三种，半月刊二种，季刊二种，周刊十三种）。我们的目的——湖南人个个像先生一样思想得了进步，因而产生出一种新文化。我们的方法——至诚恳切的做介绍新书报的工，务使新书报普播湖南省"。①为了扩大新书报的影响，毛泽东还积极推广读书会，认为形式很好，应从自己做起。"若要备新出版新思想的书、报、杂志，则敝社应有尽有，倘承采索，不胜欢迎"。②

文化书社正式开幕于1920年9月，为了推广新出版物于全省各县起见，最注重开设分社，"欢迎各县同志在各县城及各市镇（凡能通邮之处）开设分社，分销本社各种新出版物。即用某地文化书社之名开设（如平江文化书社、浏西文化书社）"。③计划全省75县各设分社一处，每分社有社员10人，总共就有750人。"大家晓得现时的急务，莫要于传播文化，而传播文化有效，则莫要于办'文化书社式'的书社。如果经营得法，一个书社的效，何止抵几个学校的效？因此我们为扩

---

① 文化书社同人：《文化书社敬告买这本书的先生》（1920年），张允侯、殷叙彝、洪清祥、王云开：《五四时期的社团》（一），生活·读书·新知三联书店，1979，第50页。
② 文化书社同人：《读书会的商榷》，张允侯、殷叙彝、洪清祥、王云开：《五四时期的社团》（一），第51页。
③ 《分社简章》，张允侯、殷叙彝、洪清祥、王云开：《五四时期的社团》（一），第48页。

张社务，并推广各县分社起见，希望有力的同志，助我们一笔大一点的款子（我们计划于二年内替书社筹足公共资本三千元）。"书社与北京、上海、四川等地的印书馆图书公司以及新式书社建立联系，销书160余种，杂志40余种，报3种，供不应求。社会对于新出版物的需要骤然迫切起来，受了新思潮的正面激刺，一时感发兴起，尽力购读，实在是一种可喜的现象。买书的人以学界居多，《劳动界》等小册子，销于劳动者也不少。购置阅读者以青年为多，壮年以上次之。已在平江、浏西、武冈、宝庆、衡阳、宁乡、溆浦成立7处分社，此外还设贩卖部7处，并且正计划组织编译社、印刷局。[1]

第四节　新文化的真义

早在少年中国学会成立之初，宗白华、魏时珍等人就对《少年中国》月刊的文字表示过意见，牵涉新思潮和新杂志的一般流弊。[2]王光祈后来将他们的意见概括为"对于当时所谓文化运动略有批评"，并披露相关的秘事。其时恰好北京的几种新文化杂志主笔聚会，谈及魏文，斥为张之洞式的中体西用，

---

[1]　《文化书社社务报告》第2期（节录），1921年4月，张允侯、殷叙彝、洪清祥、王云开：《五四时期的社团》（一），第57、59–60页。
[2]　《会员通讯》，《少年中国》第1卷第3期，第56–62页。

并协谋抵制《少年中国》月刊之法。座中某某大学教授随提笔作"随感录"数则,"极谩骂之能事,将于某杂志发表"。这几位主笔转身将消息透露给王光祈,表示愿出面调停。"谓《少年中国》月刊以后起之秀,乃持此种论调,势将不利于新文化运动前途,其弊实较《国故》党为尤甚。倘《少年中国》以后少登此种文字,某杂志之随感录以及其他攻击论文,亦不发表"。王光祈闻言大怒,坚决拒绝交易,表示少年中国学会无虑攻击。后来随感录并未刊出。①这一情节,显示少年中国学

---

① 王光祈:《少年中国运动》,中华书局,1924,第13—15页。某某大学教授或即钱玄同,9月16日,他刚好买了一本《少年中国》第三期,并且看过。又负责编辑《新青年》,该刊设有"随感录"一栏。杨天石主编《钱玄同日记》(整理本)上,北京大学出版社,2014,第348页。王光祈的序言中只提及魏时珍,实则首先是宗白华给《少年中国》编辑诸君的信,批评月刊空论太多,切实根据学理发阐的文章太少,和现在时髦的新杂志差不多,但是这些新杂志缺憾很多,迎合新中国少年的心理,不能做我们的模范。鼓吹青年不能附和新名词,没有学理的了解。"现在一班著名的新杂志(除去《北京大学月刊》同《科学杂志》),都是满载文学的文字同批评的文字,真正发阐学理的文字极少,只能够轰动一班浅学少年的兴趣,作酒余茶后的消遣品,于青年的学识见解上毫不增益,还趾高气扬的自命提倡新思潮。我以为这种新思潮是他们个人主观的新思潮,并不是世界的新思潮,世界的新思潮在学术上是真正的自然科学的精神,在社会上是真自由真平等的互助主义同新式的社会组织,在文学上是写实主义同人道主义。试看他们的文字,有几篇真有科学的精神(发阐科学的更少),有几篇用科学方法彻底研究社会问题,又曾有几篇写实文学的大著作。自己不从学理上彻底研究,借着一点名学的方法批评一班糊涂可怜、于欧西学问茫未问津的旧人物,对于一班最新鲜可爱的青年并没有贡献。所以我们月刊要根本变动。"主张"我们月刊文字要学理多而文学少,篇篇文字都要有学理的价值,就是文学也是要描写世界一种的真理"。魏时珍对此深以为然,指出:"今日之士,大弊有二,人人竟言科学,而实不知科学。"竟言科学,是因为常听人说非科学不足以起废,不知科学,则由于科学艰深,很难速成,"玄谈易操,又且有功,故舍难就易也。"顷年以来,思想革新盛极一时,国内书报刊行者众多,却很少专言精确科学,且脚踏实地钻研所得而后发为言论者。治空谈之患应以实学,否则将愈演愈烈。另一大弊为不知中国的理学与西洋的科学截然不同,以西学全盘否定中学。《会员通讯》,《少年中国》第1卷第3期,第56—59页。

会在新文化运动中与其他各方存在分歧，有些过节。

随着新文化运动的进行，一些之前比较模糊的问题逐渐浮现出来，困扰着从事新文化运动的青年。以新文化运动为己任的少年中国学会成员自然更加频繁遇到。因宗白华的大力推举得以新诗享誉一时的郭沫若，很想加入少年中国学会，未能如愿，看到《少年中国》连续两期讨论新诗问题，遂于1920年1月18日致函康白情，说田汉才配做"我国新文化中的真诗人"，并提出孔子是具有球形发展的大天才，"要说他是政治家，他也有他的'大同'底主义；要说他是哲学家，他也有Fantheism底思想；要说他是教育家，他也有他的'有教无类''因材施教'底Kinetisch的教育原则；要说他是科学家，他本是个博物学者，数理底通人；要说他是艺术家，他本是精通音乐的；要说他是文学家，他也有他简切精透的文学。便单就他文学上的功绩而言，孔子底存在，是断难推倒的：他删诗书，笔削春秋，使我国古代底文化有个系统的存在；我看他这种事业，非是有绝伦的精力，审美的情操，艺术批评底妙腕，那是不能企冀得到的。我常希望我们中国再生出个纂集《国风》的人物——或者由多数的人物组织成一个机关——把我国各省各道各县各村民风俗谣，采集摆来，采其精粹的编集成一部《新国风》，我想定可为'民众底艺术宣传''新文化建设底运动'之一助。我想我们要宣传民众艺术，要建设新文化，不先以国民情调为基点，只图介绍些外人言论，或发表些小己底玄思，终竟是凿枘不相容的。……我想孔子那样的人是最不容易了解的，从赞美他方面的人说来，他是'其大则天'，从轻视他方面的人说来，他是'博学而无所成名'。我看两个评议都是对的，只看你自己的立脚点是怎么样；可是定要说孔子是个'宗教家''大教祖'，定要说孔子是个中国底罪魁，'盗丘'，那就未免太厚诬古人而欺示来者"。①由新诗到新国风再到评孔子，彰显了新文化运动的空间，也反映出内容的宽泛和观念的各异。

内容宽泛还会造成套话空话甚至假话。郑伯奇比较去年胡适的《问题与主义》（《太平洋》第2卷第1号）说问题变成主义的次第和主义的危险性，觉得与柏黎所说"一度由意识构成的假定，次第固定，因而记忆之，叙述之，以传其说，或以传说或艺术之力，使之成了多少永久的环境的一部，但是因此等事实，被人误解，错误谬见就发生了"的意思相符，希望一般人相信此说，"给我们'少年中国'的'新文化运动'作个指南，使我们'少年中国'的'新文化运动'能生出一种特色，换句话，就是成为创造的，不作抄袭的"。②

内容决定形式，宽泛的内容导致新文化运动的形式有些随心所欲。恽代英致函全体会员，特意强调："我们应该看清我们的目标，知道我们最大的任务在甚么地方，我们今天为这最

---

① 《会员通讯》，《少年中国》第1卷第9期，1920年3月15日，第183—184页。
② 郑伯奇：《新实在论的哲学》（1920年4月18日京都），《少年中国》第1卷第11期，第48—49页。

大的任务应该下怎样的预备功夫,这样我们才是有力的社会活动团体。"有鉴于此,包括罢课、游行等学生运动,应该暂时不做。①

恽代英的担忧并非无的放矢,在有的会员看来,运动形式的滥用现象已经相当严重,"现在学生开口就是爱国,讲到爱国就是群众运动,讲到群众运动的办法,第一件就是罢课。这个实在是大大的心理错误,应当赶快纠正。《民国日报》里无射君曾经做过一篇《罢课的研究》,他以为罢课有三个目的:(一)力争外交,(二)推翻黑暗势力,(三)文化运动。我以为他的话是拟于不伦"。罢课未必能把外交力争转来,"讲到推翻黑暗势力,那就是说群众运动了。群众运动的别名就是革命。我固然承认现在绝对有政治革命的必要,不过假使真的要有大革命,小小学生罢课决不是有力量的导线"。至于用罢课的方式讲文化运动,更是可笑可哭。②

针对运动形式的问题,余家菊专文讨论《什么是革命的最好方法?》,他认为,鉴于清季革命有破坏无建设,我们"应该抱定我们的方针,善用我们的武器,那末,'文化运动呀!''文化运动呵!'才是出自心肠的话,才不是这边耳朵进那边耳朵出的"。"我们既是认定制造社会意识为革命的最好方法,那末,自由交通、自由评论、自由讨论,构造公共意

---

① 《会员通讯》,《少年中国》第1卷第11期,第67页。
② 恽震:《学生运动的根本研究》,《少年中国》第1卷第12期,第17页。

见的自由，选择方法的自由以及选领袖的自由，自然在社会生活占最重要的地位。应该给与社会上全体的人以最大的机会去听他自由发展。……只希望人民领袖的知识界，要认定制造社会意识是一切事业的根本，明白了这个道理，才配谈文化运动！"①所谓制造社会意识，其实就是将启蒙由青年学生推广到社会全体成员，尤其是下层民众。

内容的宽泛与形式的滥用，暴露出新文化运动的笼统性在吸引广泛之后逐渐走向负面。郑伯奇于1920年6月16日复函恽代英，认为少年中国学会不过是少年中国的一个团体，"决不是包揽少年中国文化运动的专卖特许的唯一机关"。可是，"我们虽没有垄断的野心，我们却不可不存一番要尽我们的Best的决心"。春假期间他赴东京和田汉交谈，表示："我看中国的文化运动渐渐'走投无路'了。"并回答田汉的疑问道："当欧战后，我们既看见欧洲列强的教训，又受了东方狡邻的压迫，加之国内数年来阴郁不平之气，勃勃待发，所以当这时候，自觉的青年不期而同，各地的'爱国运动''文化运动'一时迸发。"各团体大同小异，"现在到了'文化运动的分业期'了。当这转换期的时候，必有新团体发生，并且我们很盼新团体发生。这种团体，不能仅以几个抽象的新名词来号招，宁须有一个共同的目的。他的分子不仅是声气相应，情意相投，宁

---

① 余家菊：《什么是革命的最好方法？》，《少年中国》第2卷第1期，1920年7月15日，第36、40页。

附有相当的能力"。

新团体与分业期相适应,就是要以分科的观念与分工的态度相配合,将新文化运动引向专门化,改变笼统肤浅的现状。例如国内提倡新文学三四年了,没有一个纯粹研究文学的团体,没有一种纯文学的杂志,当初能出白话文登新体诗便可了事,惹人注意,现在一般人怕未必能满意了。那时便想做一篇《文化运动之转机》来专讨论此事。"我的主要的意见是:提倡'分业的文化运动',把从前那集合于'含混''笼统'的几个抽象名词旗下的团体改为有明确观念共同目的——外包最少内含最富的共同目的——的组织,一方唤起分业研究的兴趣,并研究所得的报告——就是印刷物。"[①]

郑伯奇试图打破的"含混"与"笼统",首先体现于"新文化"的模糊性。在新文化运动发端一周年之际,新加入学会的武昌文华大学学生陈启天在1920年8月15日出版的《少年中国》第2卷第2期上发表《什么是新文化的真精神?》,指出:

"新文化"这三个字,在现在个个人已看惯了,听惯了,说惯了;究竟什么是新文化的真精神?现在的时髦,几乎个个人都是新文化运动家,究竟运动的是什么新文化?这个问题,如果自己不能解释出来,那不但不能消除反对派的误解和疑虑,就是赞成的人,也惝恍不明真

---

① 郑伯奇:《会员通讯》,《少年中国》第2卷第1期,第64—65页。

相，终久不能得什么好效果，甚至于厌倦，自己抛弃了。所以我们爱想的人，都有这个"什么是新文化的真精神"的疑问，很望那些提倡新文化的学者说个明白才好。然而，闹了新文化运动已有一两年，说明新文化是甚么的却很少，只有胡适之的《新思潮的意义》一篇，较为切要。他说"新思潮是一种批评的态度，重新估量一切事件的价值。"又说"新思潮在输入学理，研究问题，整理国故，再造文明"——可以稍解我们的烦闷了。

新文化运动已经进行了一年，人人以新文化运动家自居，可是新文化究竟是什么，却无人知晓，连提倡者也说不清道不明。更加可议的是，陈启天以为胡适是新文化的提倡者，殊不知此时的胡适并不以新文化运动为然，甚至公开声称没有"新文化"，更没有"新文化运动"。胡适的《新思潮的意义》写于1919年11月1日，刊载于1919年12月1日出版的《新青年》第7卷第1号，此时的胡适并不赞成"新文化"和"新文化运动"，即使借用其说新思潮的意思，也不可能全面恰当地覆盖新文化运动的整体。陈启天虽然认为该文说明新文化是什么较为切要，还是清楚地看到彼此有别，明确指出，胡适的"这个新思潮的意义，似乎偏重思想和方法一方面，不能算文化的完全界说。思想和方法，固然在新文化里面占很重要的位置；而人生和社会方面的新倾向，也是新文化里面的一种真精神。所以我解答这问题的意思,分两方面:一、是人生的新倾向;二、是思想的新方法;合起来,才是新文化的真精神"。①问题是,新加入的这一方面,刚好是胡适旗帜鲜明地自外于新文化运动的关键所在。

关于人生的新倾向,陈启天认为,"新文化的真精神,一半在解决中国现在切要的人生问题,就是人生由一种旧倾向到一种新倾向,那种倾向,就是人生一切行为的标准,倾向一新,人生也要随着新了"。人生的新倾向可以细分为五项:一是由静到动。中国的儒老佛都主张静,"于是中国渐渐弄成了一种死沉沉的社会,国民也弄成了毫无生气的人生。到近来生物进化论输入,说人也是一种动物,由下等动物一步一步进化得来的,西洋哲学家更本生物学的原理,说人生的本质是动的,是要动的。以柏格森的创造进化论为顶透澈,于是动的人生哲学相继输入,中国人生观因此大变,由静的到动的,由死沉沉的到活泼泼的。这是人生的一种新倾向,也是改良人生的正当倾向"。

二是由竞争到互助。从前达尔文以生存竞争为天演公例,结果把人生弄成了罪恶的人生,世界弄成了战争的世界。到克鲁泡特金的《互助论》出世,证明互助为生物进化之一要素,竞争论的流毒才稍减。虽然互助与竞争都是生物进化的原因,

---

① 陈启天:《什么是新文化的真精神?》,《少年中国》第2卷第2期,1920年8月15日,第2—3页。

但在社会进化方面，需要互助过于竞争。互助的范围越广，竞争的事件越少，人生才越进化。

三是由家族本位到社会本位。中国数千年还在宗法社会时代，以家族为做事的标准，个人毫无自由，失了自己的人格，只是家族的附属，在社会就做了家族的牺牲品，很少人生的公道。古人说"各人只扫门前雪，不管人家瓦上霜"，甚至"以邻国为壑"。这样无社会精神的人类，没有社会事业可言。所以现在人生的改造，要由家族本位到社会本位，才有希望。因为社会是全体，家族是部分，人人节制部分去顾全体，社会就发达，不然，一定就衰败。近来中国的新机，发芽于学生运动和群众运动，虽然有不满人意之处，那种牺牲的精神，确是由家族本位到社会本位的初步。

四是由军国主义到世界主义。从前有些人把国家当作人生的归宿，努力设法发展自国，摧残别国，结果两败俱伤，人民不堪其苦。欧战结束后，人民越发怀疑国家究竟有什么好处，能否有超国家的组织？国家为何多设军备，以互相残杀？吃亏的打仗的是平民，得利的坐享的是富豪。俄国苏维埃政府的成功，全是回答这些疑问得来。威尔逊的国际联盟，万国社会党的国际劳动运动，无非是想在自杀的军国主义与相安的世界主义中间有所过渡，虽然事实上不大成功，精神上已多怀疑军国主义，倾向世界主义，迟早总会改变。我国思想熏染军国主义还不深，所以从事世界运动已成人生的一种新倾向。

五是由贵族主义到平民主义。旧日的社会，奉行"亲亲""贵贵"的贵族主义。社会上只有贵族有人格、自由和乐趣，天产、学术、文艺、教育、政治都由贵族所享有，完全是贵族的世界。生活于贵族权威底下的人，则一无所有。这种不合人性的组织自然要改变，由贵族主义到平民主义，才能发展各个人的特性，共同生活于世界。劳动运动、妇女运动都是由此推演出来。

关于思想的新方法，也分两项：一是由垄断到解放。中国思想界久为儒家垄断，成了枷锁，很难解脱。自从胡适等提倡"事事要问他一个为甚么"，于是批评的精神到处可见，婚姻、家庭、丧礼、社会、妇女、男女共校等等问题，都是从"为什么""是什么""怎么样"而来，就是从解放和批评的思想生出来的。这是新文化改造人生的初步，以后的变动，从此发轫。

二是由迷信到科学。中国社会的思想界几乎全是迷信，种种神奇鬼怪，谣传无根，总有人信，有人说。学术界也多是"想当然""莫须有"的论调，无缘进化。欲救这种毛病，只有科学思想。科学思想要有实据，有理由，有系统。换句话说，要根据事实归纳通则出来，再去实验。

"总之，新文化的真精神，有人生的几种新倾向，可以产生新教育、新学术、新文艺、新道德、新制度出来，有思想的几种新方法，才易产生新教育、新学术、新文艺、新制度出来。"[①]

---

① 陈启天：《什么是新文化的真精神？》，《少年中国》第2卷第2期，第3—5页。

陈启天的新文化，与胡适的新思潮在普及与提高，启蒙与运动两个关节点上并不合拍，他开出的良方也未必得到普遍认可，但是所提出的问题却无疑反映了广大新文化运动参与者普遍的困惑，因而引发相当广泛的讨论。新文化的旗号展开已经一年，新文化运动也在各地风起云涌，可是居然所有的人都并不清楚到底什么是新文化，什么是新文化运动，整体而言可谓各行其是，具体而论却难免懵懵懂懂。可以说，在新文化运动的大旗下，集合了不满于现状，迫切希望改变，却怀抱不同预期的各式各样的人群。

少年中国学会内部同样有着类似的困扰。恽代英对于新文化运动因精神笼统模糊带来的负面作用痛加针砭，斥责"在这种杂志狂的所谓新文化潮流中，确实有些人，因要出风头而做文，因要做文而读书"。而道理上应该是为读书而作文。此外，"在这新文化运动中所产生的优秀少年，以我所见的，很觉得有一个应矫正的习尚"，便是过于讲卫生或美观，成了变形的奢侈。更为严重的是，"一般少年耳食了些自由解放的名词，只知看社会黑暗的一部分，全不看他光明的一部分，又只知责备人家，全不知责备自己，于是家庭还没有过分的压抑，自己已经有了过分的怨望。这样的人，简直是假借反抗恶家庭的名，向父母闹少爷公子的阔派。我常说谈无政府主义的少年，十个有九个不切实际，谈新思潮的少年，十个有七八个不切实际。因为这样的人，每每只知骂政府，骂资本家，骂旧学家，骂父兄，今天说人家怎样压制他，明天说人家怎样拘束他，全然不反躬自省，问问自己算甚么人。我自命是信得过新文化的人，但是我真不愿看这样不堪的新文化运动，彼此谬习互相鼓荡，牺牲了许多有希望的少年"。①话语如此严厉，可见新文化运动的流弊已经到了令人难以忍受的程度。

海外的会员虽然遥隔万里，从不同渠道获取的各种信息，对于国内新文化运动的种种弊端也是有目共睹。1920年6月12日，李思纯从法国致函宗白华，指陈"国内近日'宗教说'狠发达，这也是文化运动中间一个特殊的现象。一年前痛诋宗教的人，现在也翻然大谈宗教起来"。在他看来，这其实是知识界无定见的体现，听说詹姆士、罗素等不反对宗教或赞成新宗教，就轻易赞同。

曾琦7月11日从法国函告左舜生："据我看现在新文化运动的人，智识或许比从前的革命党稍微增加一点，但也不过能做几句时髦的文字，并无系统的研究。至于感情，并不见得比从前政治革命的人热烈，意志更是薄弱得几等于零。"从前著《国体与青年》，称30岁以上的人都染了旧习气，靠不住。改造社会振兴国家的重任，只能加在30岁以下的青年肩上。如今不敢自信，我们这样内力不充，修养毫无的人，比从前的革命党还差很远。余家菊8月15日致函左舜生，提到黄仲苏"最后的

---

① 恽代英：《怎样创造少年中国（下）？》，《少年中国》第2卷第3期，1920年9月15日，第8、14、17页。

来信,说及政党包办文化运动的危险"。①王光祈旅欧期间想到在国内是旧观念外面糊上一层新思想,旧观念不除,从事新事业十分危险。"一年来的青年运动,多脱不了英雄名士的色彩,譬如爱国运动社会改造运动,都把他看作'英雄事业',文化运动文字革命运动,都把他看作'名士生涯'。英雄名士的特色,便是虚荣心甚强,私德心颇弱,任情恣意,恃气逞才。换言之,便是没有深厚的修养,一切思想事业皆筑于不正当之观念上。"②

倡行者自身尚且莫名所以,反对者方面更加不知所云,"试看那些主张尊孔的人,有多少是能知道新文化的意义来反对新文化运动呢?谁不是因为他们所看作神圣不可侵犯的标准,忽然受了攻击,所以想极力扑灭他们的仇敌,救护他们的标准呢?所以说,崇拜伟人的心理,变成模仿做伟人的心理,就是保守的心理"。③

如何解决混沌不清的乱象?分业之外,少年中国学会会员开出了不同的药方。苏甲荣主张将"文化运动"改称"教育扩张",以求名实相副。其理据是:"我以为文化运动,其实就是教育扩张,若杂志之定期的与丛书之不定期的种种出版物,若平民教育演讲团,若平民夜校,那有一样不可以说是教育范

---

① 《会员通讯》,《少年中国》第2卷第3期,第61、66—67、70页。
② 王光祈:《旅欧杂感》,《少年中国》第2卷第5期,第34页。
③ 刘衡如:《保守之心理》,《少年中国》第2卷第2期,第25页。

围内的事呢？文化运动四个字容易令人偏想到杂志上去，而把其余较实际的事情丢了，所以我以为以后的文化运动不如用教育扩张四个字来替代他。"初民的时代，无所谓教育，只有生活上无意识的模仿与遗传，也无所谓文化。而有意识的选择即为教育。"教育之功用不外两个：消极的传授保存过去所汇集的经验，积极的利用过去的经验以创造新文明。文化是教育的产物，教育的目的，就在获得较高的文化。以质言，要使文化提高，须得把教育改善，增大他的能力；以量言，要使文化普及，须得把教育扩张，增多他的途径。"

针对胡适引发的新文化运动提高与普及的争议，苏甲荣认为：

> 现代德莫克拉西精神之德莫克拉西化，不但政治的权利要普及民众，所有艺术、科学、思想，以及一切完善的组织制度也应该共同享有，文化不是级阶的，教育自然不能不扩张。从前教育的责任在官与师，现在教育的责任在一切的人。……已受教育正受教育的尤其有教育未受教育者的责任。中国的青年，到"五四"后才觉悟他们这种的责任。
>
> 现在有一个很容易令人误会的争论：提高与普及。不是提高便可普及，也不是只管普及不必提高。提高是自身的事，普及——宣传——才是运动。文化是动的进步的向

上的，虽然也有时停滞或退后起来，然从古到今，比较总是进步的，不是自今天起才说文化要提高；可是从前文化虽也一天一天的提高，然总是人类一部分的文化，智识阶级中的文化；普及乃是现代唯一的精神。若是不要普及，那么，就没有文化运动的可言。提高与普及是两件事，向上是文化的动性，不向上便不见得是文化。我们若是当那些把新名词从嘴里囫囵吞下，没有消化，又从肛门整个排泄出来，或是只从眼底经过指头钞过的作用，是真的文化运动，那么，文化自然不会向上；岂但不会向上，简直没有文化可言。所以我们不可不把文化运动认清，宣传附加的条件是了解，不是提高。了解什么便可以宣传什么，高是无限度的，要是说必提高才可以宣传，不知要高到那一点才可以宣传，而且提高与宣传也不是可以分离的，要是提高的不管宣传，宣传的又是另一部分人，那么，宣传永远都是那些囫囵吞下整个排泄出的作用了。

在苏甲荣看来，如果大家真正觉悟到自己的责任，那么宣传普及的运动是毫无可疑的；至于提高，也是当然的，不是因为宣传普及才要提高。很有些从事文化运动者正在那儿忏悔，"要是没有别的目的若沽名射利的不肖心存乎其间，当真是为文化运动而运动"，就无需忏悔。"过去的运动虽然是近乎盲动的模仿的不经济的，那是惊醒后初期不可免的现象，而且只此已经是收效不小。以后的文化运动应该：从无意识的到有意识的；从无计画的到有计画的；从不经济的到有选择的；从空谈的到实际的。过去的文化运动，差不多全都放在纸片上，最显著的就是定期出版的各种杂志，虽然后来也办了些平民讲演平民夜校，仍是占文化运动中极小的一部分。纸面的鼓吹（一）仍是限于智识阶级里，不能普及民众，而且看出版物的，也只是倾向新的一部分人；（二）说了看了便算，只是知，未到行。现在大家对于这过于虚浮的出版事业早已厌倦，而且觉得把全副精神放在纸片上是很不经济。"

一般教职员在学校的职务以外，"也应该拿出义务的精神去参加青年的文化运动，为他们的指导者"，要办学校、讲演，"要使新文化的波动有如空气，视而不见，无孔不入"，从事文化运动者要比教徒传道的精神更加诚恳自然一点。其他如调查和出版，后者虽是空谈，也不能轻视。日本不过相当于四川一省，稍有名的杂志能销一万至数万，《改造》杂志发行不过两年，销至四万五千余份。而我国销路最广的《新青年》，不过万份左右，《少年中国》不过四千，文化运动的效果可想而知。要想进一步推广，一是改善出版，一般性鼓吹社会改造和文化运动的只要最有价值的两三种，此外是特别注重一类问题或一种学问的专门杂志，如劳动、妇女、经济、新村、教育、文学、哲学、科学等。二是要有一种只求维持存在、纯以文化运动为目的的书社经营。如果说以前文化运动是少数人的事业，以后就要人人出力。①

郑伯奇则将目光集中于少年中国学会自身，他致函会员同志，提出对于会务的四条不满，除会员分散各处，联络较少，社会事业着手太少，全由分会中心主义做事之外，主要就是所从事的新文化运动过于集中在大都市。"这算是现在我们'新文化运动'的一个大缺陷。现在'新文化运动'的各团体的所在地和活动范围，不外北京、上海、南京、天津各商埠，全然陷于集中都会之弊了！……我们中华民国现在还没进步到商工国，还只是一个农国，所以新文化运动只集中于都会是不行的，最要向地方分散，至少应于每省有一二个中心地。少年中国学会地方方面除过成都分会便没有了，很希望诸兄注意向地方方面发展。"虽然学会规定会员五人以上可以组织分会，可是现在新文化运动的中心都在都市，会员为求学的便利，只有向都市集中，规定没有实行的机会。各人向本地征求最纯洁的青年，最信得过的朋友，又碍于五人以上介绍的规定。

为了促使组织向基层地方发展，郑伯奇提出应该先试寻一个圆通的办法，既然会员们对于本地的"新文化运动"事业无不热心，"我们只回家去连络同志，征求纯洁的青年来组织地方的'新文化运动'的团体，来作地方的新文化事业的活动；这团体的宗旨和团员，须力求与少年中国学会的精神不冲突

---

① 苏甲荣：《今后的文化运动——教育扩张》（1920年10月27夜），《少年中国》第2卷第5期，第17—22页。

（至少要不背'少年中国'精神），我们可以拿他作少年中国学会的副团体，或是少年中国学会的准分会。以后大家觉得他的精神和行动都可与我们学会一致，他的分子很纯洁，我们便可以介绍他的团员入会，承认他们的团体为分会。这法子如果可行，不仅于少年中国学会发展上很好很便利，恐怕于中国的'新文化运动'也有很大的好影响；因为少年中国学会是——应该是——中国'新文化运动'的一个良好团体的原故"。

此外，学术谈话会不应废止，科会研究专门，谈话会交换知识，"文化运动千头万绪，从事者须得常识充足的人，才可期易于见功。就此看来，听自己不研究的东西，不见得无趣，不见得无益，并且学术谈话会还可以请会外名人演讲，并其他增进知识的事业"。[①]

杨贤江（署名江一）也看到新文化运动的状态不佳，却予以《潜进？消灭？》的积极判断，在他看来，"一年前的文化运动，到了现在，好像已在停顿了。这个好像的停顿，究竟是潜进呢？还是消灭呢？"从种种事实上看，是在潜进状态。另一方面，又有"学荒"，杂志不能按期出版，或稿件不足。再过几年或几十年，由潜进的工夫而再显现的文化运动，一定会"很有意识很有实力"。[②]

[①]　《会员通讯》，《少年中国》第2卷第6期，1920年12月15日，第59—62页。
[②]　江一：《潜进？消灭？》，《学生》第8卷4号，1921年4月5日，第3—4页。

第五节　标明本会主义

新文化运动的乱象及会务发展不理想，李大钊显然认为与宗旨不明密切相关，因此在团体改进方面，他主张的解决之道是"标明本会主义"。1920年8月19日，北京的学会同人假座来今雨轩开茶话会，"李君守常提议，略谓本会之创立，原系研究学问团体，思想须极自由，主义自不一致。惟两年以来，世界思潮既有显然之倾向，而国内应时发生之无数小团体，亦莫不各有鲜明之旗帜。本会同人已经两载之切实研究，对内对外，似均应有标明本会主义之必要。盖主义不明，对内既不足以齐一全体之心志，对外尤不足与人为联合之行动也。云云。当经议决，即请李君以个人名义提出意见，征求全体讨论公决"。①

为了让标明主义的理据更为充分，李大钊专门写了《自由与秩序》一文，他说：

> 社会的学说的用处，就在解决个人与社会间的权限问题。凡不能就此问题为圆满的解决者，不足称为社会的学

---

① 《少年中国学会消息·（一）北京方面的报告》，《少年中国》第2卷第3期，第58页。

说。极端主张发展个性权能者,尽量要求自由,减少社会及于个人的限制;极端主张社会权能者,极力重视秩序,限制个人在社会中的自由。"个人主义"Individualism可以代表前说;"社会主义"Socialism可以代表后说。但是个人与社会,不是不能相容的二个事实,是同一事实的两方面;不是事实的本身相反,是为人所观察的方面不同:一云社会,即指由个人集成的群合;一云个人,即指在群合中的分子。离于个人,无所谓社会,离于社会,亦无所谓个人。故个人与社会并不冲突,而个人主义与社会主义亦决非矛盾。……真正合理的个人主义,没有不顾社会秩序的;真正合理的社会主义,没有不顾个人自由的。个人是群合的原素,社会是众异的组织。真实的自由,不是扫除一切的关系,是在种种不同的安排整列中保有宽裕的选择的机会;不是完成的终极境界,是进展的向上行程。真实的秩序,不是压服一切个性的活动,是包蓄种种不同的机会使其中的各个分子可以自由选择的安排,不是死的状态,是活的机体。我们所要求的自由,是秩序中的自由;我们所顾全的秩序,是自由间的秩序。只有从秩序中得来的是自由,只有在自由上建设的是秩序。个人与社会,自由与秩序,原是不可分的东西。①

---

① 李大钊:《自由与秩序》,《少年中国》第2卷第7期,1921年1月15日,第1页。

李大钊引据的学理,恰好可以用来说明保障个人充分自由的少年中国学会并非不能拥有统一的宗旨,而且既然个人主义与社会主义相辅相成,整体取向自然应该朝着社会主义的方向发展。刘仁静于1920年12月2日写给恽代英的信,就明确捅破了这一层窗户纸。他认为恽代英仍然抱持渐进式改良社会的路径难以通行,尖锐地指出:"我们如何能大规模发展实业呢?我以为只能盼望革命,只能盼望社会革命。在现在制度之下,能发展实业与否,很是疑问。……我以为中国的社会革命也是必然的,断不至如你所想像的英国式的进化。……中国的社会革命也必出于流血一途,是无疑的。"由于中国的军阀财阀与革命阶级的知识相差太远,不能和平互让,而且集会言论均不自由,革命只有秘密进行,免不了彼此误算实力,造成无谓的牺牲。"我们现在的任务,在用科学的方法,研究中国的Institutions Customs,寻求出一个适合国情而又能达到共产主义的方针来。"因此他盼望少年中国学会的"学"字是暂时的不是永久的。"假如能决定一主义,会员在这主义之下各尽所能的活动,互相协助,也许比一个学会适应中国目前的需要些。因为一个团体的精神在有一定的主张。不然,各人有各人的活动,何用有这样会呢?主义是很难决定,因为这样或者引起学会的分裂。但是我相信各人有各人的主义,好像牢不可拔,其实是未应用的原故。假如考察中国的制度风俗习惯,用原来信奉的主义作参考,定一个主张出来,各人原来的主义也许会变色，大家的结论归在一条路上来了。"①

为了落实标明主义的建议，北京总会于1921年6月17日举行谈话会，主要讨论"本学会应否采用某种主义"的大问题。北京的部分会员"很感觉有采用一种主义的必要，与沪宁同人见解颇有不同"。实则北京方面也不一致，共有四种意见："（一）学会有采用一种主义的必要，而且不可不为社会主义，质言之，这问题只是'本学会能否为社会主义的团体'这个问题。（二）本学会不是无主义的，创造少年中国就是本学会的主义。所谓少年中国，固不是国家主义的少年中国，也决不是社会主义的少年中国。我们应就我们的社会环境，改造顺应时代，适合我们生活的进步的理想少年中国。现时最流行的主义，在一般主义中，容或为吾人比较的表同情，然吾人不能以自己所不能全然赞同的别人的主义认为自己的主义。（三）人类社会的生活决不是一种主义所能够概括，现成的主义多得很，也不是个个全不同互相背反的，我们不能采用一个主义而且没有这必要。然为会员入会标准起见，就一般主义中定一最低及最高限度，也未尝不可。（四）不愿我们学会也变成了空谈主义挂招牌的团体，深愿我们同志能够养成实事求是的实际改造家，才于创造少年中国有点希望。"②为此，学

---

① 《会员通讯》，《少年中国》第2卷第9期，1921年3月15日，第63—64、66页。
② 《少年中国学会消息·北京总会方面》，《少年中国》第3卷第1期，1921年8月1日，第82—83页。

会需要研究一切主义,以形成自己的主义。

同年7月1日至4日,少年中国学会在南京举行大会,因国内会员不多,到会人数不足三分之一,许多问题没有得到好的决议,所以会后继续讨论。是否应该确立统一的主义,以什么为主义,仍是中心议题。刘衡如对于南京大会的观感是:"这次南京大会给我一个最深的印象,就是大家都没有认清什么是少年中国学会,或是公平些说来,便是各人心目中少年中国学会的观念各各不同,就每个会员看来,他们各人心目中都有一个多少精确清楚些的少年中国学会的观念,但是我敢说,却没有两个完全相同的。各人所认的少年中国学会既不相同,自然对于特殊问题的意见也就不能相同了。然而假使对于特殊问题竟不能解决,那么少年中国学会便要成为无裨社会的赘瘤。所以少年中国学会问题的第一个,据我看来,便是'什么是少年中国学会?'"

具体表现为,学会的宗旨诸如科学精神、社会活动的范围等,都不清晰,少年中国更不能说明是什么组织。学会本来是自由的结合,而且起初宗旨宽泛,修正后引起不同的解释,照会名偏重研究,照宗旨则偏重活动。自由社会的力量和会员对于结合的目的的了解程度成正比,目的不清,学会自然萎靡不振。团体对于会员行为的关系也没有明确观念。道德、信仰、社交、政治的行为都拦入学会问题,成为聚讼之点。是否会员的一切行为都要与学会有益,或是只要与学会无损都可行。少年中国学会的责任是创造少年中国,但少年中国意义不清,两年来会务沉滞,都由于不知道少年中国是什么。若有清晰概念,或交换意见以求共同精确的观念,会务自可振作。

尽管如此,刘衡如并不赞成明确主义。因为自身也在探求理想的少年中国,并非已经知道理想只求实现的方法。少年中国的组织多样,事业也多样,只能求少年中国的理想从模糊到清晰,而不是唯一去实行一种程序。少年中国学会是少年中国内的学术团体,目的在创造少年中国的思想,现在还在研究的时代而不是全力实行的时代。据此,大会讨论的问题求一致的解决,如主义、宗教、政治等,都不应强求一律。①

邰爽秋的看法凸显少年中国学会进退维谷的两难。在他看来,本会成立的根据,一大半建树在盲目的热忱上。"一般有志向上的青年,愤于现今社会之黑暗,乃欲作一种有组织的结合,以创造少年中国。至于少年中国是样什么的东西,他们并没有想到。"直到去年暑假后,南京方面同人才疑问会员理想不同,如何在一种旗帜下做创造的事业?他当时建议调查各会员的理想少年中国,统计看主张德莫克拉西、社会主义、波尔希微、安那其的各占多少,然后定出共同的理想少年中国。南京同人担心引起分裂,以为不如不标公同主义为妙。"苟欲以解决少年中国之主义为解决少年中国学会主义之前提,则吾会必立肇分崩之祸。"至于学会如何结合,他起初提倡以学为

---

① 《少年中国学会问题》,《少年中国》第3卷第2期,第1—6页。

结合的要素，继而接受恽代英所说学术之外的事业也重要的意见，主张以学术、事业为共同结合的要素。可是他并不认为由此可以解决学会面临的难题，于是，学会的前途只有四条路：一、解散。二、照旧，结果奄奄无生气，等于无形解散。三、照恽代英的提议，及早筹有组织的分裂，将来分道扬镳，各树一帜。四、照他本人所说，将道德要求取消，只要能在学术事业上做贡献。①

少年中国学会的主义之争从来存在，之所以成为迫在眉睫必须解决的问题，很大程度是因为新文化运动的笼统模糊到了不能延续下去的地步。王光祈的《政治活动与社会活动》一文，专门谈了政治改革与社会改革的联系及分别，充分表达出明确主义可能导向政治活动的深切担忧。他说：

> 吾国近三十年来之改革运动，在历史上可称道者有三，一曰戊戌变政，二曰辛亥革命，三曰新文化运动。戊戌辛亥两次之改革运动，其形式虽有所不同，而其精神则皆为政治改革。换言之，即如何将政权夺到手中，然后利用政治权力，以实行其大规模之改革是也。凡相信政治改革者，有两种根本观念：（一）欲改革社会，非取途政治不可。（二）官僚万能。由前者之观念所演出者，为政治运动，由后者之观念所演出者，为贤人政治。故当时党人

---

① 《少年中国学会问题》，《少年中国》第3卷第2期，第6—10页。

所攻击者为满清政府，所欲得者为政治权力，所醉心者为日本维新，所从事者为军事政治。三十年来党人之思想及行为，不过如是而已。

辛亥革命推翻清朝，革命者得志之后，进步、国民两党明争暗斗，贪赃枉法，眼光短小，举动乖张。所主张的政治改革，毫无效果。

有识之士，莫不群相告曰：昔日各党所抱政治改革之理想，至今日可谓破产殆尽矣。吾人不能再以毕生百分之九十九之光阴，为争夺政权而谋改革中国之用。吾人须从今日起，即以毕生精力投之于社会事业。若思想不革新，物质不发达，社会不改造，平民不崛起，所有一切其他政治改革，皆是虚想。……舆论既趋于社会改革，而一般有志青年，对于政治活动遂群起而贱之。三年以来，所谓新文化运动者，即由政治改革而进为社会改革之一种表现也。果能循此以进，努力奋发，民族清明之气，不难计日而复。曾几何时，一般参与新文化运动之青年，乃将三十年来之教训，尽行忘去，所有新文化运动精髓之社会改革，一笔推翻，所有从前政党之迷路，皆一一照旧再走，所有中国一线生机，遂从兹断绝。呜呼！以胡适之先生之不否认现代政治组织，犹且宣言二十年内不作政治活动。

而今日提倡社会主义之青年，乃主张加入旧政界，此诚可令人痛哭流涕长太息矣。

王光祈所说，应该两看，如果以胡适的尺度为准，连社会性的新文化运动也要避开；而多数提倡社会主义者的目标是要以政治革命推翻旧政界而不是加入其中。王光祈断言：有人说加入旧政界，是为了实现吾之主义。只要有益于民，于义何伤。其实难免同流合污。"三十年来所得之教训，吾辈必珍之贵之。从前是政治改革之失败，今日是社会改革之代兴，吾辈与旧日党人不同之点在此，新文化运动关系民族之存亡者亦在此。所以吾辈必抱定宗旨，从事社会活动，反对政治活动。"其实新文化运动从一开始就是以文化运动进行革命，要同时达到改造国家和社会的目的。换言之，社会性的文化运动是走向政治革命的过渡，而不是终极目的并且根本排斥政治革命。

王光祈显然将文化运动与政治革命对立起来，不承认文化运动的现实革命目标。在他看来，"自新文化运动发生后，社会改革之呼声遍于国中，于是昔日政党之专以政治为生涯者，至是亦知兴学校，办实业，出丛书，及从事其他种种社会事业。最近上海发生之某社，更以教育、实业二事为号召，可谓极一时之盛矣。故专就社会事业一点而论，吾会与各政党毫无区别。吾会之所以异于政党者，即政党以社会事业为手段，以政治活动为目的，而吾会则直以社会事业为目的。换言之，政党兼营政治、社会两种事业，而吾会则专营社会事业。质言之，政党主张政治活动，而吾会则反对政治活动"。不能因标举主义而误入歧途，也不能随时变换。"总之，中国社会不大破裂，个人人生不能得幸福；世界局面不大破裂，中华民族不能得自由。少年中国学会者，即思想的社会的国际的革命团体也。"其心目中社会事业就是终极目的，也是实现社会改革的唯一通道。

有鉴于此，万事皆可商量，"惟政治活动问题不能通融。学会可以解散，而学会根本精神不能丧失。此事既成为学会之生死问题，即请执行部举行总投票，若多数赞成政治活动，则吾辈死守学会宗旨之少数会员即自行退出学会，另组团体。若多数人反对政治活动，亦请主张政治活动者尊重学会公意，退出学会。总之，吾辈对此问题势不两立，决无妥协调解之余地"。[①]

王光祈如此决绝，的确在少年中国学会与政党乃至原来的《新青年》之间划出明确分界：原来《新青年》限于精神革新，少年中国学会则通过文化运动将新思潮传导到社会各个层面，通过举办各种社会事业实行社会改造；政党兼营政治、社会两种事业，少年中国学会则以社会事业为目的，排斥和拒绝任何夺取或利用政权的政治活动。如此，则社会运动无论如何都不是走向政治革命的过渡通道。

---

① 王光祈：《政治活动与社会活动》，《少年中国》第3卷第8期，1922年3月1日，第3—6、9、12页。

曾琦同样不赞成当下即从事政治活动，不过并不否认未来要实行政治改革。他说："二十世纪民权时代之改革事业，必待社会群众之觉醒，奋兴而协力合作，非如昔日君权时代之改革事业，可挟政治上绝对的权威以行之。故即抱政治改革之目的者，亦当先从社会事业着手。"1918年7月1日少年中国学会发起之时，五四运动尚未发生。曾琦自称当时曾赋诗道："共作百年计，耻为一世豪。"他自己的解释是："所谓百年大计，首在文化运动。"①只是曾琦抱持国家主义，不能绝对反对政治改革，先从社会事业入手，很有些排斥其他主义的算计。

王光祈之前即对7月少年中国学会南京大会提出过动议，其中第四条便是"本会主张社会活动，反对政治活动，为本会精神之所在"。②如此绝对反对政治活动的态度，引起不同意见。1922年8月11日，左舜生致函曾琦，表达异议。为此，王光祈于10月2日复函解释道："（一）我们所反对之政治活动，其意义专限于'做现在的官吏议员'，此外一切政治活动，我们皆极赞成。（二）我们赞成革命运动，但是须分为两种进行，一种是武力的，一种是文化的，而且非先有充分预备工夫不可。……总之，不先在一般平民身上用一番深厚工夫，无论你从事政治活动，或是从事武力革命，皆是没有基础的，即或成

---

① 曾琦：《政治运动之前车与社会活动之先导》，《少年中国》第3卷8期，第14、18页。
② 《少年中国学会问题》，《少年中国》第3卷第2期，第28页。

功，亦不能持久的。"①这一解释与之前所说明显有别，如果仅限于当前从政做官，只是与目前的腐恶政治划清界限，防止青年劳而无功甚至不可避免的堕落，而非一概将政治活动与社会事业截然分开，绝对排斥政治改革。没有这样的解读，少年中国学会的社会事业将会失去奋斗目标，更加陷入茫然与困扰。

因此，当陈启天建议学会的宗旨于科学的精神之外增加民治主义的精神，或民治Democracy的精神时，就特意说明，科学的精神是方法，民治的精神是态度，社会活动——不含参加现状政治是做事的范围，少年中国是理想的目的，实现目的在社会活动中，其要在急于筹办共同事业以寄托共同精神。据此提出并获得通过的《少年中国学会规约修正案》第一章总纲第二条本学会宗旨，修订为"本科学与'民治'的精神，为社会的活动，以创造'少年中国'"。②"民治"的加入，在文化与社会之外，一定程度增加了未来走向的政治联想。

李大钊等人主张标明主义，不仅是因为有着明确的信仰，更重要的是发现缺少主义的内涵，少年中国学会和新文化运动都难免日渐褪色。1923年7月30日，远在大洋彼岸美国伯克利的张闻天写了《生命的跳跃——对于中国现文坛的感想》一文，字里行间充满对新文化运动的失望与不满，他说：

---

① 《会员通讯》，《少年中国》第4卷第2期，1923年4月，第1页。
② 《少年中国学会规约修正案》，《少年中国》第3卷第2期，第61页。

自从新文化运动发生以来，西洋的思想输入的也不算少，而最合于我们中国一般青年的脾胃的就是唯物的命定论与唯物史观。固然唯物的命定论与唯物史观都有它们的真理，但是中国青年的接受它们，并不是在于它们的真理，是在借此可以肯定他们向来抱的吃饭不做事的中国文人的态度。自从白话诗、白话文、白话小说流行以来，一般青年都争着做诗，做文，做小说。这并不是他们对于文艺方面有特别的兴趣，这是因为这样可以用最少的努力得到最大的效果。最近更因为做长诗不容易，所以大家去做短诗了。社会上充满了无数的青年诗人！其次是文章家，又其次是小说家！……我痛恨一般以文艺为终南捷径的青年！我痛恨一般没有什么东西可说而一定要说一点的青年！这是侮辱文艺的庄严，和侮辱处女的贞洁一样的可杀。[1]

张闻天的恨铁不成钢，王光祈感同身受。他的《社会活动的真义》专门指出："我们所主张的'社会活动'，既不是一种专尚空谈的文化运动，亦不是一种只求实利的社会事业。而是一种'有基础事业的文化运动'。现在国内一般谈天说地的新文化运动者，做了许多文章，大半只有高远思想，而无基础事业。反之，一般专谋实利的社会改革家，办了许多事业（如

---

[1] 张闻天：《生命的跳跃——对于中国现文坛的感想》（1923年7月30日于美国伯克利），《少年中国》第4卷第7期，1923年9月，第2—3页。

学校、陈列所、图书馆之类），又可惜无一点高远思想。换一句说：前者只有精神而无躯壳，后者又只有躯壳而无精神。我们的'社会活动'，便是把这个精神装在一个躯壳之中。简单说来，便是'有基础事业的文化运动'。因此之故，我们非办学校、报馆、实验室、博物院等等不可，同时我们又非有极深厚的理想为之前导不可，两个要素须打成一片。"只是他认定的社会活动与一般社会主义运动也不同，不是专门引起民众不安，激起民众反抗，而是要办对民众有实际利益的事。①

强调少年中国学会的文化运动与社会上流行的新文化运动有所不同，其实只是为了表达对于后者的不满，因为少年中国学会的文化运动正是新文化运动的重要组成部分。1924年3月19日，王光祈致函本会参与苏州会议的同志，声称少年中国学会的宗旨，"在理论方面，则为采取西洋科学方法，整理本族固有文化，由此以唤起中华民族的独立精神（亦可称为民族文化复兴运动）。在实际方面，则为从事各项社会事业，增进精神物质幸福，由此以实现中华民族的丰富生活（亦可称为民族生活改造运动）"。②用民族文化复兴运动和民族生活改造运动来取代语义不清的新文化运动，可以视为王光祈在不标明主义的前提下，使少年中国运动内涵相对明确的努力。

十天后，王光祈在德国柏林为《少年中国运动》一书撰写

---

① 王光祈：《社会活动的真义》，《少年中国》第4卷第10期，1924年2月，第2页。
② 《会员通讯》，《少年中国》第4卷第12期，1924年5月，第1页。

了序言，该书作为少年中国学会小丛书的一本，当年由上海中华书局出版。文中他详细阐明"少年中国运动"的目的是"中华民族复兴"，方法有两种，一是民族文化复兴运动，二是民族生活改造运动。一个民族能在世界上立足，必须有民族文化，以表现特色，促进团结。中华民族立族四五千年，现在早已衰微，承认西洋文化的根本思想优越，既是中国人寻求西洋文化的绝大进步，同时又是本族文化的极大危险。"从此我们不知不觉的遂自惭自馁起来。于是一般新学之子，日日想慕西洋文化，讴歌西洋文化，而对于本族文化，则认为一钱不值，有妨进化，所有五千年我们立族的精神，就从此'呜呼哀哉'了。这是一个什么危险时代？这便是所谓'新文化运动时代'。"

批评新文化运动，是为"少年中国运动"的横空出世过场。王光祈热情洋溢地欢呼道："来了！来了！少年中国学会来了！我们学会出世，正值这种'新文化'蓬蓬勃勃的时代，但是我们却别有一种见解。我们以为西洋的物质文明诚然可以尽量采用，毫无妨害。至于民族文化——即一民族精神之所由系生活之所由出——则各民族各自有其特殊色彩与根本思想。这种特殊色彩与根本思想，是由遗传、历史、信仰、环境、习惯等等所养成的，万不能彼此随便通融假借。"

与一般新文化运动的西化取向有别，少年中国学会会员拥护"中国人生观"，反对"民族宗教化"，提倡"民族性教育"，拥护中华民族的根本思想，阐扬中华民族的民族文化。

何谓中华民族的根本思想？王光祈认为，中华民族的民族文化便是古代的"礼乐"，由此养成中华民族的根本思想。要用西洋科学方法整理培植古人立礼制乐的本意，唤起中华民族的根本思想，完成民族文化复兴运动。

西洋人的根本思想在于科学方法，所以哲学、科学、美术非常精深博备，人生观自然卓绝一世无可与敌。中国虽然有根本思想，唯独最缺乏精密的科学方法，所以哲学、科学、美术不能发达。必须采用西洋科学方法来整理我们民族的根本思想，造成"民族文化复兴运动"。

> 只有"少年中国运动"是我们青年唯一无二的应走道路！什么是"少年中国运动"？便是："民族文化复兴运动"与"民族生活改造运动"，由这两种运动，以完成我们"中华民族复兴"的使命。①

王光祈刻意将少年中国运动与一般新文化运动区别开来，并不完全符合历史进程的实际。或许因为时过境迁，记忆受环境因素影响出现混淆，将新文化运动与五四前的新思潮混为一谈，才使得少年中国学会推进的新文化运动与新思潮的差异变成新文化运动自身的分别。只是王光祈的本意，应该是新文化运动可以告一段落，而少年中国运动还有广阔的发展前景。可

---

① 王光祈：《少年中国运动·序言》，第10—12、17—19、28—29页。

惜事与愿违，标明主义引发了会内的主义之争，各执己见，互不相下，非但没有达成一致，统一意见，反而最终导致学会无形解体。

第六节　止步于社会活动

王光祈过世时，与之熟悉却并未加入少年中国学会的郭有守说："少年中国学会这个团体在新文化运动中，是中坚份子。若愚（即王光祈）是这运动里典型人物。"①如果说新文化运动与新思潮的分别在于后者仅限于思想启蒙，那么前者就是要再前进一步，通过社会运动来向大众传导新思想，通过社会事业实行社会改造。鼓吹新思潮的一部分人，例如《新青年》以胡适为代表的多数，担心社会运动引发群众性的骚乱，其中一些人如胡适更担心社会运动势所必然地会走向政治运动，因而有意自外于新文化运动，希望将新青年拉回思想启蒙的轨道。

王光祈等人不仅不畏惧社会运动，而且要以社会运动将新文化传向城市与乡村的广大劳动民众，并在此基础上逐渐改造社会。这既是对新思潮局限于思想启蒙层面的突破，也是对

---

① 郭有守：《若愚在蓬庐》，王光祈先生纪念委员会编印《王光祈先生纪念册》，1936年12月，第28页。

五四风潮由短暂冲击转向持久深入的扩展。可是,少年中国的新文化运动有意约化宗旨,原来各执己见者松散联盟的纽带,随着运动的深入,变成妨碍进一步发展,达成一定目标的羁绊。李大钊等人正是抓住这一症结,提出标明主义的建议。而标明主义,就出现"社会活动应包含政治活动与不包含政治活动之争"。①少年中国学会面对的难题是,标明主义必然导致分裂,仍旧模糊笼统又难以为继。之所以左右为难,除了各自的主义有别,不能强求一律以外,更主要的是少年中国学会主导者对于政治和政治活动的绝对排斥观念。

前此王光祈在回复左舜生就其反对政治活动的指摘时,并未将内心世界和盘托出,他反对政治活动,并非专限于"做现在的官吏议员",此外赞成其他一切。而他赞成的革命运动,其实是遥遥无期。因为按照他的逻辑,只要文化运动与社会事业能够持续进行,革命运动就成为多余。他在《少年中国运动·序言》中解释道:"我对于政治运动,并不极端排斥,但只认政治运动为国民的一种普通义务,万不能以之为职业。故无论什么人,皆须于政治运动之外,有一种社会职业以自效于社会,然后社会才有进步,才无冗人。若是专借政治运动为名,终日不事生产工作(脑力的或手力的),反自命为'奔走国事',以分享我们一般朝夕劳苦的农工生产者,吾皆谓之为

---

① 舒新城:《哭王光祈兄——一位未见面的朋友》,王光祈先生纪念委员会编印《王光祈先生纪念册》,第45页。

寄生虫。凡属寄生虫，无论何时皆须痛铲之。"[1]康白情认为孙逸仙应以医生为生业，然后才能以革命为志业，即典型体现。王光祈指责国民党人主张"训政"，其"一党专政"或"以党造国"，和之前袁世凯的"开明专制"、进步党的"贤人政治"，都是一丘之貉。因为"训政"就要夺取政权，而且党内必须尽是贤人。

王光祈等人的观念在当时的有志青年中，相当普遍。辛亥革命以后，政治腐恶，社会凋敝，令青年们对于政治乃至政治运动深恶痛绝。问题是，当新文化运动进行到一定程度时，如果没有明确的政治主张，文化运动和社会事业都难以为继。就像刘仁静所指出的，政治专制腐败，言论又不自由，渐进式改良的空间很小。所开创的文化事业和社会事业，只能起到启蒙和动员民众的作用，很难直接改造社会，奠定良好政治的基础。少年中国学会组建工读团热极一时却无疾而终，就是明证。况且理想的政治乃至社会绝无可能在旧制度之下实现，政治建设只有在革命夺取政权之后才有可能达到理想境界。

就历史的发展进程而言，从《新青年》的新思潮到少年中国学会的文化运动与社会事业，实际上近代中国的革新运动进入到一个新的阶段。新思潮主要是向知识群体尤其是青年学生启蒙，新文化运动则是通过知识群体尤其是青年学生影响城乡民众，改造全体国民，并且从事各种社会事业。少年中国学

---

[1] 王光祈：《少年中国运动·序言》，第28页。

会的标明主义，是为了推动革新运动再进一步，进入有恰当文化导向和广泛社会基础的政治运动乃至政治革命的阶段。三个阶段构成完整的连续性发展链条，显示历史既难以无条件的跳跃，也不可能止步于过渡阶段不再前行。

可是，由于少年中国学会没有完成最后的跨越，标明主义的投票结果，主张社会主义的居少数，多数主张国家主义，相当一部分人仍然坚持不标主义。这意味着直接将少年中国学会改造成为政党性团体的努力宣告失败。如果说《新青年》第一次分裂是因为新文化运动，坚持思想启蒙的多数不愿意走向社会运动，第二次分裂才是主义之争，那么少年中国学会的分裂则是直接因为主义的不同，多数不愿走向明确统一的政治运动。少年中国学会可以包容不同的政治主张，各自进行不同的政治运动，但是无法决定全体一致采取任何一种政治运动。1925年南京大会决议改组，委员五人，须平日无政党色彩。为了了解所有会员的真实意向，所拟调查条目中有两项最为重要，一是抱持何种主义，二是如何改进会务。

关于第一条，王光祈的答复是：相信民族主义，不相信国家主义和共产主义，但认为在中国最近"国家"和"共产"两种运动各有用处，只要不过火，都相对赞成。民族主义是以争取中华民族的独立自由为宗旨，方法为研究真实学术，发展社会事业，以培养民族实力。至于将来中国的政治经济采取何种形式，须待各派合作之大革命后，再按照彼时世界现状及趋势,与国民程度及愿望而定,此时不宜胶执己见,多立党派,减少国民对内对外的战斗能力。关于第二条的意见是:倘会中"国家""共产"两派不能合作,则主张学会内部分为"国家"派、"共产"派及民族主义派。前两派以政治信仰结合,后一派以"学"与"事"结合。前两派若不愿同隶一会,或认为会中无立派必要,可自行退会。"总之,学会是'社会活动'的团体,不能开除政治活动意见不同之会员。"会员若对三派皆不加入,宜除名。①这确切无疑地表明少年中国学会可以"社会活动"容纳不同的"政治活动",但是不愿完全进入政治活动的轨道。

少年中国学会无形解体,历经连年内战,王光祈更加坚持从事社会事业以筑国家基础的信念,认为"政治活动,见效虽似甚速,但社会根基不固,终有拔苗助长之虞"。不过他也意识到"仅仅从事社会事业,尚嫌不足。必须将'社会'设法加以组织,使国家军权财权等等,一一移到'社会'手中,然后中国始能安宁,始能发达"。只是这样的重组社会,或是将军权财权移到社会,已经属于政治范畴,没有国家政府权力机构的主导,难以实现。如果掌握权力者不肯释出权力,如何在社会层面进行,便是大大的疑问。即使掌权者作势愿意,大概率也是装点门面。以王光祈自己的计划为例,他想借国防问题,

---

① 舒新城:《哭王光祈兄———位未见面的朋友》,王光祈先生纪念委员会编印《王光祈先生纪念册》,第45—47页。

实现理想，草拟《团练国防军》一文，主张"在征兵募兵制度之外，另立一法，将军权逐渐移入社会手中，对于内忧外患复能同时兼顾"。其他经济文化各种事业，也陆续有重要提议。"拟将来回国之后，邀约各地同志，以'筑固国防'为号召，以'实事求是'为精神，将中国社会加以根本组织，成为一种有机体，可以运用自如，一扫国内嚣张不实堕落不振之弊。"① 据说时任行政院长的蒋介石还电请其归国襄助政事。而王光祈始终没有回国，或许连他本人也不大相信可以从大大小小的军阀手中转移权力，也不相信蒋真的愿意将权力交给社会，而不是更加集中到自己手中。

王光祈留学德国16年，靠卖文自活，不得国家的留学经费，以致抱病而亡，舒新城大呼不平，慨叹"光祈固可无负于祖国，而祖国则大有负于光祈，不独损失一有用之人材而已"。②王光祈的确用生命践行了必须自食其力才能改造社会的诺言，不过同时也是局限于"社会事业"以致难以真正改造社会的牺牲品。正如张闻天在少年中国学会行将解体时发表于《少年中国》的《从梅雨时期到暴风雨时期》一文所说：处于无限的闭塞与苦闷的梅雨时期的中国，必须用民众的社会运动推倒现政府，实行国家社会主义，就是新国家主义，才能解除

---

① 舒新城：《哭王光祈兄——一位未见面的朋友》，王光祈先生纪念委员会编印《王光祈先生纪念册》，第50页。
② 舒新城：《哭王光祈兄——一位未见面的朋友》，王光祈先生纪念委员会编印《王光祈先生纪念册》，第51页。

闭塞苦闷。不以打破现状为前提,不论主张国家主义还是国家主义教育,都是徒然的。而打破现状,"就是说我们须用社会的政治活动,把一般的平民团结起来,推倒现政府,获得政权,用开明专制的办法,实行国家社会主义"。并且批评陈启天"何不老实说出他的所谓社会的服务就是打破现状的活动,就是革命的活动?我们要明白,在今日的中国当一个学校教师,或者做一个工厂的办事人,乃是替少数资本家服务,不是替社会服务。要在自己的职业之外(职业不能不有因为暂时不能不吃饭)另外干一种革命的事业,那才真是替社会服务呢!因为这种活动的目的是真在替大多数的平民谋幸福的"。因此,他要"长啸一声,叫醒中华民族",为了中华民国的独立与自由血战到死。①

从少年中国学会里面,走出来一批中国共产党的重要人物,如李大钊、毛泽东、恽代英、邓中夏、杨贤江、高君宇、张闻天、李达、黄日葵、缪伯英、赵世炎、刘仁静、沈泽民、侯绍裘。按照历史与逻辑的双重演进相互吻合的道理,中国共产党的前史应该是从《新青年》到少年中国学会再到中共建党,最为符合历史事实的顺序,同时也较为顺理成章。至少也要将《新青年》与少年中国学会的演进视为双轨并行。然而,早在1926年蔡和森为莫斯科中山大学旅俄支部所作报告《中国

---

① 张闻天:《从梅雨时期到暴风雨时期》,《少年中国》第4卷第12期,1924年5月,第3—7页。

共产党的发展（提纲）》中，谈到党的形成及其初步的工作，首先提及青年社和星期评论社，虽然说前者开始阶段的民主与科学两个口号完全代表美国的精神，但主笔陈独秀倾向社会主义后，变为俄国的思想。直到1921年"五一"劳动节特刊，完全赶跑了美国思想，胡适退出，"新青年社变为'五四'运动中的先进分子的团结机关了"。至于少年中国学会，则是受青年社影响的小组织之一，"是一混合的组织，现在已起分化了，一部分有社会主义倾向，接近或走入《新青年》社或《星期评论》社方面来了"。①

蔡和森与加入少年中国学会的毛泽东等人关系密切，其看法或许受后者的影响。而毛泽东最初积极参与少年中国学会的活动，后来则对该会不肯标明主义深致不满，认为起不到应有的作用，不如干脆解散。相比之下，《新青年》虽然也经历分裂，陈独秀在新文化运动兴起后随即投身社会运动，举办各种社会事业，与少年中国学会的新文化运动同步，并且很快就投入政治革命，在其带领下，《新青年》最终由主张社会主义一派获胜。按照历史进程，新思潮（包括新文艺、新文学等等）激发了五四运动，学生的爱国运动催生新文化运动，而以文化为形式的社会运动推动政治革命；按照逻辑顺序，则是思想启蒙导致社会运动，社会事业受限，再进而转向夺取政权以改造社会

---

① 张闻天：《从梅雨时期到暴风雨时期》，《少年中国》第4卷第12期，1924年5月，第3—7页。

的政治运动。从新文化运动的视角,少年中国学会构成从《新青年》前期的新思潮到五四后社会性文化运动的重要一环,而不是从思想启蒙跨越社会运动直接进入政治革命。尽管少年中国学会整体上未能实现最后的转向,部分会员经过新文化运动走向政治革命,对于中国共产党的组党和发展,无疑具有重要的推动作用,应该成为历史叙述中浓墨重彩的篇章画卷。

第五章　浙江一师风潮

1920年因为更换校长经亨颐触发的浙江第一师范风潮，是继五四爱国运动而起的新文化运动中，在新文化的旗帜下酿成冲突的重要事件。学生一开始就自我定位为维护教育革新和巩固文化运动，而具体指陈的四项教育革新内容，学科制议而未行，教师专任、改授国语已经民国政府教育部下令实行，学生自治则与美式自动教育的兴起合拍。而且这些举措均提倡已久，并非新文化运动才出现的新潮流。仅就浙江一师而论，只能说经亨颐刚好踩到了新文化的点上。不过，经亨颐还长期担任浙江省教育会会长，其推行新文化运动的机关其实是在教育会，希望通过改造学生的人格向社会传播普及文化，进行社会改造。因此，浙江全省乃至全国学界都将一师学生的行动视为捍卫文化运动之举，予以支持。发起新文化运动的上海国民党人对一师风潮推波助澜，而同为发起人的江苏省教育会，由于黄炎培的职业教育与经亨颐的人格教育暗中角力，未能伸出援手。

在五四与新文化运动的论述中，浙江一师风潮与新文化运动的关系，在时间顺序上算是把握得最为近真。尤其是由中共浙江省委党史资料征集研究委员会和中共杭州市委党史资料征集研究委员会共同编辑的《浙江一师风潮》[①]一书，编者的"编辑说明"以及沈自强执笔的综述，都清晰说明风潮是五四运动之后，为巩固和发展新文化运动成果而发生。从五四前的新思潮，经过五四的洗礼，浙江一师成为浙省新文化运动的中心。[②]

尽管如此，由于整体上错判五四与新文化运动的时序，具体论述时仍然难免混淆，以至于忽略风潮历史地位的一些关键要素。《浙江一师风潮》第六部分收录的三篇论文，有些地方就不免受整体观念的影响，导致认识与事实若即若离的偏差。此外，还有一些近现代史研究中普遍存在的一般性问题，例如集中一点不及其余，只看事件的直接资料，忽略其他相关因素，时间上主要事件的来龙去脉，空间上各种问题的彼此关联，尚有不少可以深入探究和解读的空间余地。在将五四与新文化运动的联系及分别复归时空本位的前提下，着重从新文化运动的视角重新审视浙江一师风潮，不仅能够详人所略，而且可以更进一步。

---

① 该书由沈自强主编，赵子劼、徐柏年、黄梅英副主编，浙江大学出版社，1990出版。
② 沈自强主编《浙江一师风潮》，"编辑说明"，第1页；"综述"，第3页。

第一节　教育革新

浙江一师风潮，缘起于浙江教育厅撤换校长经亨颐，学生则全体挽留"主持文化运动的中心人物"经校长，[1]双方针锋相对，严重冲突，以致酿成震惊全国的大风潮。此事的关键，一是经亨颐其人，二是经校长所做之事。

民初实行大学预科制，浙江高等学堂因而停办。[2]虽然还有之江大学，但是教会学校，不在民国政府认可的学制系统之内，浙江省立第一师范学校遂成为省内的最高学府。校长经亨颐是浙江上虞人，生于1876年，1903、1909年两度留学日本，先是毕业于弘文速成师范学校，后来升入东京高等师范学校物理化学科。1908年5月本科一年级时，浙江官立两级师范学堂开办，因为已经毕业的几位学长不愿就教务长一职，被留日同乡会公举回国承乏，向东京高师休学一年。后又回到东京高师，改入数学物理科，毕业回国后，再度被聘为两级师范的教务

---

[1] 《全体同学第一次请愿书》，《浙潮第一声》，"文件"，第21页。《浙潮第一声》是浙江省立第一师范学校同学编印的小册子，由刘延陵1920年6月26日所写序文可知原书名为《思痛录》。书前另有刘大白6月29日写作的序，该书应印刷于1920年6—7月。

[2] 关于清季民初高等学堂与大学预科的建制变换，详见桑兵《清末各省大学堂与现代中国大学的缘起》，《清史研究》2022年第1期，第70—88页。

长。①民元以后,出任校长,后该校更名为浙江省立第一师范学校,经亨颐继续长校,长达十年之久。②

民初政坛波谲云诡,经亨颐极为不满。1917年阳历元旦,他觉得"社会上既无新年景象,校中亦不举行祝贺式。国家形式与社会实际、人民心理不相牟合,此为最著之一端。对学生不能作假意之训辞,故无仪式,以符诚字之校训"。并于全省学校职员新年恳亲会致辞时,特意将政事风潮的乱象与教育团体的欢乐和好做一对比。③是年之江大学举行第50次毕业式,校长司徒雷登"先期函柬特约,希余必到,并致训话"。其演说大意为:"诸君在本国内受外国人之教育,若为他国便有过虑,惟美国与我国感情最好,余愿代表我国教育界特申谢忱!"对于毕业生,主要有两点希望:"一、我国现状,人材与事业之不适,当希后来青年有以矫正之——不图幸进,用其所学。二、我国取法美国之要点,以充足中等社会为要。美国

---

① 经亨颐:《杭州回忆》(1937年),张彬、经晖、林建平编《经亨颐集》,浙江大学出版社,2011,第197—199页。

② 经亨颐的生平简历,迄今为止各种记述错误甚多。依据其日记以及所写文章的自述,予以改订。日记1918年2月15日,访东京高师,"东西两馆门宇依然,喇叭一声,更引我四年读书之感"。3月11日,至直隶教育厅,访厅长王叔钧,"为余最初弘文速成师范之同学,阔别已十六年矣!"(《经亨颐日记》,浙江古籍出版社,1984,第33、43页。)《视察日本教育所感》(1918年4月):"余此次重到东京,相隔已九年"。(《教育周报》第197期,1918年4月7日,"言论",第5页。)《教育的新禧和时间问题》(1920年1月):"我自从戊申阴历四月因为前两级师范开办回国,中间又到日本留学两年,算到民国八年阳历五月,在本校任事,正好满足十年。"(《教育潮》第1卷第6期,1920年1月,第83页。)

③ 《经亨颐日记》,第1页。

立国之道在中等社会健全，中国亦应以中等社会为中坚。谨以三中字供诸君研究。"①

寄希望于青年，训练青年以改造社会，是经亨颐的一贯理念。1918年7月3日，他出席安定中学毕业式，致勉励词，赞许留学日本东京的自费生以安定毕业者为最多，向外发展之意志，殊为可嘉。"吾浙人近来萧率之气，甚至消极而思入山者，颇有其人。西湖之胜，误我浙人不少。中学毕业生之消磨、株守，虽有各原因，而少年老成、三思而行，实为根本之暮气。人生有进无退，得寸则寸。时事之刺激，戒我妄猛则可；因而隐避，实自杀也。"7月10日，赴校行终业式，"反省此一学年间，校务无所起色。细察学生心理，尚无自律精神，宜稍加干涉。示范训谕之功，固不易见，以空洞人格之尊，转为躐等放任之弊。漫倡佛说，流毒亦非无因。故特于训辞表出李叔同入山之事，可敬而不可学，嗣后宜禁绝此风，以图积极整顿"。②对于盛行一时的世界主义，经亨颐不以为然，认为国界不存，爱国心付之东流，所以"吾人唯一之大要义曰爱国"。③

1918年11月14日，教育厅通知为庆祝欧洲和平，放假三天，于星期六晚间，在平海路教育会开庆祝大会。15日，约定司徒雷登、梅藤更、伊藤斌夫等人演说，经亨颐亦其一，拟题

---

① 《经亨颐日记》，第2—3页。
② 《经亨颐日记》，第93、96页。
③ 《校长训辞（共和纪念祝贺式式辞）》（1915年2月），《浙江省立第一师范学校校友会志》第5号，"言论"，第2页。

"战后之协约",大意谓:"战争者,非徒武力解决,实为文化发展之动机。战后之协约,非武力之协约,为文化之协约。国家已非军事之单位,本为人格发展之单位,别有用意,别有所协,别有所约。吾国人处此,不可不觉悟也!"16日晚最后演讲,"以别有所协、别有所约一语,刺激青年,似有力"。[①]

11月27日,教育厅通知再度举行庆祝活动。经亨颐主张利用学生组织临时通俗讲演团,使国民有所觉悟;否则,徒然热闹一场,何益之有。得到众人赞成。28日下午一时,至平海路省教育会,集各校任演讲学生50余人,说明重行庆祝的要旨及演题,计有:"欧战之结局""大中华之国运""世界和平之幸福""协约胜利之公理""今后之中华国民""青年团之预告""卫生礼法与国民人格""劝用国货"等,由各校学生分别认定;分为露天讲演(每校一组)和会内讲演(每校一人)。学生们颇有兴致,"亦足见吾国青年之可望也"。29日午食后,各校学生露天演讲团先后出发。一时,教育会会所座满开会,到场听讲者,不下七八千人。湖滨一带,五六处露天演讲,每处环听者亦甚多。直至晚九时后提灯会开始。[②]

浙江自辛亥光复以后,实行所谓浙人治浙,到1917年因政局变化而废止。原来的社会团体,鲜有起色,必须自固,教育会为最重要的精神团体,"宜如何使之有力,以辅助行政,监督官

[①] 《经亨颐日记》,第105—106页。
[②] 《经亨颐日记》,第110—111页。

厅，非虚张声势，徒藉名义所可已"。经亨颐自1912年起担任省教育会会长，竭尽全力加强会务，希望浙江"移政治之思想，作教育之精神"，"使吾浙之教育精神悉归纳于教育会"。[①]

风潮中浙江一师全体同学在发表第一次宣言时，就明确提出挽留经校长的两大理由，一是"维持本校改革精神"，二是"巩固吾浙文化基础"。因为"现世界最大的问题"，就是教育革新与文化运动两件事，浙江如果无份，浙江人就只能像蛮人一样，捧着"快寿终正寝"的固有文化生活。[②]关于前者，主要是指教育革新。浙江一师的教育革新发生于1919年的秋季开学之后，经过五四、六三两次运动，时代精神大大地改变了。为了迎接新的潮流和思想，经亨颐决心大力改革本校的组织、教授以及管理训练。主要内容有四项，即职员专任、学生自治、改授国语和改组学科制。前三项实行了一学期，后一项则决而未行。

四项改革之中，除了改授国语直接牵涉文化运动，其余三项，似乎都限于教育范围，其具体内容究竟如何，与文化运动怎样扯上关系，应该有所解释论述。而一师全体同学的宣言关于此节，并没有清晰说明，其第二项理由似乎只是第一项的简单引申。在后续的宣言和请愿书中，学生大概意识到这样的问题，因而逐渐清晰地解释说，教育的几种根本革新的措施就是

---

① 《经亨颐日记》，第13页。
② 《全体同学第一次宣言》，《浙潮第一声》，"文件"，第5—7页。

为了尽宣传文化的责任。①

所谓职员专任,按照学生于1920年4月15日提出、校务会议5月13日通过的议案,其实就是"教员专任",②规定教员专职聘任,不得校外兼差。在1919年11月25日与奉省长训令来校查问的教育厅特派科员富光年的谈话中,经亨颐声明,此事教育部曾经催过好几次,本校屡次要想实行,意思是奉命行事,并非独创。因为中国学校的流弊,是校长专权,教员只对教课负责,不对学校负责,兼着好几处教课,更没有时间进行研究。一师实行专任制,教员须志愿和牺牲,在预算未增加的情况下,有些教员薪资减少,教课以外的职务反而增加,却能够负责任。③

两年后,经亨颐应《教育丛刊》编辑主任汪懋祖之邀,专文详论《教师专任问题》。他一方面批评中国社会里教师最自由最舒服,中等学校以上当教师没有一定之规,听铃声上课就行,有时还临时请假,不必扣薪水。预备一份讲义,同地方、同课程的学校可以通用,所以往往兼课几所学校。直到来华实地调查的孟禄博士指出这一缺点,才引起关注。只是现在中国实行教师专任,也有流弊。因为专任之于教师既是限制也是保障,所以往往有异而实同的争议,也有同而实异的赞成。校

---

① 《浙一师学生之奋斗·请愿部视学书》,上海《民国日报》,1920年3月28日,第2张第6版。
② 《全体同学第四次宣言》,《浙潮第一声》,"文件",第14页。
③ 经亨颐:《对教育厅查办员的谈话(节录)》,沈自强主编《浙江一师风潮》,第118页。

长倾向于限制，教师倾向于保障。其实二者兼而有之，互为因果，没有限制也就无法保障。根据浙江一师试行教师专任制的经验教训，经亨颐认为不可使教师心不安，但也不能心太安，所以调整为"有任期的专任制"。①

试过才知的苦辣酸甜，当年经亨颐并无体验，他甚至认定教师专任是消除教育不能良性发展的关键，断言："省垣各校不假此名义，永无整顿之希望，请其积极进行。"②早在1915年9月，经亨颐代表全国师范校长会议起草答复教育部咨询第一案如何平衡国民人格教育与生活教育时，所拟办法就包括教员宜专任，因为教员不负责任为学校教育无训练的最大原因。"盖教员非专任，对于职务无稳确之观念，对于学校无专任之精神，欲言人格难矣哉。"③1917年春，教员专任问题进入浙江教育界议程，经亨颐起着主导作用。2月10日，他在浙江教育会的校长会议上提议推行教员专任。2月26日，为教员专任问题开临时校长会议，"推余起草，固原动者"。3月1日，"拟专任教员试行法，先从理想约定为规则，然后与现聘教员事实相合，能否可免窒碍尚不可知"。3月3日，至教育会开临时校长会议，"余拟就专任教员试行法草案，与各校实际尚无大差。

---

① 经亨颐：《教师专任问题》，《教育丛刊》第3卷第1集，1922年3月，"著述"，第1—5页。
② 《经亨颐日记》，第150页。
③ 《全国师范校长会议答复教育部咨询第一案》（1915年9月），原载《教育周报》第97期，张彬、经晖、林建平编《经亨颐集》，第326页。

各校长希将草案印刷分送，与现在情形妥为凑合，须于星期三再开会方可决定。余将草案送报馆，使省垣外各校参考，以期易于统一"。3月10日，作函寄冯季铭，为专任教员事。"渠主张月俸厚于后而薄于先，余以为有流弊。偶有所见，不敢隐，亦我尽我心而已。"①

此事迟迟未能落实，1919年初，教员专任再度提上议程。1月29日，"赓三（王锡镛）来，为接洽八年度预算事，准照专任编制，实行与否，责不在我也"。3月24日，"晤张萍青，谈本省教育经费，八年度共百十四万，较去年增加十万，而专任制犹未能实行，为之怅然"。3月26日，又至教育厅，"为商专任制事，因闻预算之关系，又将作罢"。②可见这项革新，的确是由来已久的老问题，之所以一直议而不决，经费不易落实外，对于收效及反响难以把握也是重要原因。

1919年暑期，一师在经费仍未解决的情况下决心试行专任制。经亨颐记：7月6日，夏丏尊、王赓三来，接洽校务，大致已定试行专任制，添聘国文教员、理化教员，而夏、王则为校内中坚，少任教课。7月7日，上午，为校事访姜敬庐、范元兹、沈仲九，试行专任制有所商榷。午后，又邀夏丏尊、王赓三、朱听泉来谈。10日，拟专任职员规则数条。9月25日晚，集本校专任职员在寓便膳，接洽校务，说话甚多。11月3日，五

---

① 《经亨颐日记》，第16、22—24、27页。
② 《经亨颐日记》，第133、149—150页。

时，开专任职员会议，"提出意见颇多。微有意见，彼此未彻底，杞人尚不少也"。①事已至此，教员仍然意见不一。

实行学科制是教育革新的另一项举措，原来一师采用学年制，整齐划一，每学年学生只要有一门课考试成绩不及格，就要留级一年。连带其他及格的学科，也要重新学习，而且不能不到班。学科制旨在打破学年制，每学科分成若干学分，分年修了，达到一定单位，就算毕业。同时教学方面化繁为简，将原来的19门学科归并增删为8门，即教育、国语、数学、外语、理科、艺术、体育、公民。其余如教授时数、各科编级等，也相应进行调整。②改用学科制的初衷是为了免除学力偏向、优劣生差距拉大、年级界限等问题，但风潮发生时，尚未实行。

位列第二的学生自治，就教育原理而言，争议不大，可是一些人觉得不仅是学校管理，而且牵涉解放的人生问题，以为学生还没有自治能力，校长职员完全不负责任，会导致大权丧失，学校革命。其实教育的目的就是养成自律，为此，有必要经过一段他律。如果在校期间完全他律，则自律无从谈起。经亨颐主张学生自治，是从毕业生说"出了学校门，换了一个人"有感而生的觉悟，学生毕业前后的问题完全两样，要将毕业后的问题提到之前来讨论，"非使学生自治不可"。所以学

---

① 《经亨颐日记》，第180—181、200、223页。
② 《试行学科制说明书》（1920年2月7日学科制委员会议决，1920年5月31日校务会议公决修正），沈自强主编《浙江一师风潮》，第133—135页。

生自治不必由学生要求，而应由校长教员发起。经亨颐后来一度到北京高师担任总干事兼学生自治指导委员长，就是希望表现学生自治会的真义，报答一般中等学生青年。[①]

浙江一师学生组织自治会，在中国各师范学校中为最早的三校之一（其余两校为北京高师和南京高师）。经亨颐对此相当重视，与相关人士讨论会章，定于1919年11月16日召开成立会，还专门作了自治歌："不知人生，那知自治？自然淘汰误至斯！禽兽草木无理性，山川风月无意志；教育为何治何为？理性意志各自制。"并预备在自治成立会上发表演说。[②]

学生的自治能力，只有通过自治才能养成，校长教员则负责指导。一师的学生自治大纲共9条：将学校事务分为学生自治与学校行政二部；学生自治由全体学生组织，学校行政由全体职教员、事务员组织；自治制度由学生自行议定，范围包括身体健康、研究学术、发表思想、涵养德性、衣食住、课外作业、社会服务、校内整洁、储蓄贩卖、课外出入、同学行为惩处劝诫及其他；学生行为不妨碍学校行政者，学校概不干涉，学生不得干涉学校行政，但得陈述公共意见，供学校参考；学校对学生自治的缺陷负劝导扶护之责，职教员及事务员另组织团体备学生顾问，学生自治团体可陈请代判其所不能解决之

---

① 《高师教育与学生自治》，《教育丛刊》第2卷第2集，1921年4月，第1、3—4页。
② 《经亨颐日记》，第226页。

事。①据经亨颐说，学生自治实行为时不久，效果却十分显著，尤其是禁烟（包括旱烟和香烟）、膳厅（由学生经管）、请假等长期令校方头疼的问题，居然大为改善。②不过，稍后经亨颐表示，对于该校的学生自治会并非完全满意，觉得和自己的宗旨相差太远，可以说是教师不负责任，听由学生以口而非胃为标准滥吃。③

改授国语又称为国文教授，即原来以文言文为教材，现在改用白话文，教材选用报刊上的文章。一般认为，这是受了五四运动的影响，迎合新思潮，实则经亨颐从来认为中国文学不改革，教育万万不能普及。1917年浙江就开过国文教授研究会，大家只知道国文应该怎样教，并没有研究到国文做什么用。经亨颐经历几次新旧转换，最终认定"国文应当为教育所支配，不应当国文支配教育"的宗旨，为此，非提倡国语改文言为白话不可。以往批评师范毕业生，多是说国文程度不够。要在短短五年里养成进士翰林的文章，绝无可能，为普及教育，关键是可以写出思想。白话文风行，就是因为随随便便可以发表。"不讲是教育的绝境，讲错了纠正是教育的本务。"所以经亨颐认为，"提创白话以后，才可以讲教育，本校要讲

---

① 《试行自治制》（1919年10月16日正式宣布），沈自强主编《浙江一师风潮》，第131—132页。
② 经亨颐：《对教育厅查办员的谈话（节录）》，沈自强主编《浙江一师风潮》，第119—121页。
③ 《青年修养问题》（1922年12月），原载《春晖》第3期，张彬、经晖、林建平编《经亨颐集》，第300页。

教育,所以决定要改革国文教授"。①他告诉学生,此刻我们学白话好比姑娘缠足,从前不是小足没人要,前几年提倡天足,如今反而小足没人要。早学白话文,犹如小足时代提倡天足,将来白话一定发达。至于白话与文言的雅俗,没有固定标准,全由各人主观决定。②

关于国文教授改革的具体内容,据上海《时事新报》的报道:教授方面,"取研究的态度。以如人生最有关系的各种问题为纲,选择关于一问题的材料(都从杂志当中采取),印刷分送学生,使学生自己研究,教员随时指导,并和学生讨论"。作文方面,学生十分之九已作白话文。③《星期评论》披露得更为详尽,听说该校国语教材以16个问题为纲,如人生、家族、贞操、文学等,以各杂志上关于各问题的文章做目,让学生用批评的眼光,去自动的研究。其教授法大纲,形式的目的,为使学生看懂用现代语(或近于现代语)发表于报纸杂志的文章以及各学科教科书,并用现代语口说笔写表达自己的思想感情,而且要自由、明白、普遍、迅速;实质的目的则是使学生了解人生真义和社会现象。④

后来国语教授引发外界质疑,连蔡元培也觉得所编教材

---

① 经亨颐:《对教育厅查办员的谈话(节录)》,沈自强主编《浙江一师风潮》,第121—122页。
② 坂井洋史整理《陈范予日记》,学林出版社,1997,第178页。
③ 《五四运动后之浙江第一师范》,《时事新报》,1919年12月15日,"内外要闻",第2张第1版。
④ 《浙江学潮底动机》,《星期评论》第39号,1920年2月29日,第3张第3页。

近乎伦理，不似文学。一师教职员的解释是，国语教授创始之际，最难的是没有现成的教材可用。方针既定，短期内只能草草地由国文教授会议暂定教授法大纲，选辑一百多篇国文教材，依纲分列，异说并存，叫学生用批评的眼光，取研究的方法。"当时以为近来的新出版物很多，里边的文字、主张是很庞杂的，与其听学生自由阅看，免不了有盲从的地方，何如把他整理一番，依着问题，归类起来，叫他们经过一番有系统的研究，不至于不明去取，有盲从底弊病。"恰好本校学生发表了一篇不成熟的文字，外界不明就里，以为是国语教材偏重思想的结果。"其实大家没有知道学生争看新出版物的狂热，新思想底灌输，非常利害，要遮拦也无从遮拦，要禁止也无从禁止呢！"国语教材的选编，固然很有缺陷，如太偏重内容的思想方面，未能顾及形式的法则的方面，①所以蔡元培也觉得不大适合。而浙江一师的教职员对此颇有自觉，随时打算补救。

既然要了解人生真义和社会问题，又能表达思想，就不再仅仅是校园之内的教育问题，而成为社会性的文化问题。1919年9月16日，陈望道在该校国文课讲文学改革的道理，认为文字的本质是表达自己的意思，使人家了解，所以要从容易的方面做去，否则难以与人传递沟通。为此，文字不宜拘古，当应世界潮流。具体办法，一是改为白话文，二是标点，三是横

---

① 《全体教职员挽留经校长宣言》，《浙潮第一声》，"文件"，第2—3页。

行。①1920年1月21日上午的国文课讲胡适的《不朽》，学生陈范予（名昌标，以字行）了解的大意是，个人与社会世界有密切关系，一言一行、一善一恶，皆间接或直接受社会世界的影响或影响社会世界。但个人是"小我"，是要死的，永久存在的是"大我"，即社会世界，由无数"小我"组成。没有"大我"，一个个"小我"难以生存，所以要组成"大我"，谋社会世界的不朽。②胡适的《不朽》意思甚多，特别挑出其中的"社会不朽论"加以阐发，显然目的不在文法表述等国语教育的范畴，甚至超出文白的形式之争，所要传达的主要是其中的思想性。这无疑会影响学生的观念行事。

一师的学生受了教育革新的影响，思想发生显著变化。陈范予最喜欢与同学辩论新学，觉得滋滋有味，乐不思归。"有这种研究的机会，正是促进新学的良机，其乐事也。"③激发浙江一师风潮的突出事件，就是学生施存统所写、发表于《浙江新潮》上的《非孝》一文。尽管经亨颐辩驳说这是学生的个人行为，《浙江新潮》并非浙江一师的刊物，而且他本人对文章的观点并不全都以为然，可是却成为冲突的导火索，在反对者和行政及教育当局看来，会连带导致废孔、公妻、共产等等问题，必须严查厉禁。

---

① 汪寿华：《日记两则》，《杭州第一中学校庆七十五周年纪念册》，杭州一中七十五周年校庆筹备办公室1983年编印，第192—193页。
② 坂井洋史整理《陈范予日记》，第180—181页。
③ 坂井洋史整理《陈范予日记》，第183页。

第二节　文化运动

教育革新的四项内容，看似并非文化运动。所以一师同学第一次请愿时，这样陈述事情的原委："本校自去年暑假后，因为顺应世界潮流起见，曾有种种从根本上改革的措置，去尽宣传文化运动的责任，这亦不过是从本校地位上和责任上发生出来的觉悟罢了。那里晓得，校内一切改革事项，还在试验期中，宣传文化运动的基础，没有建筑稳固；而社会上种种非议，无端四起，致耸厅长底听闻。"[①]照此说来，一师仍然处于教育革新的试验初期，要为文化运动奠定基础，还没有真正进入文化运动的阶段。而后来口风则有所改变，解释为教育改革旨在"尽宣传文化之责任而已"。[②]

相比之下，教职员的说法比较切近实情，他们认为，学科制尚未试办，职员专任，不过组织上的变更，对外界没有什么影响。只有学生自治和改授国语两件事，既是教育变更，又为本省学校中的创举，"所以和文化底进行，最有关系的，是这两件事情；最惹外界注目的，也就是这两件事情"。[③]北京浙籍

---

① 《全体同学第一次请愿书》，《浙潮第一声》，"文件"，第19页。
② 《浙一师学生之奋斗·浙江第一师范学校全体学生上北京教育部书》，上海《民国日报》，1920年3月28日，第2张第6版。
③ 《全体教职员挽留经校长宣言》，《浙潮第一声》，"文件"，第2页。

学界正告浙江教育厅长夏敬观,也是挑出这两点来说:"自治为发展天能之良法,白话为传达思想之利器"。①而无论学生自治还是改授国语,其实都已经得到民国政府教育部的认可,根本没有压制的理据。

不过,"文化运动,是人人都负责任的。但是一种文化发生的时候,因为时间空间上的关系,一定先有少数觉悟略早的人,宣传起出[来],等到立定了基础,方慢慢地发展到周围的各地去。现在本校底种种改革事业,不但是本校底关系,实在含有宣传文化的作用。经校长和同人等,并不敢自己硬充浙江文化运动上的先觉;但是觉得这种宣传文化的责任,是无从旁贷的,所以才下决心试行改革"。也就是说,一师是为了宣传文化而革新教育。改革的试验尚未成功,也没有改到健全的地步,浙江宣传文化的基础还没有立定,更没有发展到周围各地,所以经校长作为"本校改革事业底主动;也就是吾浙文化基础的中心",决不能任其离校。②由此看来,教育革新与文化运动,实际上是一体两面之事。也就是说,巩固我浙文化基础与维持本校改革精神是一事两面,或者说,文化运动是教育革新发生的作用,维持住教育革新,就巩固了文化基础。如果这一推断不错,就有必要论证教育革新与文化运动的关联,以求说明为何维持教育革新就能够进行文化运动。

---

① 《北京浙籍学界电(一)》,《浙潮第一声》,"舆论",第45页。
② 《全体教职员挽留经校长宣言》,《浙潮第一声》,"文件",第4页。

新文化运动开展一年多后，无论赞成还是反对，对于新文化运动的内涵外延都不免感到茫然，思想和行动起来相当困惑。因此，少年中国学会会员苏甲荣主张将"文化运动"改称"教育扩张"，在他看来，"文化运动，其实就是教育扩张"。二者实为一而二、二而一的事。如果说以前文化运动是少数人的事业，以后就要人人出力。①

新文化运动的特性，与经亨颐的教育理念相当合拍。与其说经亨颐是受了新思潮的影响，迎合新文化运动，不如说是经亨颐的教育革新刚好踩在了新文化运动的点上。一师学生说"经校长是我们浙江文化运动的先觉者"，②之所以全力挽留，就是因为经去则浙省的教育革新与文化运动都将失去生机。不过，经亨颐的理念与新文化运动虽然大同，也不无小异，不能完全画等号。

经亨颐一生几乎都在办教育，所谓"教育者，根本之事业，基于今日而期于将来者也"。尤其是高等专门及大学，关乎地方文化，必须高度重视。民初中央临时教育会议规划高等教育分区，浙江未被列入，经亨颐担忧本省文化从此退步，希望仿大学办法，提升师范、医学、法政和其他专门学校的层级，并创办美术学校（含音乐），"所以增进文化，聚育人

---

① 苏甲荣：《今后的文化运动——教育扩张》（1920年10月27日夜），《少年中国》第2卷第5期，1920年11月15日，第17—22页。
② 《全体同学第一次请愿书》，《浙潮第一声》，"文件"，第21页。

才"。同时重视社会教育,主张利用博物馆、图书馆、演艺馆、幻灯、写真、通俗讲演、公共运动场等设施,施自然之教育,以利导社会,开通民智。①此外,还提倡教育与实业相结合。②

在经亨颐看来,思想如空气,必须循环流通,"吾人欲生存于今日之地球,而谓必须吸五百年前之空气,必不可得"。顽固的思想如竹节,与时俗不相通。所以思想要每日更新,新旧不能分隔。③他虽然年长,也自认为青年,可是对于"青年"二字之上,再加一个"新"字,却不以为然,因为"新青年"的对面就是"老顽固"。风潮之后他在上海遇到旧同事陈望道,后者说现在不敢与一般新青年讲话,许久不接触了,竟被新青年称为"新顽固"。经亨颐对此大为感触。陈望道可算提倡新文化很有成绩的人,可见一般急进青年的歧视。④经亨颐的新旧循环论,与章士钊调和新旧的意思有些近似,而后者的循环调和论被认为是反对新文化。不过,经亨颐对南京高师教员刘伯明以基督教调和中国旧思想的主张不以为然,认为:"吾国近状且有新旧思想不调和之大患,以哲学的研究宗教,余固愿,惟以

---

① 《全浙教育私议》,《教育周报》第3期,1913年4月15日,"言论",第1、4—7页;《教育周报》第5期,1913年5月1日,"言论",第4页。
② 经亨颐:《教育与实业之结合》,《教育周报》第115期,1916年3月9日,"言论",第1—6页。
③ 《最近教育思潮》(1917年8月),张彬、经晖、林建平编《经亨颐集》,第43页。
④ 《青年修养问题》(1922年12月),原载《春晖》第3期,张彬、经晖、林建平编《经亨颐集》,第299页。

此调和不调和之思想，其效果如何，为大可研究之问题。"①

就教育而论，经亨颐主张以人本主义为理念的人格教育。从19世纪的自然主义思想到20世纪的理想主义、人格主义，"自有理性淘汰之觉悟，二十世纪之思想遂大革新，且大发展；而教育之领域与职能，亦因而大扩充。人类之事业、人类之文明，非被动的自然淘汰之结果，而为自动的理性淘汰之结果。故人类之事业、人类之文明，皆人类自己负其责任"。

何谓人格？"盖人格者，各个人所以成社会之最要条件"。人格一方面为自立的、个人的，他方面为协同的、社会的；相互实现，渐渐发展。人格实现，同时社会进于洽善。人格的实现为社会发达之本，无人格的社会，决非良好的社会。人类与人类相互进化的教育，即人格教育。②

提倡人格教育，一些学生后来回忆说是与黄炎培的职业教育分庭抗礼，对此经亨颐有所辩解，认为二者并不矛盾，尤其不能说是非此即彼。1917年3月7日的教育演习，学生朱寿朋与周其锤"以人格教育与职业教育，引起学理之争辩，而求余解决"。经亨颐声称："夫职业为成立社会［之］要素，人格为维持社会之要件，二者不可离，过意偏执，实属多事。今日中国宜重人格教育，决无废除职业之意；若谓今日中国宜重职业教

---

① 《经亨颐日记》，第21页。
② 《最近教育思潮》（1917年8月），张彬、经晖、林建平编《经亨颐集》，第44—46页。

育,亦无人格已算完足之理。惟自社会全体观之,不能锡以二名称,则人格尚可包括职业,故余亦赞成人格之说。教育为治本之事业,不宜作治标之主张也。"并且特意注明:"人格教育与职业教育,决不可视为二问题,非性质异同问题,不过分量多少问题。唱人格教育者,非谓人类无须职业;唱职业教育者,亦非谓人格不足重。学者分为反对之二说,均属偏见。"①不偏不倚并非二者并重,治本的人格教育包含了职业教育。

有些学生觉得经亨颐的人格教育是士大夫气重的表现。实则就思想根源而论,主要还是来自西洋。经亨颐认为职业教育源于与理想主义相对的实现主义,两种主义实为主从关系,理想主义已经容纳了实现派的精神。所以,他反对将教育局限于着重实效的职业教育,作为国家的教育方针,应该提倡人格教育。而且中国人有一种特别的精神,"毁之曰混沌,誉之曰神妙。图画、国文两种可为代表,最合人格教育之本旨"。②

与人格教育相匹配,经亨颐还提倡自动教育。1919年1月27日午后,他前往教育厅,"为新正县视学会议讲演事,余认'最新教育要义',拟介绍'动的教育法'与'人格教育之说明'"。③他在全省视学会议的讲演,题为"最新教育之三大

---

① 《经亨颐日记》,第25—26页。
② 《最近教育思潮》(1917年8月),张彬、经晖、林建平编《经亨颐集》,第59—61页。
③ 《经亨颐日记》,第132—133页。

主张"，取自日本及川平治所著《动的教育法》。①2月3日，又从娱乐中悟到："麻雀仅百数十张，一式尚如是之难，人民四万万之多，性质且有变更，而齐一教育之不能实现，与牌数难易相比例，教育之动的见地，如求平符，视吾辈之手段熟练与经验，其理相同。"②4月12日，在昌化视学，为县立高小学生演讲读书为人，"来学校不但读书，当学为人，及勤劳生活各要点"。③也是动的教育应有之义。

动的教育内涵甚多，如不再强行整齐划一，增强学生动手能力，学校与社会多接触等，而与新文化运动的合拍，集中体现于教授方式的自动和学生管理的自治。新文化运动发生之前，中国的教学方式主要有传统的记诵式，晚清源自日本（以德国为本）的灌输式，民初的启发式以及正在倡行中的自动式。前者是死记硬背，开始完全不懂意思，久而久之，熟能生巧，对于后来治学，童子功尤为重要。灌输式则是以教科书或讲义为准，将所包含知识尽可能充分地注入学生的脑海心中，却并不考虑这些知识是否如实完整，以及如何转化为学生学习的凭借。启发式要在教师主导，与学生互动。自动式则以学生为主体，教师从旁辅助。

近代学堂推行西式教育，最初模仿的对象却是东洋，而日

---

① 经亨颐：《最新教育之三大主张》（1919年2月），张彬、经晖、林建平编《经亨颐集》，第77页。
② 《经亨颐日记》，第134—135页。
③ 《经亨颐日记》，第156页。

本的教育源自德国模式，以灌输式或注入式为主。民元（1912年）美国的哈佛校长东来，造访香港、广州、上海、天津、北京及满洲等地，"盛讥日本式教育之未善。维时同人微有所省悟，亟欲探讨欧美教育。"懂西文的俞子夷研究最勤，并与友人试行于苏州第一师范附属小学，"时论颇议其放纵。民国二年，美孟罗博士来观，独大激赏，诧为仅见。越二年，郭君秉文、陈君主素留学毕，俞君偕之考察欧美教育而归，一时新教育之援师大集，精神为之一振。同人所知者，教育在发展个性，于是惩乎划一教育、严肃教育而唱自动主义。学校宜注重生活，与社会联络，于是惩乎书本教育、虚名教育而唱实用主义。顾三五年来，口头笔底所窥见一鳞一爪之新教育，今得杜威博士来为探本穷源之指导，于是吾人之知识渐归于系统，而措之行事，亦觉有条理可寻而无所惑矣"。这不仅是近代中国教育史的一大关节，也是理解德先生意涵的重要理据。五四新文化运动时期来华的杜威，演讲的主题之一，就是教育的自动与自治。一直关注此事的黄炎培说："杜威氏之来华，实予吾人以实施新教育最亲切之兴味与最伟大之助力。"

来华期间，杜威先后在中国南北各地连续举行多次演讲，为了了解听众对于杜威主张的感想，黄炎培跟随其行程对听众进行查访，共有四种怀疑意见：甲、自动主义甚善，但我国教育程度不够。乙、东西方国情不同，能否完全仿行。丙、中国社会程度幼稚，骤行其说，或造成教育障碍。丁、其说可行，但难得深明其原理的教员。黄炎培一一有所解释，认为"杜威所倡平民教育主义，在揭橥共和，而教育缺乏之国家，实更有提倡之必要"。正当欢喜赞叹杜威主张者"竞谋所以实施"之时，五四"学潮事发，全国视线集中于一般青年之动作与时事之变化，此问题遂搁置。乃者学潮过去，全国教育家咸亟亟焉谋所以善后"。①

杜威所说教育的自动主义，与新文化运动的德先生关系极大。1919年5月7日，浙江一师学生陈范予到省教育会听杜威演讲，"今者咸云德国教育有取法者，日本教育有效规者，讵须知教育之施行大有关于国体，德、日专制，故教育施行犹如各物置进杯中，令人人脑中有信的向。民主教育则反之，如杯中之物，欲咸泄扬于外，令人人得知。德、日之教育以形，必不能久长，民主之教育以精神，故能久持而不衰。凡研究教育者不得不从精神上着手。儿童之养成最要为自动之能力，施教者当深谙儿童性情，力察儿童之短长，短者当思所以淘汰之，长者当发展之，奇者养成之，然后将各有之才于无为之行动自鲜矣。各方面自动之能力尤当极力提发"。②所谓民主教育，即自动主义教育的同义表述。

自动教育必须与学生自治相配合，才能养成高尚人格。民

---

① 黄炎培著，中华职业教育社出品，中国社会科学院近代史研究所整理《黄炎培日记》第2卷（1918.2—1927.7），华文出版社，2008，第63—64页。

② 坂井洋史整理《陈范予日记》，第87页。

主与科学后来被指为新文化运动的两大核心要素,而这时的德先生主要不是指政治民主,尤其不是专指代议制民主。1919年的中国乃至世界,由于国会的乱象以及欧战的刺激,代议制民主声名狼藉,原来大力鼓吹宪政议会的汤化龙、梁启超、张君劢等人,纷纷宣称代议制破产过时,而希望用直接民权予以替代或补救。对于军阀政客把持的政权,有心之士更是避之唯恐不及,不做官参政,成为重要的时代风尚和道德准则。在这样的背景下,对于德先生的认识和追求,主要不是体现于政治制度上,而是全社会的自由、平等、互助。少年中国学会会员陈启修指"democracy"有民众主义、民权主义、民本主义、民主主义、平民主义、唯民主义、民治主义、庶民主义等八种译法,而以庶民主义为最准确,其主要依据就是不偏于政治。[1]李大钊也认为民本、民治、民主等,虽各有高下当否之别,都偏于政治,不能在经济、艺术、文学及其他社会生活方面恰当表现原意。虽然他认为平民主义、唯民主义、国民主义等译名较为妥当,还是觉得音译德莫克拉西损失原意较少。[2]

由此可见,"democracy"使用音译,一方面是由于其本意较为复杂,汉语中很难找到普遍认可且意思吻合的统一对应名词,另一方面,则反映出当时国人的民主追求正从政治扩

---

[1] 陈启修:《庶民主义之研究》,《北京大学月刊》第1卷第1号,1919年1月,第27—28页。

[2] 李大钊:《平民主义》(1923年1月),中国李大钊研究会编注《李大钊全集》第4卷,人民出版社,2013,第141—142页。

展到社会各方面，甚至有远离政治权力的趋向。教育领域尤其如此。1919年4月，浙江教育会的沈仲九就在《教育潮》第1卷第1期发表了《德莫克拉西的教育》。陈范予所说的"民主教育"，其实就是教育自动和学生自治的合体。

杜威的主张及其来华演讲，刚好契合了中国人的需求。与白璧德的精英主义教育主张不同，杜威的教育主张是平民主义，尤其强调受教育者的自治。所谓德莫克拉西的教育，主要就是自动式教育。在杜威演讲的推动下，《教育潮》《新教育》等刊物纷纷推出专刊专栏，重点讨论教育的德莫克拉西问题。而教育的德莫克拉西，既是教育本身的需求，也是培养国民素质的需要。所以黄炎培说在教育缺乏的共和体制国度，更有提倡杜威平民教育的必要。其时想改造中国的有志之士大都认为，直接改革政治只会造成政坛走马灯，必须改革社会才能奠定政治良性发展的基础。而教育的作用至关重要，自动教育和学生自治，正是德先生在教育领域的体现。

其实自动教育并非全新思想，早在1915年3月6日，就读于浙江一师二年级的杨贤江就在该校校友会言论部演讲过"学生自动之必要及其事业"，认为学生在教育上虽然居被动地位，但"教授之力，仅为诱导之具，而自动之力，实为成功之基。仅有智识而不发展其能力，则所得终难见诸实行"。"自动者，而以自己之能力而为活动者也，即自能之事而自为之者也。"其说看似仅仅作为教育的补充，而且偏重自治一面，其实也包括教育的自动。因为世界教育的趋势在于注重生徒自动的方面，小学教育也主张自动主义和自学辅导，以发展其自动的能力。中学毕业生投身社会，"大都触处窒碍，枘凿不入"，"教育不重自动，实为弊病之大者"。因此，必须厉行自动主义，事事自动，养成他日任事的能力和处应社会的手腕。学生在校，当自行组织团体，互相指导纠正，养成公共善良的习惯和独立生活的精神。在个人方面，包括自修、勤劳、作日记笔记及账簿，在团体方面，则主要是集会。①

在接受自动主义教育理念的同时，经亨颐对于主张者过于偏激也有所不满，希望予以纠正。1919年4月3日，他"随想《动的教育者之标准》为演题，本动的模范之意，以解释新教育。近来美国派之思想亦趋逢过甚，窃有所感焉"！②

与人格教育、动的教育相关联，经亨颐又主张英才教育。他认为学校不但教育学生，尤当教育社会。就近如开放运动场，设通俗展览会及讲习会，责成校长和专任教员主持办理，指导学生养成服务社会的观念。致远则刊行学校杂志，以灌输思想学术为主旨，学校程度虽然有别，同为教育研究家所居之地，都要担负促进社会文化的职责。③为此，经亨颐热衷于办

---

① 杨贤江：《学生自动之必要及其事业》，《学生》第2卷第5号，1915年5月20日，第51—54页。
② 《经亨颐日记》，第153页。
③ 《春晖中学校计划书——上虞陈春澜先生之委托》，《教育周报》第235期，1919年3月，第15页。

青年团的创举,并创办了《青年团》五日刊,还亲自撰写了一篇《青年之观念》附刊。"因无意谈话中闻得某君'我们不是青年了'一语有所感:自悲非青年,自诩非青年。我们都是青年,易自悲为自警,易自诩为自勉也可。"①

经亨颐的文化运动,显然并非局限于校园之内的教育,而他教育青年学生,是希望培养学生去教育社会。1919年2月26日午后,他在浙江教育会举行的讲习会上,为各县视学讲演"最新教育要义,于预备原稿以外,又有演绎,直讲至四时"。3月2日下午3时,到浙江教育会由厅集县视学所开茶话会演说"出版之需要,精神穷乏,脑子饥饿,为吾国根本之缺点。嗣又提议实施义务教育研究会事"。3月4日,在校友会大会致辞,"大致谓人生贵有一定之事业,而今后社会诸事业,恐一定者少,不定者多,国人以不定之精神,候一定之事业,致有高等游民现状。若以一定之精神,任不定之事业,限制职务以外,大有可为,干事之练习较前尤为切要也"。3月6日午后,在校务研究会上提议编时事周刊,张贴揭示,学生可省阅报工夫。3月13日,为教育会劝学所纪念书联语二副:"辅导青年,发展人格";"理性有差别,教育尚机能"。②

教育革新在校内即引发分歧乃至冲突。国语教授开展前的1919年4月30日,"本校学生文课有白话,而子韶大不为然,

---

① 《经亨颐日记》,第135页。
② 《经亨颐日记》,第142—146页。

盛气而辞。北京大学之暗潮次及吾浙,亦本校之光也。惟为友谊,亦不得不慰劝,志不可夺,未便相强。下学年国文教授有革新之望,须及早物色相当者任之。余嘱意沈仲九或张瞻,未知能否如愿也!"①改革后争议扩大到学生层面。1920年1月28日,陈范予和同学亲友谈时势,得到的回应不一,有的认为"白话断无废去之理",而担任小学校长的亲戚反驳道:"肚中没有根底,弄这种无为的白话,弄到后来,弄得一句不通!算是什么东西!"震得陈范予面红耳热,一言难对,恨自己的确没有根底,只能三缄其口,无法劝告,救他到光明路上来,并且担忧其所教子弟如何成才。②

清季民初,学界风潮此起彼伏,包括蔡元培在内的主持教育者的态度,与学生有所分别。五四运动期间,经亨颐也有些左右为难。1919年5月23日下午四时,他召集各校学生代表谈话:"学生联合会之勇气,拟导入轨道。余意学生示威运动究为有限之效力,非达到市民与一般社会接[结]合不可。"5月27日又自我反省:"余所处地位,新旧交攻,众矢之的。收放则可,而志不能夺,自今日韬光行事。"5月28日,经亨颐集合一师全体学生临时训话:"爱国与祸国不可分,适可而止,留以有待。"③

---

① 《经亨颐日记》,第162页。
② 坂井洋史整理《陈范予日记》,第182—183页。
③ 《经亨颐日记》,第169—171页。

对于中国的现状，经亨颐无疑深致不满。他认为，中国办学数十年，因循敷衍，全无理想，以教育为生计之方便，以学校为栖身之传舍，所谓文化，所谓社会，所谓人格，本不置于心目。既然教育是改造文化、增进文化的精神事业，"当以维持文化、传达文化为己任。……不但维持文化，尤当改造文化；不但传达文化，尤须增进文化"。而改造与增进文化，必自文字始。①

不过经亨颐虽然赞成吸收他国之长补我国不足，同时又担忧将我国的所长、特色，任其沦亡而不顾，主张国家有人格，不赞成留学生"归自某国者必欲将祖国造成某该国，绝对的以某该国为模型，事事无不以某该国为前提"。认为中国的新人格是团体精神加个人发展，与西洋的个人发展加团体精神有别。所以我国人格的要件在"仍旧增新"四字，调和"去旧生新"与"仇新守旧"相反对的两种心理。在他看来，中国的新人格即我国旧有的团体精神加西洋旧有的个人主义。②这与一味趋新西化者的理念明显有别。

浙江一师的全体同学在第一次宣言时就说：五四、六三运动激励起来的时代精神，风起云涌地弥漫全国，稍有知识判断的人都迎接新潮流和新思想，也有许多人不理解不喜欢，甚至

---

① 《动学观与时代之理解》，《教育潮》第1卷第1期，1919年4月，"言论"，第7—8、15页。
② 《我国之人格》，《教育周报》第192期，1918年2月17日，"言论"，第2、8—9页。

抗拒。"本校经校长却就本了平素的主张，明白迎接这新的潮流和思想的应该和必要，就在本校的组织上，教授上，管理训练上，大大地改革了一番，去适合教育革新的趋势，去顺应那世界的潮流。"①所以陈范予听闻经亨颐辞职的噩耗，"真令我发指目裂，大受凄惨，遽减我求学之乐！然只有尽力奋斗，尽力牺牲，与教育当局决一死战而后已"。②

第三节　誓为教育改革和文化运动牺牲

一师同学将当局的压制定性为泯灭教育改革和蹂躏文化运动，表示"誓为教育改革和文化运动牺牲"。③并致电上海学生联合会，指省长齐耀珊和教育厅长夏敬观摧残吾浙文化。我等誓为文化运动作先驱之牺牲。④在新文化运动中，如此旗帜鲜明地为捍卫新文化运动与当局针锋相对，浙江一师风潮堪称独一无二。

一师学生对于自己担负的新文化运动的责任高度自觉，他们的第一次请愿宣言就明确宣称：

---

① 《全体同学第一次宣言》，《浙潮第一声》，"文件"，第5页。
② 坂井洋史整理《陈范予日记》，第186—187页。
③ 《全体同学请愿时宣言》，《浙潮第一声》，"文件"，第11页。
④ 《杭州第一师范公电》，上海《新闻报》，1920年3月30日，"公电"，第2张第1版。

新文化运动，本来不一定是一部分人所能宣传的。但是一社会当中，因为另一部分受了旧社会环境关系，思想上锢蔽太深，不易改迁，所以宣传新文化，不能不把自己的基础，建筑巩固起来，然后再以刚毅坚决的精神，渐渐发舒扩大出去，方有成功的希望。学生等都是为研究教育而来，宣传新文化事业，和教育者自身方面有密切关系，那里可以不负一点责任？所以因为觉悟到自己责任方面，虽于宣传方法上不免有些訾议，容易惹人误会，但从良心上讲，终以为必须如此做去，方不负教育者的责任。本校为师范学校，在地位上，责任上，更比别人别校还要重得多。所以本校自去年秋季以来，种种革新事业，都和传播文化有关系。[①]

夏敬观说要知文化运动，须学问最深之人，先为有系统之提倡，然后影响于一般社会，始少流弊而多实效。若今日中等学校学生，研究未深，何能骤语及此？而一师的学生不以为然，"吾辈中等学生，固不敢自鸣其学之深而且粹也。特以'文化运动'四字，终觉人人应该负宣传之责，断非少数贵族式之学问家，所能专责传播；亦断非少数贵族式学问家传播，

---

① 《全体同学第一次请愿书》，《浙潮第一声》，"文件"，第20—21页。

始影响于一般社会人之心,且免其无丝毫之流弊也"。①

尽管一师学潮一开始就将焦点集中于校长经亨颐的去留,却始终认定不是欢迎谁反对谁的问题,而是拯救新文化运动的问题。也就是说,挽留经亨颐,并非其个人的去就,而是关乎浙江教育革新与文化运动的兴衰成败。一师同学的自认,得到杭州学界的公认,杭州学生联合会请愿宣言称:"近者第一师校校长经亨颐,倡言教育革新,主持文化运动。"所要求事项的第一点关于浙江全省者,就是维持文化运动。②该会的请愿省长书则称:经校长"为教育改革之主持人","吾浙文化运动之先觉者",经去,文化运动则失此维护指导者。而浙江教育与中国文化有莫大关系。③

浙江学生经由上海各报馆转各地学生联合会、各界联合会、浙江同乡会及各团体各报馆的公电,赞同这样的认定:"欧战告终,时代革新。吾人欲免自然淘汰于人类之中,自不能不事顺应而谋适合,教育为沟通本能与社会之工具,岂有墨守旧法之理。吾浙省立第一师范学校校长经亨颐洞见及此,自去秋以后,提倡新文化运动,改革该校之设施。凡诸办理,皆与新潮流相顺应。智者群认为吾浙教育之大革新。"④同样将

---

① 《驳浙江教育厅长劝告学生文》,原载《钱江评论》第7号第4版,1920年3月21日,沈自强主编《浙江一师风潮》,第244—245页。
② 《杭州学生联合会请愿宣言》,《浙潮第一声》,"舆论",第37—38页。
③ 《杭州学生联合会请愿省长书》,《浙潮第一声》,"舆论",第38—39页。
④ 《浙学生声讨齐耀珊电》,《浙潮第一声》,"舆论",第48页。

经亨颐与浙省新文化运动连在一起。

绍兴学生通电全国诸同学，不仅认定"浙江第一师校为倡导新文化的先锋"，现在被迫休业解散，使得方才萌芽、生机勃勃、大家寄予希望的新文化不幸遭受黑暗势力的摧残，夭折了一个文化运动的同志，而且宣称："一师因倡导新文化的缘故，遭官厅摧残，这就是官厅和新文化宣战的一种表示。推测其意，非把新文化根本打倒不可。那么，倡导新文化的学校，不只一师一个，而且凡是学校都应该倡导新文化的，不过倡导的程度、分量和时间上有点差异。现在勒令一师休业，只算是一个发端，其余的恐也要一个个拿来如法炮制呢！"为此，承认新文化，而且表同情于一师的浙江学生，为保存浙江新文化起见，要实现所倡导的新文化理想，除积极的继续进行外，还要对摧残文化的当局要求：（一）撤换夏敬观；（二）恢复第一师校教育原状；（三）第一师校校长的资格，非有教育上高深之研究，对于新文化能热心倡导，而有成绩可考者充当不可。摧残新文化运动等于摧残新文化，也等于摧残愿意做新文化运动倡导者的全浙学生，若坐视不顾，不仅自己没人格，简直就是不承认新文化的表示，不配受教育甚至做人，呼吁志同道合的广大学生快快起来，"大家结一个大团体，本着良心和黑暗势力奋斗，要一致牺牲在新文化上面！"①

各地各界接受了浙江学生的说法，在上海的中华民国学

---

① 《绍兴学生通告全国电》，《浙潮第一声》，"舆论"，第46页。

生联合会总会致函夏敬观,明确宣称:"去岁以来,国内谈新教育者纷起,自'五四'而后,新文化运动之声洋洋盈耳。经子渊先生以浙省教育会会长之资格,提倡新思潮,不遗余力,全浙学界,始勃然有生气。经先生以为徒托空谈,犹不足以济事,于是以彼所主持之第一师范为新学说实验之地。"①

《上海学生联合会日刊》以《新文化运动的真牺牲者》为题评论道:现在大家高唱文化运动,"可是要讲到真正为新文化运动而牺牲,不得不推已被解散的浙江第一师范的学生为首屈一指"。各地如京津鲁闽湘鄂的学生也有牺牲,不过是为救国运动,如抵制日货、要求驳回通牒之类,"还说不到因文化上的革新运动而牺牲"。去年北京大学学生为蔡校长的辞职,似有为新文化运动而牺牲的趋势,因得到全国学界的赞助,把蔡请了回去,新文化的出版物更多更精。"可见得全国的学生,从严格讲,实在没有过为新文化的革新运动而真正牺牲,有之,自浙江一师学生始!"②

与冲突发生后各方一致拥戴经亨颐为浙江新文化运动的中心有别,1919年11月经亨颐在与教育厅查办员谈话时说过一段比较有分寸的话,他说:校长教员对于本校应当负责任,却不能负完全责任,因为学生受校长、教员的教训,但不能禁止

---

① 《全国学生会致夏敬观书》,《浙潮第一声》,"舆论",第53页。
② 公展:《新文化运动的真牺牲者》(原载《上海学生联合会日刊》,1920年3月29日),《浙潮第一声》,"舆论",第14—15页。

他不受学校以外的教训。"近来新思潮这样渤［勃］发,新出版物这样的多,感动的力量实在大得了不得。差不多到处都是比我们着实要有力的校长教员,要想法子禁止,实在是办不到的。我有一个比方,空气能够排得尽,新思潮才能够禁止。"①此言并非推脱之词。

经此一役,经亨颐深知无由重返一师,在给一师学生的复函中,他自比黑暗家庭里三代尊亲晚婆压力下的媳妇,还有许多三姑六婆搬弄是非,本来他"稍稍地要想买些新物事给你们吃,不小心被他们拾着了果子底皮和壳——《非孝》"。而学生们太心急,"信煞'言行一致'",件件事立刻要实现,不免惹起一般社会和家族的恐慌。"寒假以前,我曾经和你们说过:要讲文化运动,教育者底态度和他们记者底态度是有分别的,不可全凭主观,也要顾到客观。曾相约开课后好好地想个脚踏实地的方法,何必引起外界的误会,反而不能达到我们底目的!你们也很领悟的。"并劝告学生:"无论要做什么事,切不可拘执一种办法,对象和环境变到怎样,就应该随时酌量。"②

该校学生梁柏台说,浙江一师受人攻击,以致"四面楚歌""众矢之的",主因是提倡新潮流的缘故。要改造社会,免不得受人攻击,不经人家为难,总没有进步的地方。"敝校得有今日的轰轰烈烈者,'书报贩卖部'的功劳也很多。自

---

① 《对教育厅查办员的谈话(节录)》,沈自强主编《浙江一师风潮》,第124页。
② 《经校长底复书》,《浙潮第一声》,"文件",第30—31页。

从'书报贩卖部'设立以来，报纸、杂志到几十种的多，每种要销一百几十份，每人所看的杂志，总在三四种以上。九年一月，敝校还有一种报纸产生出世了，名字叫做《钱江评论》。"[1]北京《晨报》关于浙江一师少数有觉悟的学生组织的"书报贩卖部"，也以"杭州特约通信"的名义有所报道，称其"专门贩卖新出版底'新杂志'，如《思潮》《新潮》《北京大学月刊》《新青年》《解放与改造》……一类底'新思想''新文艺'底书报，不知不觉把那'妇女解放''劳工神圣''国民自决'……一派底'新运动'介绍到了杭州。一班学校里底青年多半受了这种势力底感动，就是老先生们反对的固然不少，即赞成的也大有其人，所以我们杭州这里虽然算不了'文化运动'底'开疆辟土'底功臣，却也算'文化运动'底'殖民地'了"。[2]

上海《时事新报》了解得更加深入详尽："该校书报贩卖部，是由少数学生所自由组织的。这个贩卖部，对于该校，可说是有极大的效力。该校改革的动机，大半由于学生的自觉。学生自觉的原因，都由于新出版物的购阅，而供给新出版物的机关，就是书报贩卖部。听说该部现在书报的销路，计《星期评论》一百八十分，《教育潮》一百二十分，《民国周刊》

---

[1] 《梁柏台给袁先生的信》，原载《浙江革命烈士书信选》（浙江人民出版社，1986），沈自强主编《浙江一师风潮》，第129页。

[2] 《杭州特约通信》，《晨报》，1919年11月20日，"紧要新闻"，第3版。

一百二十分,《建设》三十五分,《少年中国》五十分,《新青年》五十分,《新潮》八十分,《解放与改造》八十分,《平民教育》九十分,《曙光》二十分,《星期日》三十分,该校学生欢迎新出版物的情形,也可以想见了。"①施复亮(存统)回忆道,一师的书报贩卖部每天到西湖边公众体育场贩卖各种进步书刊,传播新思潮的刊物有十几种,销行最广的是《新青年》和《星期评论》。一师学生约四百人,有个时期校内就销行《新青年》和《星期评论》四百几十份。②

陈范予的日记可以部分印证上述说法,其1920年1月4日记:"我自堕地到现在,都是昏昏董董,在梦昧里谋生活;什么人生观,都是莫明其妙。到去年下半年,受了国家的新文化运动、世界的大潮流冲动,刚才发出一线光明;知道我个人这样?我对社会这样?对国家这样?已经摸着一点头引子,找出一点小光明了!"只是自觉学识不够,不能彻底看到世界究竟怎样,而文化日进,日月时老,有时不我待之感,于是自订关于自身和国家的希望表,前者要由无系统目的的随便学,改为有系统目的的紧着学。要有人生观,将肉欲改为精神之欲,养成自由心,博爱心,多在社会服务,时时做劳工事业。后者则由军阀、权势、偏废,变为自由、平等、普遍,打破资本主

---

① 《五四运动后之浙江第一师范》,上海《时事新报》,1919年12月15日,"内外要闻",第2张第1版。
② 施复亮:《"五四"在杭州》,中国社会科学院近代史研究所《近代史资料》编译室主编《五四运动回忆录》,知识产权出版社,2013,第126页。

义，实行劳工生活，推翻阶级的教育，实施平民的教育，抱着博爱，互助同胞，工读互助日兴一日，普满全国，成为苦学生的栽培所，铸成英才。①

是年初，浙江教育界因是否支持北京教员罢课而导致师生之间以及学生之间的分歧，一师的学生会坚持以行动声援北京教员，各校代表赞许道："这次的奋斗是光明与黑暗争斗，新思潮与老顽固交战，今者第一师范随新潮之趋势，做二十世纪的事业。"而各校因为顽固势盛，不能一致。"我们今已觉悟，决向光明路上走，做一个二十世纪的人，做新思潮的人，和第一师范同学一样！"陈范予不禁欣然，"这也是黑暗中的一颗明星呢！"②

刊登《非孝》一文的《浙江新潮》周刊，是杭州各校一些志同道合的学生自动组织的刊物，原名《双十》，最主要的目的，"就是一方面竭力把'新思潮'传布，一方面对于守旧派立于指导者的地位，下一种诚恳的劝告，使他们渐渐的新陈代谢。诸位旧思想的末日到了，人类解放期就在目前了，假使再不趁此吸收些'新'的学识，那么现在20世纪上就要天演淘汰了"。③

《双十》改名应该是模仿北京大学学生的《新潮》，内容却有所分别，所要解决的宇宙将来、人生鹄的、真理标准三大

---

① 坂井洋史整理《陈范予日记》，第170—171页。
② 坂井洋史整理《陈范予日记》，第177—178页。
③ 《浙江之文化运动》，上海《时事新报》，1919年10月27日，第2张第2版。

问题，而以"生活""幸福""进化"为对应，并认为是现代一切思潮的根本。该刊旨趣有四：其一，确定以"谋人类生活的幸福和进化"为宗旨。其二，欲达此目的，必备三项条件，即自由、互助、劳动。目前达不到，是因为有种种束缚、竞争和掠夺，如风俗、习惯、宗教、法律的主张，政治、经济的制度，家族、国家的组织。"我们要谋'生活的幸福和进步'，不可不破坏束缚的、竞争的、掠夺的东西，建设自由的、互助的、劳动的社会。这建设和破坏，就是改造社会。"所以周刊以改造社会为目的。其三，改造社会的责任在于农工劳动者，改造的方法在于"自觉"和"联合"。人类大致分为政治、资本、智识、劳动四种阶级，前三种基本是束缚、竞争和掠夺，只有劳动阶级可以担负改造的责任。觉悟的智识分子应投身劳动界，自觉的方法为学校、讲演、出版等教育事业，联合的方法是由小团体而成大团体。"能自觉才能联合，能联合才能破坏，才能建设。自觉和联合是改造的唯一方法。"促进劳动者的自觉和联合，为周刊的方针。其四，中国的劳动者没有受教育的机会，不能靠文字促使其自觉与联合。青年学生是中国很有希望的平民，教育劳动者是他们最重要的责任。"本报一方面直接负促进劳动者的责任，一方面又当鼓吹学生担任教育劳动者的职任。我们的希望，第一步当以学生的自觉和联合促进劳动界的自觉和联合；第二步当使学生界和劳动界联合；第三步当使学生都为劳动者，谋劳动界的大联合。等到学生都投身劳动界,那么改造的目的就容易达到了。"至于促进的方法,则是从调查、批评、指导入手。①

就《发刊词》标明的主张而论,《浙江新潮》同人的认识不仅超越五四运动前《新青年》《新潮》等坚持的思想启蒙阶段,进入到新文化运动的社会运动和社会改造阶段,而且超越少年中国学会的主张,将社会革命以及政治革命纳入目标范围,并且以劳动界的大联合为路径,与转变到社会主义的《新青年》相当接近。只是青年学生仍以劳动者的先生自居,还不到做劳动者的学生的认识程度,要想与劳动者建立牢固联合,还有很长的路要走。

《浙江新潮》的宗旨主张,显然不是经亨颐的理念所能范围。不仅如此,该刊还明确反对国家主义和地方主义,"谋一部分人类的发展,以助全人类的发展"。②此说未必针对当时包括少年中国学会部分会员在内的思想倾向,却与坚持国家主义的经亨颐大异其趣。尽管各自的国家主义内涵及其针对可能大不相同。

浙江一师风潮过去,同学将相关的文件报道编成《浙潮第一声》的册子,说到经亨颐去职的原因,特别指出,一般的观察都说是"新旧冲突",其实不然。"倒经"的人以"旧"

---

① 《〈浙江新潮〉发刊词》,原载《浙江新潮》第1期,1919年11月1日,沈自强主编《浙江一师风潮》,第136—140页。
② 《〈浙江新潮〉发刊词》,沈自强主编《浙江一师风潮》,第139页。

做幌子，并不明了所谓新旧。真实的原因有三，一是杭州教育界的同行嫉妒，二是浙江省议会的报仇主义（经反对议员加薪），三是浙江官厅的傀儡生涯。①

第四节 外界反响

风潮发生前后，外界对浙江文化运动的看法有些微妙的变化。之前上海《时事新报》说："浙江省会（杭州）现在居然也有'文化运动'了，那宣传最力的，就是省教育会出版的《教育潮》。虽则是一个机关的出版物，但是编辑的仲九，能够脱尽外界的羁束，竭力的宣传文化，提倡革新事业。他们所主张的教育方针，介绍的新学说，都是狠合着现代思潮的。那未来的'教育革命'，他们必定是先趋[驱]。"由青年团出版的《青年五日刊》同样很有价值，后改组为《青年周刊》，也由沈仲九编辑，内容更有魄力。可惜受青年团董事的干涉，只出了一期就停刊。第一中学和工业学校学生合办的《双十》半月刊，也是顺应新潮流的。第一师范师生的《校友会十日刊》，介绍新思潮而偏重于教育方面，但凡是与教育有关的，如人生、社会、道德等，一概容纳，所以和《双十》一起，

---

① 《经校长去职的原因》，《浙潮第一声》，"纪事"，第1页。

"可算是杭州学生界破天荒的出版物了"。①

北京《晨报》则称《教育潮》看见文化运动只注重教育不易成功,第一步还是"思想底解放和改造",所以对思想方面也郑重介绍和批评,作为一省教育的总机关,"真不愧为我们浙江'文化运动'底大本营"。②将浙江教育会视为浙省文化运动的中枢。《申报》则称:"浙江第一师校对于新文化运动,素极注意,以全浙而论,可称文化运动之先锋队"。③

大本营和先锋队的说法,大概描绘了浙江新文化运动的实情。浙江文化运动的中枢,"以教育界言,是在浙江省教育会,他出一种《教育潮》的杂志,就是鼓吹新教育和新文化的。以学生界言,就是在浙江第一师范了。他们并且是有联带的关系,因为经亨颐先生一方面是省教育会的会长,一方面又是第一师范的校长;所以经先生的宗旨,就是要把省教育会做理论上提倡新文化的机关,把第一师范做事实上试验新教育的机关"。④五四以后,北大和全国学生一齐奋斗,才挽救了撤换蔡校长的危机。现在一师为新文化运动而牺牲,提倡新文化运动的各省学生,不能袖手旁观。

经亨颐一身二任,坐镇大本营,指挥先锋队,作势要长期

---

① 《浙江之文化运动》,上海《时事新报》,1919年10月27日,第2张第2版。
② 《杭州特约通信》,《晨报》,1919年11月20日,"紧要新闻",第3版。
③ 宣:《浙江一师学潮酝酿之续闻》,《申报》,1920年3月13日,"国内要闻二",第8版。
④ 公展:《新文化运动的真牺牲者》(原载《上海学生联合会日刊》,1920年3月29日),《浙潮第一声》,"舆论",第16页。

开展新文化运动。风潮中当局矛头指向经校长而不及经会长，学生和主编《教育潮》的沈仲九等人索性将教育革新与文化运动的旗帜统统归于第一师范，以掩护经会长脱身。

维系文化运动当然不能牺牲教育革新，但毕竟前者更具前瞻性。上海《民国日报》署名"际安"的《浙江学潮事告各界》，不仅指出一师学潮的与众不同，而且点到新文化运动与五四爱国运动的重要分际。在作者看来，各处军警蹂躏学界半年中不止十数次，"只有浙江一师的学潮，是为新文化运动而牺牲的。对付外交是图目前的补救，新文化运动是树将来的基础。要建造新中国，非由新文化运动入手不可，所以这回浙江学潮，比较的尤为重要"，呼吁各界赶快一致奋起，做浙江学生的后盾。[①]此说独具慧眼，新文化运动的历史使命，正是为将来奠基。

正因为如此，当事人和旁观者大都重视经亨颐的提倡文化和改革教育，认为一师风潮"实为我国文化前途发展的大问题"。国人从前对于文化渺不关心，民国以后关于学术的书报杂志，出版极少，无人过问。"幸而自去年文化运动发生以后，国人沉眠不醒的脑根大为觉悟，遂起一种智识的饥渴，因而新出版物日日增加。"文化为民族荣枯所系，文化不进，民智不能与他民族平等，其他待遇也不能平等，失却所以为人类的要件。"所以文化宣传，乃人类上一种神圣事业，不容他人

---

① 际安：《浙江学潮事告各界》，上海《民国日报》，1920年3月30日，"时评三"，第11版。

拦阻的"。教育为文化枢机,浙省地方官对一师的处置,实在可以说是向文化宣战。①

五四运动高潮过后,国民党和江苏省教育会(蒋梦麟其实仍然属于江苏省教育会)遥相呼应发起新文化运动,主要的政治目的是阻止控制民国中央政权的安福系向南方扩张势力,进而设法收复在北方的失地如北京大学。由于直接的政治目标不易全面达成,所以由文化运动造成新的文化事业和社会事业,从而奠定政治变革的社会基础。处于革命上升期的国民党人从一开始就对浙江一师风潮旗帜鲜明地予以支持,斥责当局的压制。据说上海各报对一师学潮的态度,《申报》《民国日报》最起劲,记载最为详尽,且评论有力。②认真考察,《民国日报》是有立场的支持,而且与国民党人办的其他报刊如《星期评论》《建设》等,口径、步调一致。此外态度比较鲜明的是《时事新报》,该报名义上属于梁启超的研究系,实际控制者却是商务印书馆的张元济(浙江海盐人)。戊戌政坛失足后,张元济虽然声称绝足官场,却有意识地暗中借助传媒掌控舆论,影响政局,从辛亥到五四,成为左右中国政治情势有力的无形之手。③

参与主编《星期评论》的沈定一(玄庐)是浙江萧山人。

---

① 颍水:《浙江一师风潮》,北京《晨报》,1920年3月31日,"时评",第3版。
② 玄庐:《浙江学潮的面面观》,上海《民国日报》,1920年4月5日,沈自强主编《浙江一师风潮》,第326页。
③ 参见桑兵《辛亥汤寿潜的革命转向》,《民国档案》2021年第4期。

他特意专门写了《学生与文化运动》一文，支持并鼓励学生进一步奋争，他说："浙江的新文化运动，已经受着打击了。新文化运动的敌人，撑出他枯朽的铁臂膊，一拳打去了杭州第一师范学校新文化倡导者的校长经亨颐。"因为《浙江新潮》刊登《非孝》，"这一种文章是新文化运动的表现。浙江的官吏，既做了新文化运动的敌人，就不能不找着一个先导者的第一师范给他一个打击。去经亨颐的校长，就是表示他们打击新文化第一声的权威"。经是省视学，不会倒，一师也不会倒，"真正受着打击的，就是第一师范有了新文化思想的学生"。一师学生不会从此停止新文化运动，"即使全浙江学校里面的新文化运动算是凌灭馨尽，浙江之外，还是有新文化运动的；即使北军阀势力范围底下各行省，都被蹂躏平了，西南半壁，一样有新文化运动的立场。即使南北军阀同盟和新文化宣战，……空气流到得了的地方，就是新文化运动得起的地方。新文化初起时就受着打击，便是新文化的本能。权威呵！我必有一天看得到你投降在新文化旗帜底下的日子"。"我们青年学生不为那一个人负的责任，为新文化负的责任。新文化是我们青年的生命，我们为生命负责任。新文化是我们青年的将来，我们为将来负责任。新文化是我们青年前途的光明，我们为光明负责任。新文化的敌人，已经对于我们青年的生命，将来的生命，光明的生命宣了战了！我们要试验我们生命的力量，正是这个机会。"①

　　此时的国民党，正在向着新型革命政党发生蜕变。鼓动新文化运动，除了打倒当前的强敌安福系，也要考虑如何改变中国的社会基础，从而结束辛亥以来政局的乱象。一些国民党人参与共产主义小组乃至中共建党的活动，就反映了这样的动向。五四运动以惩办三国贼和钱承训内阁倒台为结果，推翻段祺瑞和安福系的目的未能达成，安福系反而趁机向南方尤其是东南一带扩展势力，引起国民党和江苏省教育会的高度警惕。经亨颐记，1919年6月13日下午，"赓三、肃文、仲九等来谈，因闻安福系有谋教育会之举，共筹对付。本届大会，竞争必更剧也。吁！政党注意及此，乱我清净教育界，可恨！"②浙江一师风潮发生，抗争的锋芒也扫向安福系，中华民国学生联合会总会致函浙江教育厅厅长夏敬观，指其"受安福私党之成命，抱摧残教育之决心"，"处心积虑以与新文化为敌"。③期间一度被任命为代校长的金布另聘职教员，据说"半系安福分子，志在摧残该校从前之文化运动，而尽将学生收入彼系。盖金布虽为该校毕业生，但与官僚相亲日久，已卖［入］安福鱼行"。④

---

① 玄庐：《学生与文化运动》，《星期评论》第39号，1920年2月29日，第3张第4页。
② 《经亨颐日记》，第175页。
③ 《浙江一师校长问题之沪闻》，《申报》，1920年3月20日，"本埠新闻"，第10页。
④ 《浙江第一师范之前途》，《民国日报》，1920年3月11日，"国内要闻"，第2张第6版。

相比之下，江苏省教育会的态度不够旗帜鲜明。江浙两省地近人同，晚清以来，在许多重大事情上常常携手联合，共同进退，而江苏省教育会实力更强，且有全局性的大计划，在其中往往起主导作用。清季民初，江苏省教育会掌控全国教育界，浙江人则掌控民国政府教育部，双方相互配合，合作无间。蔡元培虽是浙江人，却与江苏省教育会关系极深。有此渊源，作为新文化运动的鼓动者，江苏省教育会对于邻省因文化运动而发生的风潮，理应更加关注。只是黄炎培与经亨颐之间，因为教育主张不同，暗中的确较劲，难免心生芥蒂。浙江省教育会长期靠经亨颐独力支撑，虽曾向江苏省教育会求援，可是担任副会长的黄炎培始终不肯伸出援手。此番风潮，国民党推波助澜，江苏省教育会却似乎冷眼旁观，几乎无所表示。

风潮结束后，一师教育革新的成果得以保存和延续，国文继续讲胡适的文学的国语、建设的文学革命论之类，历史则讲人类社会，不是英雄豪杰的寡头历史。连英文翻译课也讲今后中国的光明，有危险，有机会，要改进社会。博物课讲蚕的种类，引申到蚕丝为中国一大出产，近来因为不讲究，所以不能占世界第一的位置，此后应格外注意。又请杜威来校连续演讲，题目包括"Democracy真义"（在青年会讲）、"Democracy的社会分子应有的性质"、"教育从什么做起"、"科学与人生"等。学生们听罢，一方面深受启发，一方面也不无疑问。如杜威说今日中国国民程度还不能讲共产等问题，只能像西洋百年前的改造社会研究科学,才不致受洪水泛滥,不得一衣之暖、一时之饱之祸。陈范予不满意其说,质疑照此看来,岂不是中国跟不上做二十世纪之一国吗?[①]而新任校长的为人行事,同样并不令人满意。[②]学科制则仍在讲解之中。对于南北各处军阀混战,以致饥民遍地,民不聊生,陈范予痛心疾首,希望民众早日觉醒,发动革命。思想的解放与现实的残酷,反差过大,激愤的同时,也有些无奈。这样的情形,促使不少一师学生相继走上革命的道路,寻求变理想为现实的大道。

---

① 坂井洋史整理《陈范予日记》,第201—209页。
② 坂井洋史整理《陈范予日记》,第212—213页。

第六章 漫延及局限
——以《新人》与少年中国学会调查为视角

五四运动后，新文化运动快速在全国范围兴起，一时间造成轰轰烈烈的景象。只是风头强劲之下，实情究竟如何，人们多少还是有些忐忑。随着新文化运动漫延到全国各地，什么是新文化运动的真精神的问题引发越来越多的困惑，主旨不明，做法自然各异，于是引起形形色色的批评，并提出各式各样的主张，令参与者更加茫然，无所适从。为了了解详情，切实改进，一年之后，一些媒体（如《新人》）、组织（如少年中国学会）陆续对各地的新文化运动展开密集的调查报道，以求对症下药。

出版《新人》的泰东图书局主持人赵南公有政学系背景，他通过组织新人社的该书局编辑王无为，于1920年4月创办《新人》，动机之一，就是不满于现行的"新文化运动"，希望通过批评和调查另外树立旗帜。《新人》专门出版了"文化运动批评号"，并对各地新文化运动的实况进行调查，目的是打破

"新文化派"对"新文化运动"的专擅和垄断，开辟新文化运动的别样通道。

专门针对新文化运动进行调查的时间、用意、视角有别，未必能够反映全部实情。尽管如此，综合比较不同调查的信息，可以了解以下情况：其一，各地新文化运动展开的大体情形。调查的范围包括北京、上海、天津、山东、河南、江苏、浙江、福建、江西、安徽、山西、陕西、广东、云南、甘肃等地，基本涵盖了各主要区域或省份，有的还深入到下面的市县。其二，由于各种调查的具体时间不一，调查的结果应以不同的时间节点为据进行考量评判。因此依据这些调查报道呈现出来的情况不具备统一的时间属性，不能简单地拼合成全景。不过，调查大体可以呈现五四运动后新文化运动在各地发展的情势，而以往的研究中，由于将五四前的新思潮和五四后的新文化运动混为一谈，造成历史认识与历史事实的顺序错乱，所展现的各地新文化运动景象不能全部冠以新文化运动之名。其三，所谓调查，并没有统一的规则，有的只是各地相关者应组织者的要求就所知事情铺排成文，或许并没有实际进行调查，因而报告所展现的情形与实情存在差异。其四，可见其时因人而异的新文化运动观念。"新文化运动"的认识经历了长时期的演化变异，不同时期不同的人脑海心中的"新文化运动"存在不小的差异，甚至同一时期的不同个体也各有其独特的"新文化运动"观。其五，此时各地多处于政治分立状态，当地的政治与社会的权力格局,对于新文化运动的进行有着很大的制约作用。

第一节　京津实情

作为新文学、新思潮和五四运动的发源地及中心,北京的新文化运动具有得天独厚的天时地利人和等优势,理应领先全国,可是实情却让调查者颇为失望。《新人》杂志关于整个北京调查的印象是:

> 带帝王气息官僚滋味的北京,磕头打千的文化,自然很占势力。所以从来入北京而受洗礼的人,莫不染着磕头打千的文化。无论如何洁白坚硬,一入那烘炉大冶,就都变了。自从去年春天,北大里头发生了文化的运动,这坠落不堪的北京,才好像得了救星。嗣后五四运动接着发生,学生界以青年的旦气,攻击这藏污纳垢的北京,居然得了很大的效果,我们大为乐观,以为北京城从此快有活气,将来的北京,终久可以成了文化运动的大本营了。那里知道事实总与理想相反,那些青年学生,虽然十分尽力于打破强权,为一种政治运动,却运动不久,就被暮气沉沉的几个校长压死在下面,甚且不唯自己不来奋斗牺牲,

反而诬别处的斗（争）牺牲的学生，说是受了广东军政府的贿买，于是乎我们所希望的首途，就又发生了一个大障碍了。嗣后北政府摘学生的弱点，或挟校长以令学生，或即以北京学生诬上海学生受略之法，来诬北京学生，北京学生至此遂完全失其战斗力。除了出几种杂志，做点人人能做的文化运动以外，再也没有别的动作。从前所作学生代表，到此就有三分之一向资本家投降，乞资本家掠夺所得的臭钱，到大西洋游览风景去了。

五四运动后学生领袖出国留学，确成风气，不过未必是投降资本家换取的好处，他们本来多是成绩优异者，拿的是公费，目的也不是镀金而已，更为主要的，还是提高自己，将来贡献于国家。不过，他们或有从事新文化运动的想法，却因此与新文化运动失之交臂。

出版物方面，"以现存而论，北大的《北京大学月刊》内容还好，不过是个'非常学识'的介绍者，而且不限于一种，就是学问极深博的人，也看不到半本就要丢下。《北京大学学生周刊》据说和《每周评论》相似，但我不曾看过。《北京大学日刊》就是'政府公报'那一类的东西，只披露一点可以告人的北大消息，其不可告人的消息，像演说打架等类，就被他压死，当然要算是毫无价值。《新潮》精神还好，不过无的放矢的骂人态度，很不见得高明。此外还有《国民》《音乐杂志》《绘学杂志》三种，《国民》我已批评过了，其余两种，我没有时间去看，但听说《音乐杂志》有几篇极力拟古的文章而已"。此外还有北大女高师两校学生合办的《家庭研究》，"才出一期，只能得到八十分左右的分数，听说他们将来要加以改良，使他成了百分无缺的好杂志，我希望他们能真个如此。他如《曙光》《新陇》《闽潮》，据我看来都只有六十分以上的成绩。就中《新陇》最稚"。

北京学界除北大外，学生们"都有些继续奋斗的精神，女生尤其不落人后。倘非北大害群之马罗、康一流的人在那里兴风作浪，破坏团体，长卖国贼的威风，北京城的空气，就决不必劳吴子玉的大驾，来做洗尘人了"。北高师的《教育丛刊》，"内容极丰富，以价值论，容或超过《新教育》也未可知。不过出版至今，只出两册，并不像肯继续进行的样子。其《青年觉社新刊》那不过表现一种新精神，论实质是无可论的。至《理化杂志》，确是好杂志，很有益于专门研究家，并且很切于实际的利用。又次清华学校的《唯真》，大致尚不差，但感情用事的笔墨太多，现在已停版了"。学界以外，"最好的报纸，要算《晨报》，但是研究系的机关报，在其罢课的时候，曾造出许多污蔑上海学生的谣言，我希望他们将来多说良心话"。①

---

① 王无为：《一、北京的文化运动》，《各地文化运动的调查——批评》（下），《新人》第1卷第6号，1920年9月8日，第1—2页。

至于工读互助团，"那就不如不说的好，因为那里的几个工读互助团里头的人，都不曾了解互助的生活"。[1]不过，除了由少年中国学会等团体组织的工读互助团，北京青年还发起过互助团，得到各省和国外同志的赞同，其北京部通信处是北京大学第一院傅佐。该组织与工读互助团并非同一团体。[2]

专门针对北京大学的调查得出的结论也类似：

> 北大的文化运动，在文化运动史上头，当然要占重要的位置。其无形的运动即不论，其可以计算成绩的也很多。计先后有《国故》《每周评论》《北京大学月刊》《北京大学学生周刊》《北京大学日刊》《新潮》《国民》《绘学杂志》《音乐杂志》以及《家庭研究》等十种。此外尚有创办中的《戏剧杂志》《评论之评论》等。其与思想界以巨大的影响，我们当然也要加以承认。不过我有几句良心话，要在这里说说，我时时觉得北大的文化运动不很切实。北大的人，走出一个，社会上就多一个庞然自大的怪物。无论说话做事，都有一点招人厌恶的地方。说话既带命令式，做事尤有贵族气。别人且不说，我的朋友成舍我这次到上海，我就觉得有一种怪气，附他身

---

[1] 王无为：《一、北京的文化运动》，《各地文化运动的调查——批评》（下），《新人》第1卷第6号，第1—2页。

[2] 益：《介绍新文化中的有力大组织》，《北京大学学生周刊》1920年第13号，第11版。

上。赵南公平日是不大批评人的,他都和我说道:"成舍我说话,真像一个从北京大学送出来的人!"还有一个不相识的朋友,也接口说道:"北京大学近来真有种邪气!"回想当去年五四运动的时候,北京大学的学生何等受人尊敬,到如今竟如此遭人厌恶,真不知涕泣所从出了!此外我还遇着北大法科学生鄘某,他因为发行《评论之评论》的事,和泰东图书局商拟草约,一张草约上头,竟有无数"不许""不得"字样,比本上将军通电的口气,还要专制。①

后来新人社的王无为公开"为北大学阀事"致书成舍我,指北京大学自有所谓"最高学府"名义以来,因为对于社会曾负充分的责任,有所贡献,便觉着自己是伟大的神圣,蔑视群众的态度日益加甚,"到如今竟目一切人都是鹿豕,打不倒'迭克推多'的制度,反而来打'德谟克拉西'先生,一面说要打倒军阀财阀,一面却拼命造成自己学阀的地位",使得一般人对北大也好像北大所反对的北京政府了。②

天津的学潮与北京关联紧密,同时又有自己的独立性。天津是工商城市而非文化城市,没有宣传文化的机关和有力的

---

① 王无为:《三、北大的文化运动》,《各地文化运动的调查——批评》(下),《新人》第1卷第6号,第3—4页。
② 王无为:《为"北大"学阀事与成舍我书》,《新人》第1卷第6号,第1—3页。

学者，教育家和记者基本是盲从派，市民对于文化事业向不闻问。去年杜威第一次到天津讲演，听者除官厅请来的，只有几个学生，报纸全无记载。今年班鲁卫来天津演说，报纸只称其为法国前总理，而不称他为学者。这两件事说明天津市民还没有文化运动的影子。去年暑假学潮逐渐平复后，学生中有人明白文化运动的必要，起而建设，不到半年，居然有许多出版物和文化运动团体。不幸今年春间警察干涉，禁止出版邮寄新书报以及集会，于是文化运动销声匿迹。

天津的文化运动出版物有《平民杂志》半月刊（平民杂志社出，宗旨为说明平民与国家的关系，介绍世界的平民思想，启发平民的知识并促进其幸福，改良其习惯，文字通俗），《又新周刊》（又新学社出，介绍新思想，发挥新文学，注意新生活，阐扬新道德），《导言半月刊》（新心学会出，促进社会解放，研究今后的改造，破坏人群的竞争，唤起人民的觉悟，分论说、心声、读书录、批评、思潮等门），《新生命月刊》（真学会出，唤醒劳动者，革新社会，专载通俗短文），《觉悟》（觉悟社出，记载该社讨论结果，攻击社会现状），《新生》（新生社出，发表该社主张和成绩，介绍新思想），《南开特刊》（南开学校风报社出，分为问题、讨论、评著、文艺、社会调查），均发刊于1919年8月至1920年4月间。《平民》《又新》性质相同，缺点是空谈理想，不切近平民的需要。《新生命》与《新生》均带社会主义色彩，前者给工人看，立论太高，工人难懂；后者为新生社言论机关，对社会进行肤浅批评。《觉悟》讨论的问题较长且深，为现行出版物中所无。《南开特刊》十分之八讨论实在的社会问题和实在社会情形的调查及批评，精神最充满稳健。《导言》类似，但稍空虚。总体而言，各出版物真诚，但空虚，因为作者大都是学生，因此销路不畅，社会不受影响。且因经济关系，均不过5期。另外，《大公报》今年7月进行改良，增加思潮一门，载文艺评论与作品，足称天津第一。可惜是皖系军阀的机关报，言论不正，看的人少。

出版事业以外，还有学术讲演会请名人给学生讲演。觉悟社由学生自行讨论，新生社是工读团体，都不向外发展。新少年社是最近于文化运动的团体之一，但尚未见诸实行。由此可见，天津的新文化运动主要是学生运动，方向虽然向外，其实没有出学生的范围，与社会无甚影响，不过留一个将来的希望罢了。①

作为浙人又久居上海，张静庐却与天津的文化运动关系较深，他办的《七天评论》始终未能出版，成为最令其痛心的事。天津学生在实际运动方面比文化运动用力更多，成效更大，每次学潮都首当其冲受到打击，连带文化运动比较孱弱。天津的文化运动与学生运动关联紧密，张静庐于1919年8月到天津，拟做第二次请愿，看见天津文化运动的刊物只有《学生联

---

① 于鹤年：《三、天津的文化运动》，《各地文化运动的调查——批评》（上），《新人》第1卷第4号，1920年8月18日，第6—9页。

合会日刊》和女界同志会的《醒世周刊》，前者更为敢言，销量达4000余份，其"主张"与"评论"二栏，尤具特色，"敢说是全国的学生会报冠"。《醒世周报》的销量也不弱，不过缺乏人才，只有四分之一张的小报，篇幅过窄，难见精彩。张静庐见状，欲别树一帜，继北京《每周评论》之后，编辑出版天津《七天评论》。

预告发出后，《七天评论》和觉悟社的负责人到北京请愿，被关押40天，天津警察厅多次查抄《七天评论》社，以致社务停顿。其间天津《醒世周报》停刊，另与男学生合组《新生命》半月刊，宗旨与北京《新生活》一样，专重于平民，不谈高深学理，着重解决切近问题。《学生联合会日报》因双十节驱逐警察厅杨以德厅长的风潮被封禁。被收压的负责人出狱后，见各省同志都返回原省，独自留在天津办《七天评论》，因为杨以德下令不准印刷该刊，找不到印刷处，托谌志笃、周恩来代找，也无能为力。《学生联合会日报》继续出版，发刊"百期奋斗号"。觉悟社所出《觉悟》《新生命》被禁后，另出《新生》。"到省署请愿风潮发生，曹锐以数百如狼如虎的卫兵大杀学生，这一次大流血之后，学生运动和文化运动都摧残殆尽，学生精神也很颓丧，虽奋斗的精神还有，但在事实上，已不能发展了。"[①]

---

① 张静庐：《四、天津的文化运动》，《各地文化运动的调查——批评》（上），《新人》第1卷第4号，第9—10页。

第二节　北方各省

山东在后来认定的北洋军阀治下，情况也不容乐观。济南是山东文化最高的地方，新文化运动的出版物，只有《山东全省第一中学学生周刊》一种，极幼稚，不能算是强有力的新文化运动。"他的势力，比起济南娼妓的势力，就等于零。"因文化幼稚，济南淫风非常强盛，与上海一般。普通报纸只排官衔，"没有新闻，没有论说，好像一纸同官录。只有一个在新闻业范围以内的齐鲁通讯社，对于输入各地文化运动的出版物，能够十分尽力，与第一中学的书报贩卖团为同一方面之发展"。有鉴于此，调查者不禁希望山东多生几个能够了解做工意义和做文化运动的大汉。①

少年中国学会会员的调查更加深入具体地展现了山东的情形。山东全省有中学十一二所，毕业生都想升学，本省能入的学校不多，大都跑到外省。照新修正的省外留学办法，总共允许300名，每所中学平均约30人，剩下的才入本省专校。1919年山东有欧美公费留学名额8人，只补送了6人，美3德2，英3缺，补了1人。省立女子师范学校校长周榦庭，信耶教，让学

---

① 王无为：《五、山东的文化运动》，《各地文化运动的调查——批评》（上），《新人》第1卷第4号，第11页。

生做礼拜，念圣经，学生要求抵制日货，答以不赞成，"日本富强，中国贫弱，都是上帝的意思"，排货中用吗？而且严男女大防，要求校外的楼房能看到学校天井的门窗必须关闭。书报室都是商务印书馆和文明书局出的书，还有一部《长生不老法》。报仅有两种，《北京日报》和《山东日报》，须先送校长室看过，晚半天再送书报室。1919年以后的报纸杂志一份也没有。据说从前只许看附张的文苑、小说，正张校长看过就截留。五四学潮后，学生屡次要求，才允许看正张。学生组织过一个"女子……促进会"，在《大民主报》登载宣言，有五十几个发起人。校长很生气，教训道："不打我知道，就办团体，以后再不许这样。"学生也就散了。省议会有人弹劾校长，周欲辞职，全体学生和教职员还呈文挽留。法政专门学校校长孙水平去年受地方军事长官马子贞委托到山西考察吏治，回来后学阎锡山在学校立"自省堂"、"洗心社"、礼拜讲经会等，常常将"子贞"挂在嘴边，无心学校和教育。

济南稍有精神的少数觉悟者，形成以齐鲁通讯社为枢纽机关的中心，包括三位议员以及省立第一师范的几位教员，总共不到10人，一方面尽力介绍推广有价值的新文化运动出版物，一方面拼命大胆地揭破社会黑幕，或在议会提议案。不到一年，很有些成绩，如揭破督军浮报军费案，中国二十二行省省议会弹劾案，建设的有扩增西洋留学经费案，教员则鼓吹演讲，并计划组织调查团，到处游历考察，揭发黑幕。介绍文化也很有成效。1919年以后，文化运动的空气充满全国，北京上海的新出版物有数百种之多，销售在十万份以上。济南位于京沪之间，可是《新青年》《新潮》一本都找不到。直到1919年9月间齐鲁通讯社成立，专以推销新思想改造社会的书报为目的，不到两月，已有骇人的效果。如《新青年》《新潮》《少年中国》《新教育》，销数都在百份左右。其他如《解放与改造》《建设》《星期评论》等，销数亦不少。日报如北京《晨报》，向不能入山东一步，现在竟然有50家长期订户。约计新出版物总月销在千份以上。因为他们贩卖书报，不为营利赚钱，而在宣传文化，所以推销得快。还请杜威到山东来讲演。有朋友说将来做山东文化史，齐鲁通讯社的功劳不可磨灭。"试想一个社会里骤然增加上一千份子新思潮的书报，思想界要发生怎样的剧烈变化？"

输入的同时，也向外传递山东的消息，在京沪各报长期发通讯，出版《山东外交月刊》，又预备出一种小周报，偏重思想学术。山东印刷落后，《外交月刊》本是旬刊，因印刷局不能保证按期，改为月刊，而且从1919年10月半印到1920年1月半才出，还分到大民主报社和齐鲁大学印刷部两处印。这两处在济南相对完备，却连新式标点符号都没有。办周报时杜威正在济南演讲，头一期预备出杜威专号，结果因为找不到印刷所而流产。印周报需要照《星期评论》或《新社会》的样子，用五号字和新符号，每周一出版，却没有一家印刷局敢承印，因为山东居然没有五号字,报纸最小也是四号字。①

山东文化的幼稚,说来可怜,而山东社会党声名远扬,却曾把北京政府吓了一跳。五四运动后,美国的报纸忽然发表一篇中国山东社会党的求助文,略谓:"中国人的自治精神,是极其充足,其耐劳天性,尤为各国所不及。中国人的农村,尤天然适合于新组织,如肯再加以改良,就可以成为世界最良好的组织。还有一层,中国人的农村极好,除了在都会的中国人,多半斲丧其天性以外,其余务农勤工的人,差不多都不待社会主义者的鼓吹,就天然的能够各尽所能,各取所需,并且有极强的互助力量。——由此以观,我们社会党在中国实行主义的时期是到了,所以我们就极力宣传我们的主张,使那天然有社会化组织的地方,都成为社会主义的殖民地。"希望美国社会党提供助力,消除障碍。据说纽约社会党总书记对此很表同情,已经正式宣言,不久将以纪念物赠送中国的社会党。消息辗转传到北京,某英文报转载出来,政府知道,大为吃惊,一天下了几道防备的电文。②

山西社会的一般情况大体比各省好许多,各部分则有好有坏。好在水利、实业、秩序,坏在教育,主要是方法不对,不能养成一种教育界的活气。"阎模范督军有句话,'你们小

---

① 徐彦之:《年假游济南杂记》,《少年世界》第1卷第6期,1920年6月1日,"地方调查",第50—55页。
② 王无为:《九、山东的社会党》,《各地文化运动的调查——批评》(中),《新人》第1卷第5号,1920年8月28日,第18—19页。

学生快去读书，不要胡闹。'这种话也有天经地义包含在内，不过在教育原理上，似乎将活猫训练成了死猫，而又希望他将来能够捕活老鼠。至于出版界，我所看见的，只有油光纸印的《山西日报》和薄薄的一本《来复日》。《山西日报》官话打得很好，别的无可批评。《来复日》似新而实旧，也带点山西的醋气。"①如此看来，则山西虽然号称模范，在新文化运动方面却乏善可陈。

旁观者的观察印证了调查的结论。1919年10月，浙江第一师范学校校长兼浙江省教育会会长经亨颐前往山西，参加在太原举行的全国教育会联合会会议，其时杜威、胡适等人亦在太原。掌控山西的阎锡山认为："国民尚少自由之能力，非教育不足以渡此难关，免此危险。"于是实行教育政治，借助社会新风推行强化统治，如以注音普及扫盲，提倡《失学必须识字》，成立学兵团，招收高小毕业生，一面军事训练，一面授以中等教育，且以军费施于教育，预备将来淘汰下级军官。各校课程每周均设军国主义，以军官充体操教员，帮教者为兵士，由督军派来。据说学兵团旨在改变士兵无道德观念的状况，但经亨颐怀疑能否达此目的。"本届联合会有裁兵兴学之提议，而山西阎督军简直以兵兴学！"

虽然山西"官长有觉悟教育必要之诚心"，经亨颐却担心

---

① 张静庐：《六、山西的文化运动》，《各地文化运动的调查——批评》（下），《新人》第1卷第6号，第5页。

名实不符，多为表面文章。学兵团之举，"可虑山西之英才将来尽入军界！此千数百高小毕业生中不少杰出者，恐从此见厄矣！"山西各校长均由省长委任，再行文于教育厅，由厅长即行加委；培养国民学校教员的国民师范学校经费充裕，但与教育厅毫无关系，其学生系督军令各县强迫送来，每年1200人。

山西尊孔甚炽，主张其事的国民师范学校校长赵戴文（次隆）为阎锡山业师，兼督军卫队的名誉旅长，又与孔教会有关系。阎锡山费十万余元建自省堂，以督军名义提倡精神修养，各机关多已实行，"不能利用某种宗教而欲收宗教之效果。识者以为强者之道德，未敢云得当；而余谓纵不能收积极之效，未始无消极的，足以除去不道德之行为"。可社会实情是，凡督军经过处，皆禁止通行，路人久候，兵士且将躲避不及的拉车者痛打倒地。

尽管心存疑虑，坊间政界却很难听到负面评价。山西以特别方法编制户口，25家为一闾，设一闾长，凡警厅传达省长新政，均责成闾长，务使家喻户晓。当局推行六政，"兴利者三，水利、蚕桑、栽树；除弊者三，剪发、焚烟、放足。据云山西无盗、无窃贼、无赌具，而各公署科员均办公不遑"。还特设六政考核处，由省议会议长兼处长。胡适演讲《娘子关外的新潮流》，"微示不满于山西。阎督军答词为'须注意安宁、生命、活动三条件'，则其意旨亦大可研究"。经亨颐"数日来默察各新政，固不可谓无试验主义之精神，不能不褒其意志，然亦不能不贬其方法缺乏思想。军人得能如此，向属难得，吾辈不宜苛责。又闻山西本有南北之争。现在当局皆系北派。如此积极进行者，亦所以拒南派无孔可入。故愿闻赞美，不喜批评其短处"。

经过观察，经亨颐对于山西的军政军民关系颇为不满。督署室内张贴"山西省议会代表人民开尊重军人大会"的摄影数大张，"迎合督军不遗余力。山西一人铸成大错！"督军宴请，并不致辞，山西教育会副会长"近而询之，非特不起立，亦不回顾，以耳逆之。如此态度殊不相宜！"湖南省教育会为官办，山西教育会其实也是官办。后由议长自动起而代为致辞，"人民代表之资格亦扫地矣！"

问题不止于此。官场常有表象与实效相对相反之事，山西也不例外。归途中，在榆次停留，与知事谈山西行政，"得闻所未闻者。六政中禁烟反肇害，日本人特制金丹畅销于山西，竟每户无不食，小民更甚"。经亨颐回到杭州撰写山西视察报告，"毁誉颇不易表示"，尤其"不敢过誉"。①

各地的文化运动，一般都是男强女弱，河南却是女子出力不亚于男子，女子自动的刊物，竟不比男子少，文化运动的位置，与男子对等。河南文化运动的刊物有四五种，普遍可观的，只有开封第二中学青年学会的《青年》半月刊和女界同志会的《女权》半月刊。《青年》的文字，可取的很多，像"男

---

① 《经亨颐日记》，第207—224页。

女性欲问题"等，都能不厌其详地讨论，精细地研究。虽然杂凑的文字也有，不过大体而论，总算是有精神有价值的。《女权》也不弱，论文多切实。女子解放，本来是要女子自动的解放，若男子代筹，其主客观的眼光，自然两样，并不切实。调查人觉得《女权》比《女界铎》《新芬》《女界钟》等还要好。"只可惜这两种刊物，都已停刊，河南一隅，几成了无文化运动了。传播文化的团体，我所晓得的，除了各学校的书报贩卖部外，还有一个文化书社。这文化书社，是梁思憨一人所组织的，梁君是有毅力的爱国志士，他在去年印刊《东游挥汗录》，曾牺牲了许多劳工所得的经济，现在又组织这个书社，专贩卖各种文化运动的书籍，直接间接的传播文化，其坚毅不拔的精神，实在有点令人起敬的地方。"[1]

河南学界在新文化运动中表现突出，"近自感受新潮以来，顿洗从前不良习惯，最近学界联合会所刊新文化运动之报籍，省垣一隅竟达二十余类（外县尚不在内）。女学方面且有以'劳工''互助''博爱'为本人之名氏者。说者谓女子如是，男生可知。顷河南全省学生总会演说部因鉴于省城学潮旋起旋伏，致有一部分青年或见迫于官厅，或见逐于本校（指前日国耻纪念学生被逐事），决议由学生自身方面发起一读书会，为'自动自决的教育'。倡和此说最力者为省立甲种工业

---

[1] 张静庐：《五、河南的文化运动》，《各地文化运动的调查——批评》（中），《新人》第1卷第5号，第15—16页。

学校。该校学生素以提倡'职业教育，辅助人群，驱除军政，分利蠹民'之说，为当道所不慊"。

河南全省学生读书会的旨趣书称："自从那东西洋文明输入中国后，许多的革新家便知搁起陈编旧说，愿与世界学者公开研究。五四而后，迄今已少苏我们爱国念头，我们中国新文化就从此扬波竞澜，各界亦渐知觉悟，进化的路程可算一日千里了。我们均是新中国将来托命之青年，当这时代，若还是镇日闭门向故纸堆中讨生活，不但不适合新时代潮流，长吾侪罪恶，但要是一知半解，以假新学对付环境，那也被明人齿冷。所以处现代要想晓世界进行到什么地步，那末非博览现世出版物，也是万不能的。但现在的新出版物真是那'汗牛充栋'，无论你经济方面能否如愿，就让你真能什集兼收，也恐怕'智不足以周当时之务，识不足以济天下之变'吧。"为了免于孤陋寡闻，所以"不得不集合几个同志团体，分订世界的新出版书籍，约一定时刻，在一定的地方，把智识磋磨磋磨，交换交换。这就是我们成立新文化读书会的微意，免为恶环境所同化也"。

宣言披露后，颇轰动社会，"当道已连日派遣侦探四出密查，学生会方面亦愈唱愈高，废督请愿，亦正拟实行（此系学界某君所言）。而官厅方面闻亦拟将关于与学生会名称相同臭味相投之各场所封闭（学生会已封）。说者谓逆料学政两界行将有一场大奋斗也。第一师范闹学之风潮起后，全体学生已散，教员亦已离校，刻闻全部学生有请愿北京之说，并有主张鼓动全省各校罢课，以期实行改造教育"。

新文化运动的持续进行，带动了社会改造的呼声。"近来各省区提倡自治，高唱入云，不谓灾荒兵燹之汴省亦有此种声浪，随悲惨哀呼之请愿声而起，不可谓非吾汴三千万人一线之希望也。查汴省发挥自治之原动力，向推青年学子，盖当京中闹'读书运动'时，正豫省学子致力于'自治运动'之秋，省城自治总所之设立分子，以教育界人士为多，汴西各属青年学子闻风继起，日昨河洛一道又组织一自治讲习分所，费用均由各属自筹。"该所举行开学典礼式之日，前门高扎花圈，缀成"激扬民治"四字。先由所长致训词毕，次学界来宾演说。大雨淋漓间，吴佩孚副使偕参谋长李济丞匆匆至，入座后，即起立演说，略谓："从来有治法贵有治人，时至今代，始发展地方事业，其要宜先培养自治人才，总期大多数人民了然于自治真谛，各奋其猛进之精神，为官治之辅助，树宪政之基础。"并手写"一年树谷，十年树木，百年树人，千年树德"等语于黑板，反复推论自治真理，而归重于"实事求是，明体达用"两语，洋洋数千言，历二时半。最后由李参谋长演说，略谓顷吴公关于自治之一切论理，已详切透彻。"自治学员宜首重公德心，异日本其所学，措诸实用，方有为地方民众发展利益之望，不致徒拥自治两字之虚名。"

是日来宾中学界方面为多，对于该所以现任官僚河洛道尹杨葆元兼充所长，颇引为"美中不足"。"各学会于次日即发表意见于省垣报纸上,略谓河南文化之区,自治岂甘人后。历年既饱受旱灾兵匪之教训,应有彻底之觉悟,自治而以官僚出之(指以道尹兼所长),则真所谓官办自治也。吾曹对此次吾汴破天荒之自治萌芽,当有根本法积极行之,勿太乐观,而委责于人。学刊连日对此事亦有所讨论,汴学界思想进步,于此可见一斑矣。"①

第三节　江南文盛地

上海学生的文化运动,分为消极的罢课和强迫抵制日货,积极的开办平民学校、举行通俗演讲、振兴实业、发行出版品。总体上消极方面效果不好,第一次五四运动大罢课,成败看法不一;第二次为福建交涉罢课,得不偿失;第三次为山东直接交涉大罢课,完全失败。罢课后还是出去发传单演讲,中等以上学生愿意出来从事者为数不多。最后一次罢课,上海学生总会出通告在西门公共体育场聚会,到者寥寥无几,又被军警武力驱散。有学生与之对抗,几百人受伤。罢课后多数学生回家或玩耍,团体反而涣散,不如上课作积极的运动。罢课牺牲大,效果小,罢课多了,更是失效,以后的文化运动要从积

---

① 《开封通信:吴佩孚与河南自治·汴学界与新文化运动》,《申报》,1921年5月22日,"国内要闻二",第8页。

极方面入手。抵制日货，应该说服感化，不要强烧，否则招致商人的怨恨。近来罢课失效，半由于此。消极的文化运动有害无益，今后应多开办平民义务学校，经常举行演讲，极力振兴实业，多发行通俗出版品。①

南京号称江南人文荟萃之区，而调查者觉得其实不然。从前科举时代，忙碌于做官运动的文化，科举停了，连做官文化也化归乌有。五四运动后，有几个觉悟的学校，出了几种有色彩的日刊和周刊，现在却"冰销瓦解""无声无臭"。南京的日刊有七八种，向来腐败得很，宗旨多半是政界或香烟公司的机关。关于地方的记载，主要是妓女的皮肉新闻，"倒置黑白，播弄是非，造谣生事，是他们特别的长处"。如去年王揖唐到上海，上海的报纸都说"卖国代表，耻与相见"，本是顺从民意，决非意气用事，南京的报纸反来恭维拍马，令人肉麻。今年惊天动地的直皖相斗，反绝口不提。新出的《南京日报》略好，但听说是外国烟公司的机关报。带文化运动色彩的《南京高师日刊》仅限校中有关系的各处，已改周刊。《南京学生联合会日刊》现已停办。《宁声周刊》《南京青年》都是宗教性的，材料不丰富。月刊资格最老的《金陵光》，对学术研究很尽力。《江苏省行政月报》《警务杂志》《教育月报》则都是机关报，为自己传达命令。季刊有金陵神学会出版的

---

① 锡麒：《三、上海学生的文化运动》，《各地文化运动的调查——批评》（中），《新人》第1卷第5号，第9—10页。

《神学志》，专载令人迷信的事。间接传播文化的通俗图书馆、省立运动场、古物保存所等，内容腐败到极点。直接传播文化的印刷事业，如宜春阁、模范监狱等处，印出来的东西都是字迹模糊不清，形式异常笨拙，校对忽不经心，令人生恶。①

南京学生有一种特殊出版物，大半鼓吹社会主义，每本字数最多不过五千，最少只有千余字。传布的人以中学生居多，地方以学校为多。他们以为这样传布比什么方法都好，可是调查者却很不赞成，曾写信告诉一个朋友，请他多尽力于别的方面。朋友回答，说这样的传布区域虽不广，效力虽不大，而能改变一些守旧学生的思想，也是好的。他们对于这事，孜孜不倦，不惜节省自己的费用以为之，并且不避危险。这些印刷品的种类很多，调查者所见到的就有七种：《自由人》《真理世界》《告少年》《何谓无政府？》《觉悟者自述》《我们的运动》《速起》，内容多半攻击强权。②

浙江算是文化发祥之地，在负责调查的张静庐看来，文化运动却非常薄弱，非但刊物稀少，比不上北京、上海、湖南、四川，即社会上直接间接所受影响也非常缺少；非但一般人不晓得文化运动是什么，即作文化运动的学生和学者，也不晓得文化运动是什么。省会杭州文化运动的刊物，只有《浙江学生

---

① 田稻丰：《七、南京的文化运动》，《各地文化运动的调查——批评》（上），《新人》第1卷第4号，第13—14页。
② 王无为：《六、南京学生的文化运动》，《各地文化运动的调查——批评》（中），《新人》第1卷第5号，第16—17页。

联合会周刊》《浙江新潮》《钱江评论》《妇女旬刊》《海潮音》等几种。《学生联合会周刊》本是团体的机关志,并非纯粹的文化运动刊物,开始确有传播新文化的能力,只是篇幅太少,纪事与通电宣言式的官样文章太多,类似朝报。后来学生会与法政学校意气分裂,你讽我讥,又变成《谩骂集》。《浙江新潮》较有精彩的价值,可惜因为《非孝》一文而夭折。文章的作者废去不道德的孝的旧伦理,却没有代以仁爱互助的新伦理,只许破坏,毋庸建设,且以救众生为由,不回家救重病的父亲,很不像话。《钱江评论》确有精神,尤其是不厌其详地集中讨论重要的婚姻问题。《妇女旬刊》本是《闺声》的变态,名义是女子自动,文字由男性作的占十分之八,且偏于空洞,"文苑"一栏尤其荒谬绝伦。《海潮音》确是研究的出版物,但为佛教传布主义的机关。

宁波的文化运动简直是没有,刊物先后只有《宁波学生会周刊》《炸弹》《爱克司光》《时事公报》《新佛教》《人学》几种。《学生会周刊》毫无精神,无色彩,不主张,不议论,一张染墨色的白纸,无从批评。《炸弹》是六五后的产物,只论时事,鼓吹抵制日货,提倡国货。《爱克司光》有几篇好文字,不过收罗太杂,又抄《疑雨集》《登徒赋》一类文字,如同"春宫的文化运动"。这三种均早夭。《时事公报》也主张"多论问题少谈主义",为数不多的文字都是讨论切近现代社会亟待解决的重要问题。《新佛教》热心文化运动,只是偏于宗教。《人学》仅出一期，注重人生问题，但不占势力。[①]

另一种关于宁波的调查是应张静庐的要求而作，在调查者陈企白看来，宁波文化运动的能力薄弱得很。社会麻木不仁，演讲一般人听而不闻，印刷品则视而不见，一切运动，都失了效力。印刷品，团体的有救国十人团联合会的《良心》、商业公团的《民意》、小学联合会的旬刊，都是陈企白和几位同志编辑送阅。可惜经济有限，不到十期都停版了。后来中等以上学生联合会出过一种周刊，内容芜杂，且有人提倡奴隶道德，反对新思潮。有某校学生，竟和陈企白大开笔战，真是笑话！个人发行的《炸弹》，是由调查者本人编辑的，还有一种《时鸣钟》，是"了烦"编辑的，大致不错，现在都停了。

报纸方面，《四明日报》抱闭关主义，不关痛痒的论调，满纸陈腐的新闻，什么叫做新思潮——文化运动，他哪里懂得！有人叫他"呜呼报""水火盗贼报"。能在宁波文化运动史中放一大光明的是《时事公报》。参与其事的陈企白说："我们几个同志要显出宁波文化运动的色彩，所以创办这个报纸。出版后，果然受了大多数人的欢迎。但是除了一蝶、痴民、尘芥、静庐几个朋友外，却没有什么人来发表意见，可知这桩事，还没有引起一般人的注意，这是我们积极运动中的悲观！"

演讲方面，小学联合会的演讲部长是臻庠，救国十人团联

[①] 静庐：《一、浙江的文化运动》，《各地文化运动的调查——批评》（上），《新人》第1卷第4号，第1—3页。

合会的演讲部长是陈企白,还有各界联合会演讲部。"这几个团体的成绩,颇为一般人所称道。中等以上学生联合会也有演讲部。除露天演讲外,又常到戏院等处去演讲"。去年还组织了表情演讲团,略如新剧,欢迎的人很多。①

在浙江绍兴,新文化的出版方与代售方产生了一些矛盾,并引起一些社会反响,有人认为应代出版方设想,因为经费紧张,有人则认为既然以传播新文化为宗旨,而代售为重要环节,虽然知道组织新出版物的不易,可是绍兴地方只有一个贩报社,所售书报,为绍地少有,不得不希望出版界格外给一点援助,否则恐怕绍兴的青年更感苦痛。②

永康的新文化运动开展得较有声色,"本社自成立以来,对于文化运动竭力注意,除每月发刊《新永康》杂志一册外,复于三月二十七日特开临时会,议决暑假期间在本邑城内创办平民学校一所,以实施平民教育,并暑假补习学校一所,以便小中学学生补习各种科学,并拟于有机会时,次第举行通俗讲演会及演活动电影,以为社会教育之助云"。③

福建论人文荟萃,以福州为首,但福州的文化运动,在调查者看来却没有萌芽的象征。其原因有三:第一,福州旧式教

---

① 陈企白:《八、宁波的文化运动》,《各地文化运动的调查——批评》(上),《新人》第1卷第4号,第14—16页。
② 德聚:《传播新文化者应互相了解》,《民国日报·觉悟》,1920年7月8日,"通讯",第3张。
③ 《本社社务纪要》,《新永康》第1卷第1号,1920年,第62页。

育自成一体，十个读书人，五个以上能神其用。"眼前新文化的运动，既未普遍，而新文化的精神，又不见得十分神奇，一些一知半解的人，提起笔来，做点愈读愈不过的文字，说些愈说愈糊涂的道理，便自命为文化运动家，强人以必从。因此福州人愈深信诗云子曰的文化，是高尚的文化，目下的新文化，是粗率浅薄的文化，不止失了容纳新文化的量，还生用诗云子曰的文化，征服新文化的心。由是福州这一块地方，就成了一个攻打不破的坚城，凭你京沪文化运动如何猛烈，他再也不会感受这潮流了。"第二，学潮在福州很猛烈地进行，排日运动格外剧烈，于是引发了轰动一时的闽案，至今尚未解决。学界忙于奔走呼救，官厅又施行极端的压迫，学界对于新文化运动的事业，像出版物的刊行，演讲团的组织等等，就不能有所尽力。"新文化运动是靠着学界提倡的，如今学界既不提倡，自然没有应声的人，所以一年以来，别处人对于新文化运动总有一点尽力，独独只有福州人心甘意愿，在那沉寂枯燥的环境，营他以为正当而实际非正当的生活。"第三，福州印刷业落后，不能印一本整书，就是印一张抵制日货的传单，也是极困难的。"新文化运动虽不限于出版物的运动，但也非有出版物帮助不能为功。现在印刷业既没有进步，关于文化运动的出版物，自然要遭重大的打击了。……倘若我们要想在福州开拓新文化运动的土地，那就要先谋印刷业的进步，然后再以比较上有效力的新出版物，打破那些藐视新文化的心理，才能得相当的效果。"

话虽如此，福州毕竟有了一种名叫《科学通俗谈》的出版物，是介绍常识的，1920年5月出版，当时很令人注意，以为急先锋来了，将来的出版界，必有日新月盛的气象。谁知大谬不然，《科学通俗谈》先说每月出两本，结果三个月只出了两本。"做先锋的如此馁缩，做后盾的自然更要向反面进步，因此福州的文化运动，就始终在那无迹象可求之间，令人无从捉摸。"

与福州相比，陈炯明治下的"漳州的文化运动似乎有点新气象，但事实上也是很可怜的。什么《闽星月刊》《闽星半月刊》，天天高谈无政府主义，在出版界上，固然要占一个位置，然而谁不晓得这是失意民党的机关！他们偏安一隅，想取广东的地盘，又打不过莫荣新，想统一福建，又逐不了李厚基。在沉郁无聊中，想出制造过激党的办法，又不能彻头彻底去做，只想激动别人兵变，好扩充自己的势力。这已是个戴假面的文化运动了。加上他们行为上的卑鄙无耻，一面说什么要和烟赌世界作战，又一面却睁着眼睛，笑嘻嘻的看人种鸦片，并不闻他和任何种烟的人，真个战斗一次，愈显得他们的文化运动，不过是装装门面，此外没有别的目的"。

至于福州和漳州的日报，"无一个不是机关报，他们只纪载些他们的主人言动，此外什么事情都不管。有时也抄录了一两篇似是而非的文章，谈几句分不出源流派别的社会主义，然而醉翁之意，也不在酒。这种报纸，我无以名之，姑且把他喊做'文狗之声'"。①

尽管如此,漳州的新文化运动毕竟名声在外。其时有北京大学的学生听《晨报》几次说起漳州的文化运动,刚好朋友约往一游,遂于3月20日乘车经上海辗转抵达漳州,寓陈炯明新建的漳州公园,近距离考察当地新文化运动的实情。公园里有《闽星报》和教育局两种新组织,入门石碑,上书"自由平等博爱互助"八字。公园免费,有一间自明书社,内置一切新书报刊,任人自由观览,可以看出文明制度下"共产的趋势"。漳州交通不便,在拆城墙改马路,学校以师范为最高,风俗蔽塞,女子12岁即出嫁,每家门口有垂帘,女子概不外出。与陈炯明见过,后者热心革命,声称革命者只知道革命。

到漳州的第三天,恰逢举行闽南春季大运动会,广州的岭南、高师两校也派选手到场。首日散播《我们的运动》小册子,内容是无政府党之目的与手段。无论士兵、学生、女子,几乎人手一册。次日多人持红旗,散布《救命呀》的传单,内容指现在是人吃人的世界,政府资本家吃人,只有革命是救命唯一的方法。社会革命又叫经济革命,和从前的政治革命不同,先要推倒吃人政府,铲除资本家,做工吃饭,绝对自由,绝对平等。第三天有一班青年学生在运动会门外小阜上手摇红旗,竖起巴枯宁和师复的像,几位西装少年用北话大声演说,

---

① 王无为:《二、(福建的文化运动)》,《各地文化运动的调查——批评》(上),《新人》第1卷第4号,第4—5页。

由闽人传译,听者有军官、兵士、学生、农民、工人和妇女、教师。一位演说者叫道:"你们赞成革命吗?"众人答道:"赞成!赞成!"于是革命之声,哄然交作。运动场里一队少年学生,人人拿着一面红旗,散播一种小册子,题为《无政府浅说》,为师复所著。又有一张传单叫做"令子令孙断断不怕没有吃饭",据说是朱执信所著。派册子的学生本来是讲爱国的,去年从福州跑到漳州,要求陈炯明让他们进军官学校,陈却叫他们天天在教育局听关于社会主义和无政府主义的讲演,把军国主义洗干净。持抵抗强权的目的而来,却做了无强权主义的无政府主义的马前卒生力军。师范学校的课程里,居然有社会主义一课。漳州的《闽星日刊》和《闽星半周刊》,由同一机关所出,传播社会主义。所以有人说漳州是闽南的俄罗斯。[①]

安庆虽然是安徽的省会,新文化却没有丝毫发展动力。安庆人脑筋太旧,学校也有二三十,学生也有一两千,但社会不信仰,社会名人的脑子"都是在第十世纪时候造的,于新潮流自然极力去拦阻他了!学生运动原想社会上帮助,作文化运动,反受社会上排斥,当然没人提倡的了"。加上官厅阻止,长江沿岸各埠,学生联合会和日货检查所都没了,唯独安庆尚在。学生只有检查、集会受官厅优待,不干涉,若是实行文化运动,官厅就借口解散。日刊只有《民嵒报》,噤若寒蝉,与

---

① 如山:《游漳见闻记——漳州文化运动的真相》(4月28日),《北京大学学生周刊》第14号,1920年5月1日,第21—24版。

文化运动没有丝毫关系。主笔是七十几岁的老头儿吴蔼航。《通俗教育报》也是日刊，完全白话，但撰述人思想很旧，主笔徐朗宣、张耀宣。《第一中学二年级三日刊》由学生发起，他年级有人投稿，成绩不大好，但是他们对于文化改造，热心毅力，却叫人佩服。《教学》是安徽全省各师范学校都有的周刊，由第一师范出版，不做文化运动。还有《青年学会报》，由第一中学学生组织，另有《社刊》，不久都要出版。①

芜湖的情况，本来是当地有人去南京会见几个少年中国学会的朋友时，谈起这两年在芜湖做的教育和社会事业，几位朋友嘱其作一篇《芜湖文化运动记》，因为没空，转托友人担任。撰述人认为"文化运动就是人类生命发展的价值过程，如教育、宗教、政治、经济、艺术等等除旧布新的事业，皆叫做文化运动。我这篇文字，是专拿教育来说的，因为我觉得教育的改造运动是文化运动的中心"。所说皆是1919年以前的闻见。民元以前，芜湖有李光炯的安徽公学和陈独秀的《安徽白话报》。民初芜湖教育腐败，教学如同前清，贫民学校的小学生被叫去打洋鼓吹洋号替人家迎亲送葬。

芜湖的省立学校有第二女子师范学校、第二甲种农业学校、第五中学校、第一甲种农业学校。公立的有芜关中学校、职业学校。第二女师校长阮仲勉，桐城人，人好，讲礼法道

---

① 友鸾：《九、安庆的文化运动》，《各地文化运动的调查——批评》（上），《新人》第1卷第4号，第16—17页。

学，对后生很奖励，赞助其所办事业，但女学办得不敢恭维。用一个朋友当学监，一切处分听其指挥。办女学是培养良妻贤母，实行封闭主义，绝对干涉学生交际，尤其是男女学生的交际。校内没有正当的娱乐机关，学生生活枯燥无味，管理虽严，还是打扑克叉麻雀。训练方法由校长讲《大学》，不适合现在社会，学生听不懂。学生习惯不良，好吃零嘴，晚起，早上九点才上课。教材太旧，师法桐城，英文课本也是多年前的，如严复的《英文汉沽》。教授法完全是注入式甚至还不如。男教员上课时面对黑板背对学生，有时校长学监还在旁监督。家政没有实习机会，烹饪专用鱼肉，裁缝多以绸缎，手工不注意必需品，增长学生奢侈习惯。校方反对学生用白话，干涉学生加入学生联合会。去年几次学生运动，学生虽想加入，都被取缔。禁锢学生思想，看新书报必被申斥。校内只有《申报》和《皖江日报》，每逢国事紧急，如五四运动、六三运动、福州交涉，连《申报》也不准看。安徽女校只有两所（另一所在安庆），女子教育重要，女师是改造中国社会的重中之重，现状如此，实在堪忧。好在女学生因为亲友介绍，有少数人偷偷买《新青年》《新生活》和《少年中国·妇女号》看。现在学校里常发现一种不安的状态。

前身是安徽公学的第二农业学校，校长吴光祖，桐城人，很想好，不过脑筋太旧太简单，刚愎自用。原来的学监兼修身教员，学生很受些精神教育，后筋疲力尽，主动辞职。去年秋季换了学监,仅仅两个月,因学生和校长起了风潮,赶紧离开。管理上被动放任,用手段对付不了,就唯唯听命,不敢纠正学生的过处,三分之二的学生吸纸烟。不提倡正常娱乐,训练无效力,饭堂管理不善。主科完全由各科主任支配,蚕科较好,农科所教与农场实习不一致。国文是古董式教法,照念油印讲义。教职员平时不大注意新书报,漠视新文化。去年学生闹风潮,"解放""改造"的声浪产生冲动,于是买些《新教育》《新潮》看,很可喜。学生有些很有志趣,很活泼,在学监的影响下,仿照第五中学组织学生图书馆、新闻社、自治会、校役夜班,实行朝会,锻炼身体,增进相互情感,举行升旗式,每早对国旗三鞠躬,激发爱护心。

第五中学以前常闹风潮,潘光祖任校长后,没出大乱子。1917年以后,有几个人去传布新思想,施行平民主义教育。管理上从指导的放任到自动的放任,尊重学生人格,养成独立自尊的性习。精神上承认学生为学校的中心,废除命令形式和拿"开除""记过"威吓式的,拿"毕业""奖赏"利诱式的训练,与学生真心相处,使学生根本觉悟。提倡辅助学生组织各种自治机关,养成对己对人对社会的责任心。管理员身体力行为前导,不徒恃语言为形式的训练。有几位教员采用新教授法,废除背诵式和注入式,认定学校教育是教授青年求学做人的方法,不是满足其学问技能的欲望。提倡学生问难,启发式和动的教授引起学生研究的兴趣,养成学生怀疑批评的精神。

师生增多接近的机会，教员对学生的学术、品行，和管理员同负精神及道德上的责任。

该校国文的教授按教材教法各分四期，所用教材，一期为左传、史记，教法为注入式启发式并用；二期教材为近代作家如蔡元培、梁任公、黄远庸、章士钊诸人的文言文，注重启发式；三期为白话文言参半，启发式和动的教授法并用；四期完全白话，纯用动的教授法，教者只在旁边辅导，做学生研究的顾问而已。英文教法类似，教材采用最新合乎现代思潮的课本。其他各科也有革新趋势。

如此一来，学生的思想精神大革命，作了芜湖新文化运动的中心。学生组织成功的团体有学生自治会，游艺会（球部下设足球网球篮球棒球台球，乐部下设中乐西乐，棋部下分军棋围棋象棋），图书馆（购备有益青年学术思想的书报，报刊不下20种，如《新青年》《新潮》《新教育》《新生活》《星期评论》《星期日》《少年中国》《少年世界》《北京大学月刊》《解放与改造》《时事新报》《晨报》《建设》《民铎杂志》《现代思潮》），新闻社（去年五月发生，因五四运动时学生分头办事，无暇慢慢阅报，遂举数人先看，用红笔圈出重要，粘贴新闻揭示处供众览，后变成固定），储蓄会（分三组，略照储蓄银行办法，养成俭德），学生用品采办服务生（轮流担任，借悉商情），童子军，阅报社（学校出款，学生经理，订阅日报十余种）。①教育的组织形式加上自治的组织形式，不仅提升了学生的素质，也构成新文化运动的有组织力量。

第四节　其他地方

江西的调查者"接到无为的信，知道《新人》杂志'文化运动批评号'关于各地文化运动的调查都有，独独缺少江西"。王无为听人说调查者是参与江西文化运动的人，知道一些情形，其实这位人士出身军人，十年前醉心军国主义，从事武化运动，癸丑后才跳出陷阱。在江西与从事文化运动的人绝少相识，且离开江西好几年，在江西时文化运动四个字绝少连续使用，现在江西文化运动有些什么，一概不知。只是身边江西的报纸很多，又常与一二朋友通信，谈谈江西的教育状况，常常把报纸所载、通信所说与之前的观察一一比较。他以为，"文化运动四个字，大概的意思，是抛却政治专讲教育。教育分社会教育、学校教育、家庭教育三种"。要素则有从事教育的人、教育方针和着手的事业。

江西教育厅长许寿裳，两年前初到时颇受江西人欢迎，说

---

① 钓叟：《芜湖文化运动记》，《少年世界》第1卷第4期，1920年4月1日，第67—70页；钓叟：《芜湖文化运动记》（续第4期），《少年世界》第1卷第6期，1920年6月1日，第55—62页。

他很振作，肯做事。现在则攻击的人不少。原因一是省长戚扬掣肘。戚扬是老朽不堪的顽固派，对于现在的教育嫉如仇雠，视教育机关为卵翼党羽的地方，许寿裳常常因为撤换校长视学与戚扬碰钉子。二是许寿裳的魄力薄弱，得失心太重。去年冬某地人士攻击某省立中学校长，许派人密查，基本属实，当即欲将其撤换。谁知该校长靠着戚扬，说要撤的话，到平政院去解决。许无可奈何，下令叫一个万不能赴任的人接任，免得其真要交卸。因为各当道忌嫉学生联合会，许寿裳恐影响自己的地位，不但封闭会所，还请求军警监视学校，以取媚当道，并下令取缔所有学校的学生周刊，革除所有去年爱国运动学生代表的学籍。所以今年学生发布他十大罪状的宣言。三是地方从事教育的全是戚扬的党羽，许多事故意与许为难。

许寿裳在教育厅宣布说，其教育方针要贯注"德谟克拉西"的精神，然而各种事业一仍旧贯。所以江西各报和一般人士取笑他为"德谟克拉西"先生，意思是名为"德谟克拉西"而已。至于他到江西所设施的事业，实在没有一桩与此相称。九所省立中学，四所师范，一所农业和两所工业学校，教育训练和前清一样。几个女子学校全仗二三私人维持，各县国民学校且较民国元、二年减少。近来江西中等学校毕业生应升学考试及第的极少。社会教育除下令各县办通俗演讲外，看不出一桩。就连省会南昌，除了几个通俗演讲员间或出来演讲几句，别的全没有。图书馆里仅存几部私人寄附的旧书，且开馆无定期，除二三老先生翻翻通志，简直没人进去。出版界除各党各系的七家报馆外（《大江》《中庸》《民铎》《新报》《正义》《匡报》，最老资格的《民报》近被封），只有省教育会的《通俗周报》和教育厅的月刊。

地方团体方面，省教育会长宋育德自李燮和战败去赣后一直担任，科举出身，历充共和、进步、研究各党系江西支部长，创办《大江报》，洪宪时是劝进代表，安福国会是众院议员，与省军政当局关系好，身在京而权及赣，掌握江西教育全权，视学校长非其同意不易更换，不然宋的报电朝至戚扬的命令夕下，教育界所有大小人物皆非宋系不可。其教育方针就在联络各县稍为佻达的学生，任何学校毕业后，介绍回本县办事，一遇选举，即为该党的中坚。所举办的事业从前是《通俗周报》，今年增加请杜威演讲和请名人夏期演讲两项。江西无人研究哲学，请杜威不过是赶时髦点缀一下。江西教育会筹备几千元，从北京上海请梁启超、胡适等来演讲。只是北方战事发生，无人前来，但运动总算是热烈的。去年五四运动后出现学生团体（不算同乡会），学生逐渐清醒，意识到自己所受的教育，是将来选举场上走卒的教育，是少数政客政治运动的媒介教育。但去年学生联合会解散后，各校被军警监视，学生简直不能动了。到今年才又渐渐奋发起来，"想脱出那鄱阳湖口加锁的江西，伸头出来吸吸江西以外的新空气"。

概言之："第一、江西的官厅方面，只有教育行政，没有文化运动。第二、地方教育团体，只有政治竞争，没有文化运动。第三、其他非法定团体，只有学生团体，没有别的团体，学生团体尚在排除障碍，准备加入文化运动时代，不是实行参加文化运动时代。"凡在武人治下的地方，都不要想教育发达，也都不要想文化运动能够发展。因为凡是武人，都能摧残教育，遏止文化的运动。无论皖系直系，总是一样。

又有来稿《江西教育厅长与文化运动》，说江西教育厅长许寿裳是浙江人，到江西后，对学生文化运动均取极端压抑的手段，甚至于请兵剿办。事过之后，又开除高等师范学生二十多名。因此绅商学各界及省会议员，均大愤。被开除者均为江西学界有志的青年，无力往别处求学，各界甚为惋惜，曾开非正式会议一次，议决与许交涉，取消开除苛令。但迭次婉商，都置之不理。现该省各界正预备发起驱许运动，如果能够成功，那就是江西文化运动前途的厚幸了。①

湖南的新文化运动在全国颇具声名，也是少有得到调查者夸赞的省份之一。"湖南文化运动的发动点，也是在于学界报界之间。当初是很奋厉的，以后因督张敬尧大发督军威风，就把什么《湘江评论》……等等都收拾去了。自张去后，湖南的文化运动，就如春笋发芽，大有与时俱长的状态。在长沙的《新湖南日报》，既振起精神，欲新思潮说长沙的污浊，而迁

---

① 温晋城：《四、江西的文化运动》，《各地文化运动的调查——批评》（中），《新人》第1卷第5号，第10—15页。

自郴州的《民国日报》，更欲恢复其文化运动的规模，以改造社会为己任。凡事有提倡，自然有和，如今强有力的分子，既倡之于前，将来的发展，自然更有希望了。此外湖南自治的精神，现在亦正向前发展，教育事业，亦较前略有进步。其吸收地方文化之力，亦不下于四川。我们察微知著，对于湖南，真有无穷的希望了。"①

湖南新文化运动的凸显引起清华学生的关注，"去岁杜威博士来华，湘教育界人即欲欢迎来湘讲演，因当时张敬尧摧残教育不遗余力，所以未能举行。自张去后，省教育会诸人重提此议，恰值罗素来华，因决定一同欢迎来湘讲演"。罗素到沪后，商妥先行至湘，湖南省教育会"一面致函李石岑，托其照料罗素起程，一面致函熊知白，托其照料杜威起程，并推何迥程赴京欢迎"。"已议定请罗素讲政治哲学与社会经济，杜威讲教育哲学与伦理学。此外尚有刘伯明讲心理学，李石岑讲近代哲学思潮，蔡子民讲美学与伦理学。此外陈独秀、陶知行讲题尚未定。讲演期间定为十日，已通电各县教育会劝学所，请速派员来省听讲。湘人现正倡自治自决之运动，又经此番之讲演，其理想必大受影响也。"②

广东在成为国民革命的大本营之前，局面相当落后。"广

---

① 王无为：《八、湖南的文化运动》，《各地文化运动的调查——批评》（中），《新人》第1卷第5号，第18页。
② 《国内大事记·湖南之文化运动》，《清华周刊》第196期，1920年10月29日，第42—43页。

州本书［身］是三多——烟多赌多盗多——世界，'其上贪以忍，其下偷以幸'，所谓文化，就只有烟鬼赌徒强盗的文化，以言新文化运动，自然距离太远。就是有点出版物，非幼稚即为政党的机关报。《工界》这刊物，就可以代表幼稚两个字，还有那《唯民》，就是机关报。其比较有价值的，只有岭南大学所发行的《南风》。其他演讲团、义务学校，不止办不好，并且寥寥无几"，①调查人连批评的兴趣都没有。

成都僻处西南，辛亥后稍微开通，又经过不少战事，许多人反对强权的思想风起云涌，好像脱羁的马。五四学潮后，《星期日》起而训练一般人的思想，介绍有系统的学说，鼓吹无强权主义，兼以《国民公报》的激荡奋厉，极力输入各地的文化，由是黑暗的成都，便变成了有光体了。现在成都虽因政潮震荡不宁，做文化运动的人，不免失了一点勇气，而成都人吸收各地文化的力量，还是极其强烈。上海各种出版物但凡有相当价值，发行总额的十五分之一，必以成都为收容所。仅《国民公报》一家，每月所代售的新书籍，至少价值二百元，合并计算更多。②

云南十年前还在半开化状态，革命以来，唐继尧做武化运动，云南好像变成开化，两大进步，一是烟土，二是武力。报

---

① 张静庐：《四、广州的文化运动》，《各地文化运动的调查——批评》（下），《新人》第1卷第6号，1920年，第4页。
② 王无为：《七、成都的文化运动》，《各地文化运动的调查——批评》（中），《新人》第1卷第5号，第17页。

纸也有显著的进步，"但没有一个能够做有力的文化运动"。云南人民吸收各地文化的力量很强，但唐继尧最怕过激党。"他□认定《新青年》是过激党的机关报，出了一张黄纸大告示，禁止发卖，所以前途也未可乐观。"①好在成都吸收新文化，能渐移风气到云南，虽闻唐继尧治下的云南，不许人鼓吹新思潮，很和平的《新青年》杂志，还被他出示禁止，然自成都的风气移到云南以后，云南人偷看禁书的兴味，就加增了许多。唐继尧所出的煌煌告示，就等于废纸了。②

西北的陕甘两省，情况逊于西南。陕西有五个督军，成五马分尸的形势。"这五马分尸的陕西，言论、出版、集会三大自由，老早被三秦的健儿打死了。别种文化运动出版物，固然输入不了，就是很平常很平常，素来稳健的《申报》，也曾遭了没收的处分。去年有种杂志叫做《秦钟》，虽在陕西销了几分，但不久就归于消灭。不过遏之愈甚，或许决裂愈快，以我所知，眼前的陕西，的确有人在那里预备做大规模的文化运动。这种运动的开篇第一章，据他们说是流血两个字。"③

甘肃似乎开化，有的地方却找不着开化的形迹，令人怀疑不是真开化。甘肃的文化幼稚得很。五四后，甘肃觉悟的青

---

① 张静庐：《五、云南的文化运动》，《各地文化运动的调查——批评》（下），《新人》第1卷第6号，第4—5页。
② 王无为：《七、成都的文化运动》，《各地文化运动的调查——批评》（中），《新人》第1卷第5号，第17页。
③ 张静庐：《七、陕西的文化运动》，《各地文化运动的调查——批评》（下），《新人》第1卷第6号，第5页。

年,"知道文化有运动的必要,也曾想从事于宣传,冀收改造的效果,可惜同时发生一种阻力——像印刷等等,都到[无]人承办——就把这宣传两字,生生压死了"。于是向外发生,邓春兰要求北大开放女禁,《新陇杂志》出版,都是成绩。有人拟集资到甘肃振兴印刷事业,以便文化运动。这一着如果实行,将来甘肃的气象,就必有顿改旧观的一日。①

由于社会发展不平衡,各地新文化运动存在明显差距。东北直到1920年底,"关于新文化运动底刊物,既没有出版的,又没有代派的,这是最可怜最可叹的事。青年不知何处去买。常问几家书局为何不代派,说没有多少人买。新文化运动现在已经风行全国了,新文化运动底出版物已经畅销全国了,独我东省倒同云南、甘肃、新疆等省一样的成为僻远底地方了"。②这不免让当地人士自惭形秽。东北出现新文化运动,已经是1923年以后的事,而且背后有着内外各种势力博弈的复杂因缘(另文详论)。

---

① 王无为:《八、甘肃的文化运动》,《各地文化运动的调查——批评》(下),《新人》第1卷第6号,第6页。
② 卞鸿儒:《介绍新文化运动底出版物》,《沈阳高等师范周刊》第23号,1920年11月6日,第16—22页。

第五节　观感与实情

　　无论《新人》还是《少年世界》的调查，显然都谈不上深入，学生趁放假亲临实地，也多为走马观花，而且不免居高临下的态度，一些地方或许与实情还有所出入。尤其是《新人》的调查，抱有批评新文化运动的动机，负面观察较多。其实各地学界的反响还是相当热烈。有的学校新文化团体已经进入各班级，如湖北武昌文华大学"自从今年上季五班的新潮观摩社成立后，四班的文学研究社、三班的文艺研究社、二班的益智社、一班的三益社相继而起，其名虽异，大都以研究新潮为宗旨。闻各班仍筹备进行，将来必大有起色，诚文化运动之佳象也"。①

　　调查中没有湖北、广西、贵州的报告，可谓重要缺失。尤其湖北，是新文化运动开展较为活跃的地方，少年中国学会会员活动频繁。不过，各项调查大体可以反映新文化运动进行一年后人们的观感。相较于混淆新思潮、五四运动与新文化运动造成的如火如荼的总体印象，各地新文化运动展开的情形似乎并不令人乐观。尤其是新文化运动的表现方面看似不少，可是真正实行并具有展示度的主要就是各种出版物，特别是如雨后春笋般涌现的各类定期不定期刊物，所以有人将新文化运动称

---

① 《文化运动》，《文华温故集》第15卷第4号，1920年11月，"校闻"，第43页。

为杂志狂或新名词运动。

综合各地各方的调查，有几点给人以较为深刻的印象：

各地从事新文化运动的主体基本是学校师生，尤其是广大青年学生。一地学界的情形，与当地新文化运动展开的凉热盛衰息息相关。但学生同时还担负着其他的社会责任，学生群体如果专注于爱国救亡，就无力分心于文化运动，如福建；学生运动如果过于激烈，就会导致当局的高压，甚至暴力相加，从而严重削弱学生群体的力量，同样无法持续开展新文化运动，如天津。显而易见，青年学生虽然是近代中国最为活跃的社会群体，而且有着天然的组织性，却无力单独承担任何一种社会责任。学生凭激情，有冲劲，如果不与其他社会群体结合，力量有限，难以持久。学生群体可以作为社会运动的先锋，甚至短暂承担主体的重任，可是，即使像新文化运动这样和平方式的社会运动，如果始终以青年学生为主，也难以达成预期的结果。

新文化运动者以及胡适等人，都好将五四运动及此后学生主办的白话报刊作为新思潮或新文化运动成效显著的重要表征，其实五四爱国运动中创办的学生刊物，有许多并不包含新文化的内容，登载的主要是学生团体活动的消息以及爱国运动的信息。即使有的刊物努力跟上时势的变动，限于知识程度，对于讲究学理思想也显得力不从心。将这类刊物统统计入新文化运动，是混淆新思潮、五四运动与新文化运动的突出表现。不过，新思潮新文学的思想学术诉求延续到新文化运动中，五四运动的社会性也影响新文化运动的形式，使得新文化运动与之前的思想启蒙和爱国运动具有连续性。这不能不说是当事人与后来者容易将三者混为一谈的重要原因。

清季以来，仿行西式教育，介乎普通教育与专门教育之间的高等教育始终无法安放妥当。所谓高等教育，与现在的概念极大不同，是中学以下的普通教育完成后，向专门即大学过渡阶段的教育，由模仿明治日本的高等学校而来。清季各省全都开办，俨然成为没有大学的各省的最高学府。民初取消原来各省的高等学堂，改设大学预科，胡适认为是断了各省学子就近升学的进路，影响相当负面。[①]在此背景下，各省第一师范往往就成为最高学府的替代品。有大学之地，大学理所当然地成为新文化运动的中心，没有大学的省份，各类高等学校则担此重任。所以各省高等学校的状况，与各该省新文化运动的进行关系极大。

教育与文化运动的关联固然极为紧密，甚至有人认为教育是新文化运动的主要体现，可是文化运动要求的教育，不仅是以青年学生为主要对象的学校教育，更为重要的是以城乡劳动群众为普遍对象的社会教育。如果新文化运动不能超越学界，广泛传导到全社会，意味着并没有扩展成为真正的社会运动，仍然局限于学生运动的范围。通过学生的活动所产生的社会影响，不过是思想启蒙的外溢，既不能造成真正的文化普及，也

---

① 桑兵：《清末各省大学堂与现代中国大学的缘起》，《清史研究》2022年第1期。

不能形成多数社会成员参与的社会运动。新文化运动从思想内涵到波及层面和活动方式，均未能完全突破固有困境，于是不得不将时代的中心位置拱手相让于继起的国民革命。

各地的社会经济条件对于文化运动的开展具有制约作用。新文化运动最具展示度的就是出版业的兴盛，而各地的印刷条件差距很大，导致最能展现新文化运动状况的出版业大受局限。与北京、上海等出版业集中的大都市不同，山东、甘肃等地，连省会也缺乏基本印力，出版书刊遭遇瓶颈。天津虽然是工商城市，一旦当局加以限制，也难以脱困。

开展新文化运动的最大障碍，还是各地的军政当局。其时政局分裂，军阀割据，可是南与北几乎是一丘之貉，对于新文化运动都或明或暗地阻挠压制，唯恐危及自身的统治。尤其是新文化运动提倡民主和自治，尽管主要指向教育，毕竟是为了改造政治奠定社会基础，所以令大大小小的军阀政客们心生畏惧，不惜强势干预甚至武力镇压。一些貌似开明的当道，则利用新文化运动之名，行专制集权之实，欺世盗名。当然，正因为各地军政当局的态度至关重要，政局的变动势必对新文化运动发生影响。湖南的新文化运动，就是在驱逐张敬尧之后才获得生机，迅猛发展。

新文化运动的一个潜在危险，是领袖人物的偶像化与贵族化。对于那些混迹于民初政坛、又参与新文化运动的闻人名流，世人多少还有些免疫力，然而，不仅具有广泛影响力的精神领袖被人们奉为偶像，大大小小的学生领袖也难免自我贵族化，从而走向反面。知识精英与劳动群众要打成一片，还有待于历史的后续发展。

第七章　出版物的勃兴

趁着五四风潮的热度，新文化运动发端后迅速漫延到全国各地。1920年6月1日，浙江永嘉新学会的《新学报》第2号刊登了郑振铎的《新文化运动者的精神与态度》，开篇就说：

> 中国的新文化运动自发端以至于今，不过一年多，而其潮流已普遍于全国。自北京到广州，自漳州到成都，差不多没有一个大都市没有新的出版物出现，没有一个地方没有新文化运动者的存在，这个现象真是极可乐观的！中国的新文明，或者竟可实现了！但现在还未可说是成熟的时期，实在是正在萌芽的时代。前途的光明或黑暗，还全有赖于新文化运动者的努力！①

---

① 郑振铎：《新文化运动者的精神与态度》，《新学报》第2号，1920年6月1日，第5—6页。

其时距新文化运动的正式发端，实际上还不到一年时间，郑振铎说的一年多，已经有所提前，但还不至于如后来的历史叙述，拉长到几年之前。新文化运动在相当短的时间里形成潮流，迅速漫延到全国各地，若是按照后来的历史叙述将新思潮与新文化运动相混淆，既不能展现新文化运动蓬勃兴起的热闹景象，更无从把握由思想启蒙进入社会运动的转折意义。

新文化运动的兴起包括空间的扩张与方面的扩展，与地域的快速推进相比，新文化运动的形式主要局限于书刊报的出版，其他社会事业或与一般教育相混同，或热闹一时却难以为继，或阻力太大无法展开，均不能达到预期目的。况且即使看似勃兴的出版方面，也存在诸多不易解决的问题。因此，新文化运动在各地的漫延，表面的盛极一时之下，潜伏着不少隐忧。

第一节　形式与内容

与多数亲历者即时的记载大不同，后来的历史叙述，大都将五四前后的新思潮与新文化运动混为一谈。实则新文化运动在五四爱国运动之后勃发，令不少参与其事者仓促上阵，并不清楚到底什么是新文化运动，更不知如何才能进行新文化运动。所以最初鼓动新文化运动的先行者将宣传的重点放在解释什么是新文化运动、以及新文化运动的形式与内容上，只是对象各异,观念有别,所描述的情形大同之下,存在不小的差异。

蒋梦麟最初设想的新文化运动以酿成新文化的怒潮为目的,具体方法全部集中在青年身上,即青年要自认为富于感情、思想和体力,活泼泼的一个人,用活泼的能力讲哲学、教育、文学、美术、科学等种种学术,用宝贵的光阴在课堂、图书馆、试验室、体育场、社会、家庭中作相当的活动,抱高尚的理想,多团体的活动,抱互助的精神,达到团体的觉悟。①其江苏省教育会与北京大学的双重背景身份决定立场,以青年学生尤其是大学生为新文化运动的主体,设想的形式主要适合在校的青年学生。虽然也有通过学生向社会传导新文化的意向,只不过是客观效果,而非具体目标。如此,则新文化不过是新思潮的延续,仍然局限于知识阶级的思想启蒙。

江苏省教育会提出的新文化运动显然是要再进一步,使文化普及于大多数国民,所以要推广注音字母,传播白话文,设立义务学校,组织演讲团。而新文化运动是以自由思想、创造能力来批评、改造、建设新生活,所以还要举办各种新思想出版物。②江苏各校演说竞进会所讲主题为"新文化运动之种种问题及推行方法",1919年11月17日,由《时报》附张奉赠的《教育周刊》第39号《世界教育新思潮》的"教育小言",刊登

---

① 蒋梦麟:《新文化的怒潮》,《新教育》第2卷第1期,1919年9月,第21页。
② 《演说竞进会演题之解释》,《申报》,1919年11月2日,"本埠新闻",第10页。

了署名"进之"的《新文化运动》，依据江苏演说竞进会的相关报道，描述了新文化运动多种形式蓬勃兴起的景象，以各地所办的义务教育、学术演讲会、注音字母、白话文和各种出版物，提倡社会解放和改造等，作为新文化运动的起点，以增高个人人格作为新文化运动确切不移的标准，解决政治、经济、法律、教育、道德各项问题，最终达到新文化运动的目的。[1]

1919年12月，江苏全省中学以上学生演说竞进会在南京举行时，获得中学组第一名的暨南学校中学科华侨学生黄国元在演讲中提出，必须创造一种新文化以及创造一种顺应世界潮流的新生活。推行新文化运动的方法非从教育入手不可，横向普及的方法除学校教育外，就是社会教育，如露天演讲、通俗学校、通俗图书馆、通俗博物馆、公园、公众游艺场、白话文、注音字母、白话戏、电影戏、报纸杂志等。而纵向提高的方法则有开办开放各种高等专门学校、大学校，举办巡回演讲，设立学术研究会，组织学界通讯社。普及和提高双管齐下，就能加快新文化的推行。[2]

此时新文化运动尚未完全展开，各方所描绘的新文化运动的形式和内容，却相当准确地呈现出后来运动的实际状况。

---

[1] 进之：《新文化运动》，《教育周刊》第39号《世界教育新思潮》，1919年11月17日，"教育小言"。

[2] 黄国元：《新文化运动之种种问题及其推行方法》，《中国与南洋》第1卷第9期，1920年3月，"杂录"，第8—11页。同月由商务印书馆出版的《学生杂志》第7卷第3号也予以刊载。

要将新文化从无到有地造成运动，形势与内容成为鼓动者不约而同重点关注的中心议题。杨文一的《新文化与新文学》，虽然用文言文写来，谈的却是新道理。他将文艺复兴视为西欧的新文化运动，由此导致思想学术脱离宗教而得自由，政治上庶民参政之争接踵而起，并由工业革命经济革命促成欧美近代文明。相比之下，中国的辛亥革命差距巨大。原因在于前者自下而上，根深蒂固，获果良佳，后者自上而下，不揣其本，而齐其末，"未为平民谋幸福，皆为豪滑增羽翼。苟循此途而不变，则继此以往，虽经什百次之政变，不过涂炭生灵已耳，有何俾益于民生哉？"

新文化运动与此前的政治革命截然不同：

> 新文化之运动者，即今日救国之要图也。其运动以学者为中坚，以公论为护符，以文字言论为利器，以哲学科学定趋向，以社会至善为目的，以个人福利为指归，将智识之精神界联成一大团体，集思广益，群策群力，破除一切之锢蔽，改造一切之恶习，从黑暗中奋斗以求光明者也。简言之，即平民要求真正自由，破除阶级之运动也。其行最难，其效至大，悬鹄为准，多方趋之，不求近功，不惮艰阻。

至于具体进行的方向，包括教育方面"亟力提倡平民教育以期智识普及，扩充职业教育以切实用"，以工读主义为宗旨，养成分工互助之精神，提倡道德教育，奖励学生自治，指导学生自动。信仰方面取各宗教的自由、平等、正义、人道为崇拜信仰之准的。政治经济方面打破官僚与资本家合而为一，实行庶民政治及社会政策。习惯方面，文化为风俗之原，政治为风俗之果，中国政体号为民治，实则下至村夫儒子，上至官僚政客，均不知民法的真谛。应对旧习惯取批评的态度，具改良的精神，加以去取，使习惯与政教，如臂之与指。

要达到上述目的，必须以新文学为新文化的载体，可以载新文化运动于久远。中国的文体，历代随世道而变，不能古今强同，况且如今科学繁难，尤重创造，新文学主张简明达理，语言一致，别开生面。具体包括国语即白话文、审定译名、标点分段等要项。

> 新文学者，新文化之利器，新文化者，移风易俗之良图，无新文化为之原，剽袭旧套，假新文学之招牌者，其弊害乃甚于旧文学之饾饤。如以旧文体裁描写新学，则割裂之弊，势所难免。……一方宜整理故有学术，一方陶镕新进文化，既不泥古，又不骛今，则恢复中华往古之声誉，建设世界将来之文明，旭日初升，中天之期不远，任大责重，惟吾曹后生是赖！[①]

---

① 杨文一：《新文化与新文学》，《文艺会刊》第2期，1920年4月1日，"论说"，第22—26页。

这样的解读，不经意间使得新文学与新文化的时间递进关系演变为逻辑顺序的联系。

各人对文化的认知理解不同，导致各自新文化运动的主张有别。有人从特定角度阐释新文化运动的特质及目标。沈体兰的《科学观之文化运动》提出：人类进步的原素是文化，进步的多少可用文化的程度测量，文化程度越高，进步速率越大。要提高文化程度，必先普及文化，普及文化就是文化运动。科学观的文化运动，就是用科学的目光去观察文化运动，或者用科学的方法去研究文化运动。由此可见，一、文化运动是人类生存的运动，而不仅仅是一种新名词。各国进步速度不同，原因在于文化。没有高尚文化，自助和互助就不过是理想。二、文化运动有既定的起源、次序和程度的关联性。文化运动起源于世界人物关系中的缺少与需要，要加以解决，需有次序。如改良社会必先普及教育，否则就是越级的文化运动，很难成功。程度不同，效果各异。要依着文化运动的起源、次序和程度，扩充文化运动的过程。三、注重冒险精神的实验。文化运动的最大目的是要求种种进步去适应现在的缺少和需要，必须有实行的价值，实验万不可少。要用冒险精神克服阻力。四、要有觉悟的原则。文化运动要取得极大的影响效果，必须人人有公开与批判两种觉悟的原则。五、与环境的关系。文化运动可以改变人类的思想权能，思想权能可以改造世界的环境，使环境适应文化运动。六、与反抗力的平衡。应设法破坏文化运动和反抗力的平衡，帮助文化运动的进行。①

龚均如的《新少年的新文化大潮头》，同样认为欧西有了十五世纪的文运复兴，方有今日西方的新文化。新少年可以做老病中国的好医生，五四运动就是新少年驱使大潮头的起点，也就是"新文化运动"的起点。大家奋发努力，把中国萎靡不振、半生半死的老病鬼，用力针他一大针，让静沉沉的死社会变成活泼泼的新社会。第一步先研究新文化传布的资料，第二步再研究新文化传布的方法。资料先要确定病状病因，现在社会的病分为精神和物质两方面，前者包括环境不平等（贵贱、尊卑、男女、贫富、智愚、劳逸），个性恶习（懦怯、懒惰、不诚、无公德心、欺善怕恶、守古模仿、不守秩序、无恒心）；后者为学术方面缺少科学知识（科学眼光、方法），事实方面仍旧（农具千古不变、街道居室逼窄污暗、交通不便、矿产待开、实业不兴，商业不振）等等。医精神病的药料包括自由平等、生活独立、劳工神圣、博爱互助、创造生活、奋斗精神、优美感情、平民教育；物质病的药料包括科学智识、实业智识和商业智识。

依据病因诊断和药料种类，具体实行的方法则为：1.改良出版事业。一国文明程度的高下，考察其发行书报的多寡即可知晓，同时还要看内容如何。现在社会上虽有几种书报，于新

---

① 沈体兰：《科学观之文化运动》，《新中国》第2卷第4号，1920年4月15日，第133—137页。

文化运动却没什么用处。要一面竭力鼓吹出版界,一面调查社会需要,改良书报内容。2.注意社会教育。中国识字者少,书报功效有限,"徒藉书报,总不能使新文化澎湃而成大怒潮的,那终不能遍效于社会!因之社会教育紧要咧"。目前能做的有通俗演讲、改良新剧、创办义务学校、推广注音字母、传播白话文、学校多开游艺会运动会、鼓励团体组织等。3.多设大学和专门学校。五四运动的起点在北京大学,就像欧西十六世纪大改革的大潮头,也起于惠登白雷大学,所以大学实为新文化发源之地。要新文化的大怒潮源源不绝,愈冲愈大,不得不多设大学校。现在提议多设大学的人很多,实在可为新文化运动前途庆贺。至于物质文明,也很重要,所以实业、工业、商业、路矿、邮电、算理、医学及其他急需的专门学校,也应逐渐推广。4.便利交通。交通不便,大为新文化运动的障碍。五四运动以来,通都大邑的人民无论男女老小,都受影响,而穷乡僻壤的人即使略识文字也依然陈腐,就是因为交通不便,信息不灵,所以要注意河道铁路,新文化才有望变成大潮头。①

新文化运动要将五四前的新思潮从对知识青年的思想启蒙推进到社会改造的新阶段,关键在于能否将新文化传播给广大民众,报刊书籍等出版物是主要载体,注音字母和通俗读物是延伸,演讲、社会教育、新剧以及发展交通,都是为了进一步

---

① 龚均如:《新少年的新文化大潮头》,《新学生》第1卷第1号,1919年12月,第15—20页。

伸展文化传播的范围和层面，使得新文化形成运动。

最早鼓吹新文化运动的国民党人一开始就注意到，应该以普通民众为用力的方向，吴稚晖主张普及注音字母，就是为了面向不识字的劳动群众。①而面向广大民众，自然就涉及文化运动普及与提高的关系，虽然这始终是主张新文化运动者重点辨析的问题，认为二者应该相辅相成，却因为不赞成新文化运动的胡适强调提高轻视普及而更加引人关注，成为持续争论的焦点。署名"稚峨"者对新文化运动的前途无限憧憬，认为"欧战既停，世局变易，过激党之思潮渐将倾动一世，我国社会受其冲激，乃更增一度之曙光，灭却数重之翳障，未几而有五四运动之发轫。自今以往，文化运动之势力，方兴未艾，改造社会之工作，且将积极进行。窃意十年或二十年之后，吾国旧社会沉霾晦塞之气，必扫荡无余，而鲜明灿烂之花，圆熟香甜之果，行且连枝累柯于文明空气中，以供吾人采撷也"。

为此，他主张"文化运动者，当以开化一般之平民为第一手续，而欲开化一般之平民，尤当以多出通俗书报为入手办法。……故今日新思想之出版物日见增多，仅沪埠一隅计之，已不下十余种。此诚促进文化之利器也。然察其内容，大率为上级社会说者多，而为普通平民演讲者少；备少数学界中人阅看者多，而备大多数之农工商界阅看者少。惟其然也，故文化

---

① 先进：《新文化运动的武器》，《星期评论》第30号，1919年8月31日，"随便谈"，第4页。

运动仅限于社会之上层，不能普及全体，不能普及全体，则下层之长夜漫漫，将于何日旦乎。此吾所鳃鳃过虑，而欲与主张社会改造诸君子讨论者"。文化如何向少识字不识字的民众普及，虽是许多人认定的新文化运动成败的关键，却始终没有找到很好的解决之道。

以普及为趋向，并不意味着开展新文化运动的难度降低，相反，由于"吾国人士素喜标榜，好虚荣，摭拾一新名词，吸受一新思想，辄藉为揭橥，聊以沽名，其于实际上之设施若何而能发生真确之效，非所问也。其于实力上之预备，若何而能达到期望之的，非所计也。……今之揭文化运动旌帜者，吾不敢谓其徒矜虚声，毫无实力，然前途险阻，来日困难，苟非有百折不回之心，恐难免再鼓而衰之气。……故为促进文化运动计，当培养实力，屏弃虚荣，勿好高务远，勿畏难却顾，事事脚踏实地，由近而远，由小而大，始于跬步，终于九衢，自能达到最后目的"。①面对社会性文化运动的全新课题，必须具有百折不回的信念，脚踏实地的精神，不断探索的勇气，才能有所收效。而要做到这一切，必须首先革面洗心，脱却劣习，变成真正能够从事文化运动的人。

普及一事，说起来容易，做到却很难，尤其是在基层社会推行，比想象中要困难得多。江苏省立第二女子师范学校三年

---

① 稚嵋：《文化运动》，《民心周报》第1卷第4期，1919年12月27日，"通论"，第49—50页。

级本科生朱黛痕专门与同乡研讨新文化运动在下层的施行方法，在她看来，五四以来新文化运动的声浪日高，但是无知无识的人依然没有丝毫觉悟。照此下去，呼声再高，难以奏效，新文化运动就无法普及。凡事要求实在，从小处和简单方法做起，积少成多，才能使多数人觉悟。施运动的人要把自己和被运动的人的环境预先考察清楚，以免大而无当，事倍功半。希望先在居处把同乡会等小团体联结起来，再利用放假回乡的机会逐步落实，设立义务学校，编辑白话文等等，就比较容易推广。[①]

第二节 杂志之学

从五四前的新思潮发展到五四后的新文化运动，虽然由思想启蒙进入社会改造阶段，可是社会运动首先要求文化的普及，而且新文化运动的社会改造，更多的还是由文化普及造成社会改造的普遍需求，在既定的政治社会架构下，很难落实到真正的社会改造层面。因而展现新文化运动的成绩，传播思想的出版物就成了主要的载体。

1920年初，郑振铎为已经过去的1919年度的中国出版界做

---

① 本科三年生朱黛痕：《拟与同乡某君讨论新文化运动施行方法书》，《江苏省立第二女子师范学校校友会汇刊》第9期，1919年12月，"杂俎"，第36—38页。

了专文回顾，在他看来，过去一年的中国社会，简直没有一件事可以供人回忆，供人批评的，唯有出版界似乎还有些色彩，有些光明，可以研究。只是他既有乐观，也有悲观。"乐观的是定期出版物的发达，悲观的是大多数的文人，还是如此没有觉悟；中国的思想界，还是如此不长进。"其具体看法是：

> 中国的出版界，最热闹的恐怕就是一九一九年了！虽然不能谓之"绝后"，而"空前"却已有定论了！他的精神，就在定期出版物。"五四"以前，受欧洲停战的影响，出产了好些定期出版物。"五四"以后，受了爱国运动的影响，新思想传播得更快，定期出板［版］物出现的愈多。就十一月一个月里而论，我所知道的，已经有二十余种的月刊旬刊周刊出现了！他们的论调，虽不能一致，却总有一个定向——就是向着平民主义而走。"劳工神圣""妇女解放""社会改造"的思想，也大家可算得是一致。这真是极可乐观的事！①

郑振铎的无限希望在1920年一定程度有所实现。有人从总体上描述了新文化运动兴盛的情形："吾国自君主革命后，军阀争权，政客钻利，代议制度，又因选举不良，丧失人民之

---

① 郑振铎：《一九一九年的中国出版界》，《新社会》第7号，1920年1月1日，第9—10页。

信仰。欧战既停，俄国社会革命忽而实现，世界所流行之新思想，乃如潮而至，以自由、平等、博爱为标帜，对于现行之政治、经济、组织及学术思想，不复固守旧习，必欲用科学研究之方法，别开生面，解决人类社会最重要之问题。笃志之士，组成团体，以宣传新文化者，实繁有徒。"

这样盛极一时的热闹落实到具体，能够拿得出手的就是报刊书籍等出版物。所举实例，北京方面，从先有新青年社的《新青年》杂志风行全国，后有新学会的杂志《改造》（即《解放与改造》所改，梁启超、张君劢、蒋百里、张东荪任编辑主干）继起。此外，各省教育团体发行月刊周刊颇多，如湖南教育团体的《湖南教育月刊》及《体育周报》等。日报中如上海《时事新报》《民国日报》及北京《晨报》，亦以传布新文化为惟一职务。[①]

清季立停科举后，清廷采取了各种善后措施，以免士人失去权势，逐渐被边缘化。可是科举制与中国原有的社会结构相适应，而近代的加速城市化使得教育及相应资源向城市集中，学生不回乡成为普遍趋势，由此加剧了城市社会结构的变化，各种新式机构为新兴知识人提供了继续留在中心地带的依托，教育和传媒就是其中要项。近代有所谓两杆子之说，即枪杆子与笔杆子，都是权力的体现和凭借。胡适也承认自己这一类人

---

① 葆记：《国内文化运动之现状》，《教育新刊》第1册，1920年11月，"国内外教育消息"，第39—42页。

其实并非无权无势，之所以遭到当局的打压，正是由于可以与
之抗衡。因此，要谨言慎行。传媒的力量在晚清已经显现，民
初急剧扩张。新文化运动一方面改变其内容，一方面增强其形
式。五四与新文化运动之后，传媒的势力大幅度增强，知识人
成为有力的社会力量。

　　北京大学教授陶孟和在《现代评论》第一周年纪念增刊
上说，五四以后，"教育界由可忽略的分量一跃而为政治，外
交，军事，财政，政党，总之，一切活动的重要枢纽"。①随着
教育界势力的崛起，"聪明的政治家或教育家"往往采用一种
跨界的办法，"政界里的人看了他们，以为他们是教育界有势
力的人，不管他们政治的知识如何，就不得不给他们政阶上的
一个相当的位置"。教育界反之亦然。②这样的情形，同样适用
于传媒。而且由于教育界往往注重利用传媒为影响社会的工具
凭借，二者实际上是一体二任。

　　关于五四与新文化运动的历史叙述中，有一项重要数据被
反复征引，却始终没有得到确认和论证，即五四新文化运动究
竟催生了多少白话报刊。胡适在《五十年来中国之文学》中说，
五四后，"各地的学生团体里忽然发生了无数小报纸，形式略仿
《每周评论》，内容全用白话。此外又出了许多白话的新杂志。

---

① 陶孟和：《现代教育界的特色》，《现代评论》第一周年纪念增刊，1925年12月12日，第33页。
② 宇文：《高等教育（四）——风潮》，《现代评论》第2卷第51期，1925年11月28日。

有人估计，这一年（一九一九）之中，至少出了四百种白话报。内中如上海的《星期评论》，如《建设》，如《解放与改造》（现名《改造》），如《少年中国》，都有很好的贡献。一年以后，日报也渐渐的改了样子了。从前日报的附张往往记载戏子妓女的新闻，现在多改登白话的论文译著小说新诗了。北京的《晨报》副刊，上海《民国日报》的《觉悟》，《时事新报》的《学灯》，在这三年之中，可算是三个最重要的白话文的机关。时势所趋，就使那些政客军人办的报也不能不寻几个学生来包办一个白话的附张了。民国九年以后，国内几个持重的大杂志，如《东方杂志》《小说月报》，……也都渐渐的白话化了"。

胡适由此得出的结论是："民国八年的学生运动与新文学运动虽是两件事，但学生运动的影响能使白话的传播遍于全国，这是一大关系；况且'五四'运动以后，国内明白的人渐渐觉悟'思想革新'的重要，所以他们对于新潮流，或采取欢迎的态度，或采取研究的态度，或采取容忍的态度，渐渐的把从前那种仇视的态度减少了，文学革命的运动因此得自由发展，这也是一大关系。因此，民国八年以后，白话文的传播真有'一日千里'之势。白话诗的作者也渐渐的多起来了。民国九年，教育部颁布了一个部令，要国民学校一二年的国文，从九年秋季起，一律改用国语。"①

---

① 胡适：《五十年来中国之文学》，欧阳哲生编《胡适文集》3，北京大学出版社，1998，第259—260页。

此时的胡适仍然不认可"新文化运动"之说,因而强调五四学生运动与新文学、新思潮运动的关系,白话文的大发展,就是学生运动作用于新文学运动的重要体现。

1928年5月4日,胡适在上海光华大学演讲"五四运动纪念",关于五四运动之影响的间接影响,共有六点,其中第二点为学生界的出版物突然增加。"民国八年一年之内,我个人所收到的学生式的豆腐干报,约有四百余份之多,其他可无论了。最奇怪的,这许多报纸,皆用白话文章发表意见,把数年前的新文学运动,无形推广许多。从前我们提倡新文学运动,各处皆有反对,到了此时,全国学生界,亦顾不到这些反对,姑且用它一用再讲,为此'用它一用'的观念的结果,新文学的势力,就深深占入学生界的头脑中去了。"①

其时胡适已经可以接受新文化运动的说法,并且准备以新文化运动发动者的姿态批评国民党始终反对新文化运动,但还是将白话文的普及作为对新文学运动的影响。只是比较前说,出现明显差异。之前所说1919年至少出了400种白话报是依据他人的统计,包括各方所办各种报刊,以及改成白话的报刊,后来则是声称自己一年之内收到学生所办的小报就有400余份。照此推算,当年所有白话报刊的数量当远远超过400种。

30年后的1960年5月4日,胡适应台北广播电台记者之邀,

---

① 胡适:《五四运动纪念》(原载上海《民国日报·觉悟》副刊,1928年5月5日),欧阳哲生主编《胡适文集》12,第727—728页。

谈话录音《五四运动是青年爱国运动》，说法又有很大改变。他说："中国所谓文艺复兴运动，远在民国八年以前。"五四运动一来，北京大学学生成了学生领袖，北大教授从前提倡的所谓文艺复兴运动，即白话文、思想改革、文学革命，随着北大地位提高，公认北大是对的，各地学堂学生会都办刊物，排印、油印或手写，都用白话，"结果民国八年、民国九年之中，我收到的各地方出的这种青年人出的刊物总在三十多种，都用白话。所以，'五四'运动帮助文艺复兴，从前是限于《新青年》《新潮》几个刊物，以后就变成一个全国的运动"。①

这时胡适已经将新思想运动、新思潮运动、新文化运动、文艺复兴运动混为一谈，而文艺复兴运动从1915年到1919年共四年半，从1917年算起则为两年，如果他本人于1919、1920两年内收到的青年人出的白话刊物总共只有30余种，肯定不足以涵盖所有。考虑到时过境迁，胡适的记忆或许出现偏差，而新文化运动实际上出现于五四运动高潮过后，二者既有继替关系，也存在属性差异，则一般而言五四新文化运动时期出了400余种白话刊物，究竟应该归属于哪一次运动，或是如何分属于几次运动，应该仔细分辨。

胡适在1928年所说于1919年之内收到过400余种学生办的白话报刊，或有可能，只是这些白话报刊并非新文化运动的产物，而是受五四前新思潮新文学的影响，在五四爱国运动中创

---

① 胡适：《五四运动是青年爱国运动》，欧阳哲生编《胡适文集》12，第854页。

办。这类刊物，当时成为全国各地许多学校青年学生发表意见交换信息的主要园地。不过，这类刊物存续的时间往往较为短暂，随着学生运动高潮过去，大都陆续停刊。更为重要的是，这类刊物内容集中于学生爱国运动，发行量有限，没有普遍阅读价值，所以保留下来的为数不多。专门研究五四运动在上海的陈以爱教授上穷碧落下黄泉搜求相关文献，书籍报刊大都得见，唯有三份重要的学生刊物，始终查无下落，引为憾事。这三份刊物分别是：留日学生救国团主编的《救国日报》，上海学生联合会主编的《上海学生联合会日刊》（一度改成周刊），全国学生联合会筹备处主编的《全国学生联合会日刊》，仅从主办者和报刊名称即可见并非无名之属，可是各种资料集和数据库均未收录，偶见个别篇章，也是从其他报刊转引而来，研究者极少有人征引，可见极不易得。照此看来，全国各地的学生刊物没有留存下来的不在少数。

算上学生创办的白话刊物，加之一些报刊相继改用白话，新文化运动时期的白话报刊或许不少于400种。但是，不能简单地得出新文化运动催生出400种白话报刊，或是宣传新文化运动的白话报刊有400种之多的结论。白话报刊的集中出现始于清季，只是很少能够延续下来。相当一部分白话报刊是受文字革命的影响，早在新文化运动之前已经存在，有的由文言改白话，内容并不一定宣传新文化，甚至可能反对新文化。多数五四学潮中诞生的学生白话刊物，并不涉及新文化运动，而且大都不久便停刊。一些学生爱国运动保留下来的刊物，虽然延续到新文化运动时期，内容仍以学生的团体组织及其爱国活动等信息为主，并未转到新文化运动方面来。尤其是新文化运动要求的学理研究，对于以中学生为主的办刊者而言，多少有些勉为其难。因此，他们主持的刊物不能直接归属到新文化运动之列。由于五四时期出现的多数报刊持续时间较短，五四后宣传新文化运动的白话报刊远没有400种之多，所以各地关于新文化运动报刊的统计，算来算去，主要就是那么几十种。

据1920年1月初日本《大阪每日新闻》的上海通信对中国新文化运动的综合报道，1919年中国出版界的面目焕然一新，新出版如雨后春笋般涌现。标榜新思想、新道德、新文艺的新刊杂志，基本是最近发刊的，其中七八成又是在七八两月里创刊。所列举的新刊杂志及其发行方，《新青年》之外，主要有《北京大学月刊》（北京大学出版部）、《新潮》（北京大学同人）、《国民杂志》（北京大学法科学生）、《新教育》（北京大学、南京高等师范、暨南学校、江苏省教育会、中华职业教育社合办）、《新中国》（北京新中国杂志社）、《民铎杂志》（上海学术研究会）、《星期评论》（上海民党戴天仇主笔）、《建设》（上海民党一派胡汉民、戴天仇、汪兆铭、朱执信、廖仲恺等执笔，孙中山每号投稿）、《解放与改造》（上海研究系一派之新思想家执笔）、《少年中国》（北京少年中国学会）、《教育潮》（浙江教育会）、《醒世周刊》（天津女子师范学生)、《黑潮》(在上海出版,主旨是研究日本)。

以上不过流行于北京和上海最显著的新书,其余各小杂志和在各省发行的,想必是达于非常多数。现在单就浙江省内的新运动发生新刊的杂志,其数有八。而且那些北京上海的各种杂志,是由学生团体、学校青年会等的机关普及中国各处。至《星期评论》发行数目,已达八千份。拿最大的汉字新闻的发行数目才达四万份的中国社会的读书量来比例,真不能不算非常的普及了。①

其中学生团体的机关刊物数量众多,且多用白话文,但并非新文化运动的产物,也不包含新文化的内容,只因为采用白话文的形式,便被混淆新文学新思潮、五四运动与新文化运动者不加分辨地当成新文化运动的成果予以展示。

相较于其他方面,出版物的确最容易展示新文化运动的声势成效,所以报道记述各地新文化运动的状况,出版成为主要甚至唯一的内容。如《四川之新文化运动》称:"自北京大学提倡新文化运动以来,川省学者对此进行极速,如去年出版之《星期日周刊》,每期销数有[已]达三千余份。今年所出版者有《新空气》《威克烈》……等周刊。近日又发行一种《公

---

① 金云:《日本之中国新文化运动观》(二)(译《大阪每日新闻》上海通信),《闽星半周刊》第2卷第2号,1920年1月5日,第12—15页。

是周刊》，亦以提倡正谊，牖党民智，谋世界永久之和平，求人生最大幸福为宗旨，销数已达千余份云。"[①]关于各地新文化运动的调查，出版物即为重中之重。

由于社会发展的区域性不平衡，各地新文化运动有着明显的差距。东北直到1920年底仍然没有新文化书刊的出版和销售，让当地人士自惭形秽。为了介绍新文化运动的出版物，先以《新青年》第7卷第5号陈独秀的《新文化运动是什么？》，从内容上解释什么是文化、新文化和新文化运动，又依据江苏省教育会各校演说说明的六条从问题和推行方法的角度说明如何着手，其结论是：

> 新文化运动底出版物，就是发扬、传播、促进新文化的一种利器。我们要想彻底知道究竟这新文化的内容和新文化运动的程度，是到怎样个地步，好做我们适应新时代要求下手功夫的预备，我们现在当知道"思想革新"和"社会改造"是一种切己的事情。但是这思想怎样革新，这社会怎样改造，我们现在所处的地位，既然没有别的方法能够做到，那就不能不向这新文化运动底出版物领教了。

出版物分为丛书和报刊两大类，重点介绍的刊物有月刊《改造》《新青年》《新潮》《建设》《少年中国》《少年世

[①] 《四川之新文化运动》，《新中国》第2卷第3号，1920年3月15日，第27页。

界》《太平洋》《新中国》《新群》《曙光》《国民》《政衡》《家庭研究》《民铎》《科学》《学艺》《崇实》《大学月刊》《新教育》《教育潮》《自觉》《教育丛刊》《教育与社会》，半月刊《工读》《平民道德》《光明》《少年》《新生命》《东方》，旬刊《新社会》《奋斗》，周刊《新生活》《星期评论》《平民周刊》以及各校出版的《周刊》。①

1920年春，少年中国学会调查统计了中国各地的新文化刊物，详如下表：②

名目	出版期	出版地	出版机关	创刊时间	销量	备考
科学	月刊	上海	大同学院中国科学社	1915	2000余	出至五卷二期
建设	月刊	上海法界环龙路建设社	亚东图书馆	1919.8.1	4000余	
解放与改造	半月刊	上海中华书局	北京新学会解放与改造社	1919.9.1	5000	
新教育	月刊	上海	新教育共进社	1919.3	4000—5000	每年两卷各五期
北京大学学生周报	周刊	北京大学二院	北大学生会	1920.1.4	5000	

---

① 卞鸿儒：《介绍新文化运动底出版物》，《沈阳高等师范周刊》第23号，1920年11月6日，第16—22页。

② 《出版调查》，《少年世界》第1卷第4期，1920年4月1日，第70—75页。

续表

名目	出版期	出版地	出版机关	创刊时间	销量	备考
少年中国	月刊	上海亚东图书馆	少年中国学会	1919.7	4000	每月15日发行
少年世界	月刊	上海亚东图书馆	少年中国学会	1920.1.1	5000	每月1日发行
平民教育	周刊	北京	高师平民教育社	1919.10.10	3000	
太平洋	月刊	上海	太平洋杂志社	1918.2	2000余	
国民杂志	月刊	北京	国民杂志社	1919.1	1500	
新群	月刊	上海亚东图书馆	中国公学新群杂志部	1919.8.11	3000	
数理杂志	每学期一期	北京	北大数理学会	1919.1	1000	
黑潮	每月二期	上海	太平洋学社	1919.8	3000	
银行周刊	周刊	上海	银行公会银行周报社	1917.5	3000余	
新生命	月刊	天津	真学会	1919.8	4000	
少年半月刊	半月刊	北京琉璃厂附中	少年学会	1919.1	800	
向上	月刊	武昌	中华大学	1919.10.5	200	
钱江评论	周刊	杭州杭县		1920.1.1	2000	

第七章 出版物的勃兴 423

续表

名目	出版期	出版地	出版机关	创刊时间	销量	备考
工学	月刊	北京	北京高师工学会	1919.11.20	1500	
工读	半月刊	北京	高等法文专修馆工读社	1919.12.1	2000	
自觉周刊	月刊	吴淞	同济医工专门学校	1919.5		已出26期
救国	周刊	直隶唐山	工业专门学校学生救国会	1919.5.31	3000	
唯真季刊	季刊	北京清华学校	唯真学会	1919.5	1000	
数理杂志	半年刊	北京	北京高师数理学会	1918春	800	
小学生	半月刊	长沙修业学校小学部	学生自治会小学生社	1919.11.15	500	
通俗医事月刊	月刊	北京	艾西学会	1919.10.10	2500	
法政学报	月刊	北京	法政专门学校本社	1918.3.18	2000	
湖南教育月刊	月刊	长沙	本社	1919.11	500	
岳云周刊	周刊	长沙	岳云中学校友会	1919.10.19	500	
教育运动	十日刊	浙江绍兴	第五师范本社	1920.1.1	2200	

续表

名目	出版期	出版地	出版机关	创刊时间	销量	备考
实业旬报	旬刊	上海	中华实业协会	1919.9.1	3000	
南洋	周刊	上海	南洋公学学生分会	1919.7	1500	
社会新声	半月刊	武昌	中华大学本社	1919.12.11	1000	
民心周报	周刊	上海	本社	1919.12.6		
新妇女	半月刊	上海	本社	1920.1.1	6000	
女界铎	月刊	上海	务本女中	1920.1.1	6000以上	
教育与职业	月刊	上海	中华职业教育社		2500	
曙光	月刊	北京	本社	1919.11	3000	
新我	周刊	绍兴	省立第五师范	1919.2.17	1500	
少年社会	周刊	南京	南京高师	1919.12.1	1500	

总共为40种，其中确定为新文化运动之前创办的有13种，加上1917年创刊的《教育与职业》（原为不定期），并非由新文化运动催生的刊物已有14种之多。而1919年7、8月发刊的《少年中国》等刊物，开始也不是响应新文化运动，稍后才出现新文化运动的内容。也就是说，将近半数的刊物不是新文化运动的直接产物。尽管这项调查并未覆盖所有的新文化运动刊物，却能够大体反映新文化运动时期定期出版物的状况。

第七章　出版物的勃兴　425

第三节　进入丛书时期

与定期出版物如雨后春笋般涌现的情形相对的，就是那些谈鬼神、论"先知术"的书籍的发达。郑振铎说：

> 我一走到琉璃厂，就看见许多黑板写着白字，挂在各家书铺的门前，什么《未卜先知术》，什么《遁甲奇谈》，什么《百灵书》，写得真是热闹！我不懂，在现在实验主义、社会改造的思想播满全国思想界的时候，怎么会有人去做这一类书，居然也会有许多人来买这一类书？往常中国的出版界虽然寂静，却没有发生过这样怪象。这是什么原故？岂不是一般的文人，还没有觉悟的确证吗？
>
> 还有一事也狠奇怪，就是黑幕一类的书，仍旧十分的发达，我们一拿起《新闻报》的第四张来看，真是觉得"肉麻"呵！这岂不是一般文人还没有觉悟的又一证吗？这二层我实在有些悲观。
>
> 除了这两种的悲观与乐观外，这一年的中国出版界，又有一个坏现象：就是"竞争"。你出版一本《家庭万宝全书》，我又出一种《日用百科全书》，他也随即出了一本《国民百科全书》。这种现象，虽然不能说他是很不

好，但他们把出版界看作一种投机、牟利的机关，实在有些危险。况且又生出"逢迎习俗"的风气么？他们都是中国很有名的书局，尚且如此，难怪别人不出版"黑幕""未卜先知术"呢。

据统计，1919年问世最多的是定期出版物，其次就是黑幕及各种奇书小说，最少的却是哲学科学的书。除了北京大学丛书和尚志学会丛书外，简直没有别的有价值的书了。郑振铎"听见我的朋友说，某会出版的《欧战全史》，在北京只卖了百余部。我又看见许多朋友，每见一种杂志出版，都去买来看，他们的案头却不见有别的科学的书籍。我尝问一个在某著名书馆办事的朋友说，你们怎么不出版几部科学的专书？现在这类书，中国最是缺乏呵！他说：不差！我们也想出版一些。可是出版了几部，都没有人买。我们怎么还敢再出版呢"？由此可知中国思想界的毛病所在。希望以后思想界改变态度，下实在的研究功夫。杂志不过供参考，不能做科学研究的功夫，所以应该多出科学的书。

定期出版物的种类虽多，专门研究的却绝无仅有；其言论固然都很正当新颖，但多是辗转得自别的杂志，都是出于直觉，有实在研究根柢的绝少。因此，虽然感到乐观，又恐怕成为"春雨后的菌"。还有一种毛病，就是各种杂志的材料重叠。如《国民之敌》译了又译（改名为《公敌》）；已有几种译本的《最后之一课》也还要再译。其余例证不胜枚举。虽然译本不忌二三译，但是中国现在迫切需要新知识，要译的东西极多，何必费功夫重复工作。

总而言之，一九一九年的中国出版界，虽然很热闹，而可以总评一句话，就是浅薄，无科学的研究。我希望一九二〇年的中国出版界，能够免了一九一九年的弊病，能够保持他的盛况，更加一些切实的研究，希望他们能够去了投机牟利的心理，做真正的新文化运动，希望他们能够多多出版些关于哲学科学的译著；希望他们能够把出版"黑幕""奇书"的纸张油墨，来印刷打破迷信、提创人道的著作；希望他们不再费劳力来译人已经做过的工作；最后我更希望能够有创造的著作出版。①

译著和创作，必须以长期扎实的研究为基础，急切间难解燃眉之急。而民国北京政府时期，办刊的门槛虽然较低，成本不大，难在保证稿源和质量，所以，创办较易，局限也很明显。有鉴于此，嗅觉敏锐的出版商把握机会，将目光投向丛书。

1920年3月1日中华书局"新文化丛书"编辑部发布的征稿启事公开宣称："新文化运动的呼声一天高一天，范围一天广一天，关于时代思潮的作品散见于各种新杂志的不少，但

---

① 郑振铎：《一九一九年的中国出版界》，《新社会》第7号，第9—10页。

都是零零碎碎，不成片段。当我们饥不择食的时候，还可勉强过去，要真正满足我们求知的欲望，实在还嫌不够。所以现在出版界的趋势，已由杂志时期一变而入于丛书时期了。我们这个新文化丛书就是应这个须要为目的。"丛书的形式分大中小三种，字数依次约二十万、十万和五万。如果有二三万字的稿子，也很欢迎，但是报酬递减。内容无论"文学""哲学""科学通论""世界大势""社会问题"等等，都一律欢迎，文言白话不限。①

转入丛书时期的概况，据后来以史学成名的卞鸿儒记，到1920年冬，丛书的编辑出版已出的有"尚志学会丛书"8种，"岫庐公民丛书"10种，"新潮丛书"3种，"晨报社丛书"5种，"新文化丛书"4种，"大学丛书"5种，"共学社丛书"、"新青年社丛书"各1种。②"葆记"提供了同时期更为详细的统计：尚志学会专以编辑新书为务，已出9种（《近代思想》《新道德论》《创化论》《生物之世界》《中国人口论》《革命心理》《柏拉图之理想国》《实用教育学》《群众心理》）；又有讲演会，以北京西城京师学务局为机关，请名人讲演学术，将讲演录刊行，已出版者有十余种（如《现代心理学》《实验主义》《动的新教授》《现代教育趋势》《美国民治之发展》

---

① 《新文化丛书征稿启事》，《旅欧周刊》第28号，1920年5月22日，"专件"，第4页。
② 卞鸿儒：《介绍新文化运动底出版物》，《沈阳高等师范周刊》第23号，第16—22页。

《心灵现象论》《科学与人类进化关系》《社会与教育》《社会与伦理》《农业与国民卫生》《园艺学》《害虫学》等。定价极廉，每册自数分至二角五分）。此外，北京大学有"新潮丛书"，已出版《科学方法论》《迷信与心理点滴》等。又有北京大学丛书，已出《中国哲学史大纲》《心理学大纲》《欧洲文学史》《人类学》《印度哲学概论》等。北京晨报社亦有丛书四种，即《爱的成年》《一九一九旅俄六周记》《杜威五大演讲》《社会改造原理》（白话），均以传播文化为职志。

上海方面，书肆亦竞行发起编书，如商务印书馆有"世界丛书"，已出版《经济史观》；中华书局有"新文化丛书"，已出版《女性论》《政治理想》《达尔文物种原始》《赫克尔一元哲学》等；上海王岫庐编印"岫庐公民丛书"颇多，已出《社会改造原理》（文言）《科学的社会主义》《欧美各国改造问题》《国际联盟讲评》《波斯问题》等五种，尚有15种未出。此外共学社出版《家庭问题》《马克斯经济学说》；学术研究会出版《近世经济思想史论》，均不愧为名著。①

从所描述的情形可知，报刊之外，被纳入新文化范畴的图书包含各种社会科学、自然科学以及国际时政的翻译和作品，也就是说，几乎所有的新书和西书，都被当作新文化来展现。而判别报刊归属的标准，一是形式，即是否白话，二是内容。

---

① 葆记：《国内文化运动之现状》，《教育新刊》第1册，1920年11月，"国内外教育消息"，第39—42页。

一般而言，二者居其一，就被视为新文化。

丛书无论创作还是翻译，都不易速成。于是组织丛书之外，还有各种应急的编书。抓住新文化成为时尚的商机，上海广文书局编辑出版了号称"新文化之明星"的《新文精华》，据其介绍："新文盛行，一日千里，本局随时势之需要，启国民之新知，谋学生之便益，搜集全国当代新文学家名著，辑选精华，汇为一编，世界知识，胥于是备。内分新论说、新评议、新演讲、新书札、新小说五类，青年学子手此一编，于论说则思想可得去腐生新灵心触发之术，于评议则判断可得高瞻远嘱阐微推隐之法，于演讲则辞令可得舌上风生谈吐纵横之秘，于书札则交际可得措辞诚恳结人欢心之诀，于小说则精神可得节劳宣郁陶情养性之妙。得是一编，可以为新文之模范，可以为新学之门径，可以明世界大势，可以悉思想潮流。今为普及起见，定价极廉，凡我青年，以极低之代价，得极大之利益，以极短之时间，得极浓之兴味，诚省时省费省脑力之良书也。"该书内容包括蔡元培的《洪水与猛兽》《欧战与哲学》，梁启超的《无聊消遣》，胡适的《不朽》，李大钊的《今》，陈独秀的《新文化运动是什么？》，伧父（杜亚泉）的《何为新思想》，吴稚晖的《青年与工具》《救国问题根本》等。[①]一通广告词，将新文化变成时髦物的妙诀和盘托出。

---

① 《"新文化之明星"〈新文精华〉出版》，《申报》，1920年9月27日，"常识"，第16页。

上海专门成立了新文化书社,发布特别启事,鉴于"二三年来,新文化运动的怒潮,振荡得一天高似一天,白话文是新文化运动的开路先锋,我们要尽力新文化运动,不可不去研究白话文"。"敝同人应时势之需求,组织本社专编新文学各书,内容新颖,宗旨纯正,定价平直,折扣低廉,深蒙学界诸君所推许。现敝同人为尽力新文化运动起见,特于双十节起各书照码概售五折,□答惠顾诸君之雅意。"其中有《白话文做法》洋装一册,定价六角,据称"这本书的内容,如白话文的意义,白话文的变迁,白话文的条件,白话文的种类,白话文和国音字母,白话文和言语学,白话文和标准语,白话文和文言文,白话文用词,白话文用语,白话文的句法,白话文构造,白话文的修辞,白话文的句读记号,附白话诗做法释理,件件都很明白的"。[①]这样的白话文,未必能够为新文化开路,倒是为新青年装点了不少门面。

为了满足社会对于理解新文化的普遍需求,1922年11月,商务印书馆还出版了有"现代智识宝库"之称的《新文化辞书》,由唐敬杲主持编纂,共80万字,1288页,精装一册,定价四元。1923年12月,商务印书馆以二元六角作限时特价促销活动,凡1924年2月底前寄回样张,承索即寄书。出版启事称:"我国近年来的新文化运动把国人的智识欲望增高高了。凡从

[①] 《上海拉斐德路新文化书社特别启事》,《申报》,1921年12月3日,"常识",第20页。

前博学深思之士所能备具的学问，一般民众都应该加以修习，而现代繁复的生活状况，亦非有丰富广博的智识不足以适应。本书的编纂原因，就是想把最适切的求知工具来贡献国人。"该书内容"范围广博，凡政治、宗教、经济、法律、社会、哲学、文艺、美术、心理、伦理、教育、以及自然科学方面，凡是和新文化有关系而为吾人所必需的智识，兼收并采，分条叙述。其中如各种学说思想，各项组织制度，和古今宏哲硕学之传记，都已尽量罗载。至于材料的精确、体裁的新颖和文辞的优越，更无待言了。……敝馆愿将此书热诚地提供于我全国人士，作为新文化运动之纪念的刊物，希望他能够普及于一般民众，为新文化前途放一异彩"。[①]

配合这次特价促销活动的书报介绍称："我国近年来的新文化运动，把我国人的知识欲突然增进，欧美各国的新学说，新知识，澎湃东来，于是《新文化辞书》就应运而生了。这书西名'An Encyclopedic Dictionary of New Knowledge'，就是《新学识百科辞书》的意思，一方面对西洋文化为整部的输入，一方面对于固有的外来文化，如佛教、基督教之类，也给以系统的叙述。凡各种学说、思想，各项组织、制度，以及古今对于人生有重大贡献的文人、学者、思想家、改革家等的传记，没有不包罗在内，全部分条叙述，为辞书式的编制，并有极详细的中西文索引，附在后面，取材异常精审，叙述异常详尽，文字异

---

① 《新文化辞书》，《申报》，1923年12月2日，第2页。

常优美,而价值之低廉,尤是出版界中所绝无仅有。"①

《妇女杂志》的记者从特定角度鼓吹《新文化辞书》的问世,强调:"对于妇女问题的一切学说、思想、以及其他讨论材料的介绍,也是这部书的一部分责任……如那恋爱、性教育、结婚、离婚、女子参政、生育制限等的问题,以及爱伦凯·珊格尔夫人等的叙传和学说之类,在这部书里,无不应有尽有。"编纂者唐敬杲希望"无论什么学识,都一览即得,在现在学术界中,实是一个最大的贡献"。编纂者的叙言称:学问做特权阶级装饰品的时代已经宣告终止,"我们所努力以企图到达的最高标的,是不愿和通常的辞典一样,不过为释疑解惑,临时检查参考之用,却要包罗各方面完全而有系统的知识,成为比较上扼要精善的一部分小小的百科辞书,以为知识界饥荒中一种差可满意的救济品","固然我们的能力很是薄弱的,而且这种事业,在我们国内,还属草创,我们岂敢存非分的奢望,要对于自今以后新文化运动的发皇光大,有多大的助力;我们但愿我国人,由着这个求知工具的产生,至少要在现在那样气闷与怠倦之中,得到一点兴奋的力量,大家继续不已地努力迈进起来,好使得新文化运动蔚成一个震烁百代的光辉"。记者认为,像这样热烈与自信的态度,是这部书的绝大的保证。②

---

① 《学生杂志》第11卷第1号,1924年1月,"书报介绍",第215页。
② 记者:《介绍〈新文化辞书〉》,《妇女杂志》第10卷第1号,1924年1月1日,第153页。

第四节　破产及补救

不过，新文化出版物盛行的热闹之下，也很快暴露出诸多问题，引起人们的批评。其中主要的意见就是指出版物内容浅薄，与新文化的应有之义以及社会各界的期待不相符合。从新思潮转入新文化运动，一方面要从单一的思想启蒙进入思想革新与社会改造的双轨，另一方面则必须从以知识青年为对象转向以社会大众为对象，因此，"自文化运动之说发现于吾国学界以来，国人之于学术，颇有注重平民化之趋势，如语体文之流行，出版物之增多，以及工读互助团、通俗讲演会等之创设，凡此殆无一非学术的平民化之特征也。以吾国数千年之文物政教，夙为士之一阶级所垄断，而孔学定于一尊，尤有助长偶像观念桎梏思想自由之流弊。此学术的平民化，诚为今日救时之良药"。

可是，"重视平民化之潮流过当，或竟以此为文化运动之止境"，则不免令人担忧。"盖文化运动之任务有二，其第一步在横的方面扩大文化之领域，其第二步在纵的方面提高文化之程度，将欲破除学术专制之锢习，而引起一般人对于新思想之欲求，第一步之功夫固必不可少，而欲为新文化植深厚之基础，使其有健全之出产物，以解慰思想界之饥渴，不至常藉半生不熟之名词,为聊以充饥之具,则尤非有少数人从事于第二步之功夫不可。"西洋史上如寺院教育之推翻,耶稣教义之革新,都是破除旧时的学术专制,扩大文化领域所致。"然其所以能推翻旧文化而别开近代文化之新局面者,则全赖文艺复兴以后,哲学家与科学家接踵而起,于各种专门学术有精深之研究,不绝之发明。惟吾国则不然,其以文化运动揭橥者,大都专从横的方面着想,而不知更从纵的方面努力。质直言之,则文化运动只显其前半截之任务,而后半截之任务,不啻已经流产。然则欲新文化有深厚之基础,又胡可得哉。"

没有深厚根基的文化运动表露于社会现象,如学术界空气为平凡主义通俗主义所窒塞,"致创造之才能,超奇之理想,末〔莫〕由发展";"横通耳食之风盛行,使人人对于学术思想,抱一生吞活剥不求甚解之习惯,而无深切之感受,彻底之了解";旧文化弱点暴露,新文化根底浅薄,均不足以安顿身心,解决疑难,于是青年学子遁入否定一切的虚无主义,甚至不胜思想烦闷与生活无味,而出于自杀。文化运动为时不过一年,三种现象无不具备,"是岂文化运动本身之过哉,亦不知进一步以建设新文化之基础故耳"。

对此,作者提出的改进之道,一是"与其为主义之宣传,毋宁为学理之讨论";二是"与其至演说坛上显头角,毋宁在自修室内用苦功";三是"与其以急进之手段,戟刺社会之感情,毋宁以平和之手段,养成社会之实力"。能够做到这些,

"则虽文化运动之任务，不知完成于何日，而吾人于其完成之过程上，必能有多少之贡献，则可断言也"。①仍然回到普及与提高的两难境地。

坚瓠所列举的表现及其开出的药方，未必能得到广泛认同。普遍而言，浮泛浅薄的现象有多种，主要表现之一，是缺乏批评精神，使得模仿盲从流行。有人坦言：

> 自从去年五四运动以来，国人感于国势之凌夷，学术之腐败，思想之顽固，因而发生觉悟，知道非从思想革新和学术改造上下手，中国决没有进步底希望，于是新文化运动遂应运而兴，冲破旧时底沉静，惊醒国人底迷梦，引导他们向光明的路上走。虽未能立刻实现那真善美底社会，且同时呈出了许多的破绽，而中国前途底一线曙光确是在这里啊！我们对于这种新文化运动是极表同情的，而且也很希望他能收最大的最良的功效。因为属望最切，所以失望也容易。我们失望的在甚么地方呢？就是缺乏批评的精神。你看！一种学说一出，只要稍为新鲜点的，那盲从附和的就不知有多少人！他们也不管那种学说底内容如何，可行不可行，及于社会底影响是怎样，只知道人云亦云，雷同，附和，好像那鹦鹉学舌一般，把人底话，一字

---

① 坚瓠：《文化运动之第二步》，《东方杂志》第17卷第19号，1920年101月10日，"评论"，第3—4页。

不遗地学说了一遍，就算完事！对于古人底信仰，固然是已经打破了，却建了一座新偶像；新偶像说东，他就不敢往西，新偶像说非，他就不敢说是，自己的命运，全握在新偶像底手中。一会儿有人说办杂志好，他就赶忙办杂志，一会儿有人说杂志办多了不好，不如改译丛书，他就马上停办杂志，去译丛书。(《新青年》说，人名地名的符号摆在右边，与其标点冲突，所以改在左边。其所办杂志所有标点都占一字位置，本无冲突，也都摆在左边。)偶然瞧见一两篇类似批评底东西，而理由既不充分，又多讥嘲口吻，哪里是批评，简直是谩骂！

专门无意识地模仿、盲从他人行为，实在是极危险事情。一则只有雷同，没有讨论，学术界容易陷入无生气的状态；二则不成熟的思想或学说在社会中流行，易滋流弊；三则不经过精详的商榷，则不能为深入研究，其结果必流为浅薄；四则没有研究，自信不深，纵然道理是对的，而一闻反对，便不免彷徨歧路而不知所措。"医治这种无意识的模仿、盲从、浅薄毛病底东西，就是批评的精神。因为批评是要经过仔细的研究的，多一分研究，便少一分盲从，多一番批评，连浅薄底弊病，也可免掉。我敢说现在底新文化运动，若不加入批评的精神，将来一定更会发生绝大的危险的。奉劝一班有觉悟的新青年们，快快养成批评的精神，无论对于新的学说，旧的学说，新的制度，旧的制度，新的思想，旧的思想，都一齐要去取舍，有所是非。批评底时候，须要用冷静的头脑，研究的态度，科学的方法，不要武断，不要谩骂。对于偶像底崇拜，要打破净尽，然而却不可因某种人现负微名，因而故意和他立异，对于他的主张，特别索瘢寻垢地去攻击他。总之，我们要保存我们的批评的精神要紧！"①少了批评的环节，不仅无法进步，连真正的新文化也难以成立。

主要表现之二，是重人文社会科学，轻视自然科学。本来编辑出版丛书旨在改变杂志普遍存在的浅薄的流弊，可是"《世界丛书》《新文化丛书》都已经在那里编辑了，如说新文化的意义，且限着哲学文学社会学的，那我可没有什么话说。如说新文化的意义，包含得更广一点，那末我觉得《常识录》与《高等科学专书》（狭义的科学）不见得在次要的地位。平民的智识荒，中等学生不能升学的知觉荒，我们也应该想法满足他们的欲望才是"。

在批评者看来，"我们现在所缺乏的是奔走服务的社会事业家Social Worker，我们也缺少试验管显微镜沉潜研究的科学家。默察社会上的趋势，又似于狭义的科学，缺乏兴味。所以我们更不能不有传布科学智识（科学常识）、增进科学智识的（高等科学的专著）出版物。现在有几个科学家，很不以偏向

---

① 周长宪：《批评的精神和新文化运动》，《批评》第1号，1920年10月20日，第2版。

一方为然。不过社会的兴趣，本来是从刺激提倡而起的，要普通人对于科学生兴味，还须请先进的科学家努力提倡，把明白而有系统的参考书，新颖易懂的出版物，创作传布，使普通人民有点科学常识，再不致灾来求神，祸来祈佛。这应与解放自决的鼓吹一般着重呢！"①

有人针对新文化运动的偏向，一方面赞誉"我国自'五四学潮'以来，介绍新思想的出版物忽然增加，新什么新什么和那各学校的日刊周报等，不下二百多种，德谟克拉西的声浪震动全国，解放呵，改造呵，自动呵，自治呵，这回子连带着种种事件，从前看作天经地义永世不变的，现下都摇摇不定成为问题了。这真是开国五千多年来所未有的，亦是时势如此，不得不这样的。这种'新文化运动'就是欧美日本也很惊讶，我们不置，谁人还敢厚非呢，谁人还不满意呢？"另一方面，作者及不少人对此并不满意，其主要之点"就是这新文化运动未免偏于人文的一方面"。"试看所出的书报，莫不是以传播新思想为主，换句话说，就是只向人的方面研究，而将那根本实用的物质撇开了。再换一句话说，就是新文化所产出的二百多种书报，没有一种是鼓吹物质科学——理科——的"。

造成如此局面，究其原因有四："（一）死文学不适合现代的情形；（二）战后世界潮流的冲动；（三）新文化起点是北京大学，而原动的人多系文学家，并不是理科专门家；

---
① 文宙：《随感》，《少年社会半月刊》第2卷第6期，1920年6月15日。

（四）理科是实验的科学，不是空空洞洞，凭笔墨口舌所可了事的，就是要提倡，也不像文科容易，并且不深有深入研究的人，更不能提倡。"四个原因又可简括为二："一、因时势的潮流，思想不得不变更。二、因国人不注重理科，对于理科没有几多兴味。"

为了说明理科有什么用处，应不应该提倡等问题，作者旗帜鲜明地提出，就目下情形看，要救中国，非极力提倡理科不可。因为："（甲）理科切实人生，为富民强国的无上利器。理科是讲自然界的现象，第一就是研究利用厚生的理法。"人必须穿衣吃饭住房，无论何人不能离开自然界而生活，所以必须要了解自然界。而且理科昌明，实业才能够发达，实业发达了，国家莫不富强。中外的强弱之分，关键就在重理科与不重理科。（乙）理科是改革思想及创造思想的好东西。所谓"致知在格物，物格而后知至"。格致就是理科的目的。"理科之所以能够改造思想，就是因为他是实在的精密的变化的进步的，我们研究他，可以破除迷信，可以免掉妄想，所以不知不觉的脑筋也就会活泼起来，精力也就会旺盛起来，只求进取，不想守旧。"那些保守"国稼""国糟"的，多半不是研究理科；欧美日本人，倒很喜欢研究理科；"从来称为思想革命——创造思想——的人，也都是研究理科，譬如阿里士多德（Aristotle）、牛顿（Newton）、以及发明进化公理的达尔文（Darwin）、发明互助公理的克鲁泡特金（Kropotkin）等，莫不是研究理科才渐渐觉悟这类道理。进一层说，他们多半是由生物界中才创造这种新思想出来。假如没有他们这宗议论出来推翻当时的腐败邪说，恐怕现下我们还在黑暗地狱里过日子，哪里能够得见这二十世纪庄严灿烂的文明。所以我说二十世纪的文明就是理科的结晶"。

理科与新思想比较，后者如刺激神经的兴奋剂——美酒等，前者如充饥的食物——米饭面包等，专饮美酒不足以饱肚子，但可以助消化增精神，况且中国体质虚弱，中国人神经过敏，所以不要专饮美酒，还是多吃些滋养的饱肚子的米饭面包才是。况且酒也是由米饭面包里造出来的，不过性质不同罢了。所以既要多饮美酒，更要放开肚皮吃饭。

文理两科相比，人文思想古今相差无几，比较古今之书，可知古人的知识分量虽远不如今人丰富，但是取得知识的工具即思想力，不见得有什么大变动。将近代思想高深的哲学巨子的著作与二千年前希腊时代的哲学书以及我国诸子百家的思想比较，大体无差甚至不及。而理科却是一日千里，飞速进步，就是与前十年比起来也有天渊之别，遑论百年千年前。显然理科更有助于思想进步。

中国本来没有所谓理科，就是从前有一点，也是无统系的片面的，势力很小。欧洲17世纪以前，一般人民醉心宗教，重视死文学，看不起科学，弄得毫无光彩，倒不如古希腊时代的气象。文艺复兴以后，一般人渐渐知道科学的要紧，热心研究，时有发明。变化如此之快，是因为17世纪以前有古吞伯尔西（Gutenberg）、哥伦布（Columbus）、柯伯尼克斯（Copernicus）、加里勒俄（Galileo）、克蒲拉（Kepler）等大发明家大发现家，于理科上多所贡献，唤醒他们的大梦，其后拉布勒（Rabelais）、孟特涅（Montaigne）、培根（Bacon）等诸大教育家主张"实验主义"，一矫从前轻视科学的恶习，思想界为之大变动，人人喜欢研究理科，发明日多，所以才产出近世的文明，以后更不晓得要发达到什么地步。

中国数千年来，重文学而轻物质，甚至诬科学为邪说，视机器为鬼怪，圣人之徒，且说"奇技淫巧圣王所禁"，把科学当作"形下"之学，毫不足道。直到近世欧美的物质文明如怒涛而来，自己着着失败，才晓得科学要紧，于是兴学校，重科学。可是开办学校几十年，理科到底有什么进步，一般号称有新头脑的身受科学之赐，只因自己不深懂理科，又想自高声价，还是背着良心说理科不足道。就是教理科的，也多半不得其法，敷衍了事，所以虽然兴学几十年，不说传播这宗思想的出版物如"麟角凤毛"，就是热心研究的人也数不出几个。近来数理化一方面渐渐有人注意，惟独博物一方面仍是漆黑的。以"地大物博""世界宝库"的资格，倒反弄到穷如水洗，民不聊生，日仰外人而生活，真可痛哭。

以我们这丰富的天产，自家不会利用，任外人尽量搜刮,把我们的生货做成熟货,又来骗我们的金钱,甚至做成枪炮来杀我们,世界宝库经得住几年?况且大战虽平,工商的大战更加利害,各国要恢复疲惫的元气,别处无技可施,非取这肥大无能的中国不可。所以近来损人利己的潮流更是汹涌而来。"象有齿以焚其身""匹夫无罪怀璧其罪",我国兴亡就在这点。国民呀,快快猛醒,先觉的人呀,快快提倡理科!

总括起来,我主张根本的救国要注重理科,并不是反对近日的新文化运动,不过理科也是文化的一部,物质文明就是中国最缺乏而最紧要的东西,那么博物一科更不得不积极提倡了。所以我很希望有志青年不要专鼓吹时髦的空虚的新思想,而把根本有用的理科放弃一边。[①]

提倡批评与重视理科之外,新文化运动的出版物还面临外部压力和内部危机的双重困境,北京大学的缪金源将这样的情势形象化为查抄与破产。所谓查抄,是指警察厅派人来将报纸杂志封禁,例如对北京的《每周评论》和对1920年7月下半月的《晨报》,或暗嘱邮局将报志扣留,例如对北大的《学生周刊》和上海《星期评论》。所谓破产,是指各报志的著者自己无文章可做,勉强做几篇塞责,例如《北大月刊》由陈启修编辑的一期,或偷钞其他报志的文章。

---

① 张禄:《理科救国》,《东方杂志》第17卷第6号,1920年3月25日,第90—93页。

缪金源认为，"查抄不足畏，破产真可怕"。因此着重对破产提出开源和节流双管齐下的方法。

"破产"的证据随在皆是。五四运动以来，国中的新报志共有400余种，所讲除劳工问题、妇女解放、自由恋爱、无政府、废考、废汉字以外，有没有别种问题？文章的题目也破产，例如女子解放应该从哪里做起？废止考试后应该怎样办？什么是文学？自由恋爱之我见，我之新人生观等等，大同小异。报志的名称也破产，有几种上面不冠一个"新"字？明明是"旧中国"，也叫"新中国"。北京有《新潮》社，上海也照样办一个；北京有《晨报》，他处马上就效法。其余以地方命名的，例如《新秦》《新陇》《新四川》，诸如此类，总可以证明中国人模仿的技能特别巧妙。

报志的名称和文章的题目雷同，尚不足为虑，内容千篇一律，就太不好看。连号称"新文化运动钜子"的人也没甚新颖的著作出现，足以证明大家的学术破产，应该赶快去开源。开源的方法，就是"读书"，尤其是多读外国书。"近来人的通病，就是爱看'杂志'，因为东掇西拾，就可以成一篇百衲衣的大文，很不愿看一本有系统的'书'。殊不知学问是有系统的，讨便宜不成，不但看一本书要有系统，即研究一种科学，也要有统系。"开源就是要逐渐形成大大小小的科学系统。

节流的方法与此相应，缪金源认为现在最有价值的杂志，要算《数理杂志》《博物杂志》《音乐杂志》《医事月刊》

《醒农》这些对于一种学问确有研究的专业杂志，其余就是《新青年》《新潮》《解放与改造》《建设》等，再其余恐怕不免东掇西拾，抄袭雷同了。从前的人研究一种东西总有参考书，例如考八股的读四书五经，作应制诗的读唐诗三百首。现在要研究的事体繁多，而杂志多如山积，反而令读书人为难。因此，除偏僻地方连新名词还没有听说过，应环境需求，该办几种杂志做"新名词运动"外，其余应该每种科学（广义的）各合全国的同志，集为一社，办一种杂志，例如《哲学杂志》《博物杂志》等，过三五年，再择尤印成丛刊，例如数理丛刊、新诗丛刊等。这样所出的稿件要淘汰录用，推动著者努力；而人们对于所要研究的科学，又得各手一编，可省读者的金钱，一举两得。有人说，中国人个性主义太发达，许多不相识的人结为一团体，不免倾轧，这种恶习，应该矫正避免。

杂志虽应少办，"通俗的小册子"却要多出。杂志的读者多是同类"智识阶级"中人，其余不识字的看不懂杂志。现在惟一的急务，是要各城镇乡各办一种定期的通俗小册子，上印注音字母，并讲说公民常识和科学常识（爱国的空话少说），提高一般人民的智识。如果人民程度没有提高，双十节尽管乘几辆汽车在马路上洒几千万张"社会革命"的传单，其功效直等于零！"我希望大家知道，所谓'新文化运动'破产的危险！我希望大家知道，不单是在报志上'做文章'就叫做'新文化运动'！我希望大家去专心读'书'，以创造新文化！"[1]

就出版而言，内容的提高与范围的普及，理应相辅相成。善用与滥用出版对于新文化运动产生的正负作用，引起人们的普遍关注。所谓"印刷品为灌输文明之利器，故共和诸国，咸解放著作家，与之以出版权，盖欲其以高尚之思想，借印刷品以为邮，而改造社会，启发愚蒙，俾人类进化不已，造成大同世界也。猗欤休哉，出版权诚吾人最可贵之权利，吾人安可不研究其利用之方，使不至丧失于无形耶？……欧战以后，各国'文化运动'之呼声日高一日，故思想界亦日见活动。……出版界际此时期，更为千钧一发之时代。盖稍有不慎，滥用此权，即足以阻止'文化运动'之进行，疲乏阅者之心理"。凡著作家，当自省其学问有无印刷价值，不可借文化运动沽名钓誉。而欲为文化运动著作家，一、当"研究""博览"中外文化史、哲学史，探世界进化之真相，文字改造之因果，及制造品发达之源始，由因究果，新陈相推，以及近代，然后不至隔阂。二、当研究社会情形及地土状况，人民知识心理之普及，不可任意高深，孤特其理想，华采其文词，只可供思想界贵族之观摩，不能收普及之效果。文化运动是普及平等的运动，非贵族主义运动，不能有高者愈高，低者弥低之弊。三、当有牺牲的决心与涵养工夫。不能牺牲者，必不能建设，不能涵养

---

[1] 缪金源：《所谓新文化运动的查抄与破产》（1920年10月7日），《批评》第1号，1920年10月20日，第3—4版。

者，必不能坚持。"良心者，即最高尚之系统，彼实有'限制''范围'之能力者也。"①

要想推广普及新文化，除了出版物的内容形式应该讲究改进外，经营的办法也不可忽视。其时代售方因为传播新文化不以营利为目的，主要着眼于推广，希望出版方给予通融优惠；而出版方则表示新文化的书刊未必赚钱，而且已经打折销售，很难赔钱经营。如"新文化丛书"的出版方表示，现在出丛书要兼顾三方面，一是著作者报酬不能过高，也不能太菲。但程度愈高劳力愈大的书，愈要求著作者牺牲。否则销路不多，书局的牺牲太大。二是读者购买力有限，只求普及，定价不能太高。三是书局的营业，只求不受损失，决不能忘记为新文化运动尽力。这是一定的趋向，希望国内外著作家给予一种同情。②

因为利益差异，出版和代售双方难免常常发生矛盾。邵力子认为各有道理，"传播新文化，的确不是一件容易的事。现在出版界方面，有些并无基本金，全恃报资为周转的，在这纸价飞涨的时候，如果代派者都迟不缴费，真有不能支持的苦衷。最近我看见《新生活》底启事，对于催缴报费，也十分认真。但我以为出版界对于学生组织的贩卖书报团体，也确应特别通融，因为学生贩卖书报，全是出于热心，卖出以后，断然

---

① 戴传印：《如何利用出版自由以收文化运动之效果》，《美汉》第3卷第4号，1920年，第7—9页。
② 《新文化丛书征稿启事》，《旅欧周刊》第28号，1920年5月22日，"专件"，第4页。

不至于有意欠费的"。①不过，出版图书毕竟有成本限制，《新文化辞书》刊行时，商务印书馆表示"将此书热诚地提供于我全国人士作为新文化运动之纪念的刊物，希望他能够普及于一般民众，为新文化前途放一异彩"。以6.5折特价销售，声称"其低廉为出版界所仅见"。即便如此，一般民众也很难承受2.6元的书价，所以还是难以畅销。

新文化运动推动新思想不胫而走，并不意味着出版新书就能够洛阳纸贵。清季梁启超办刊物可以获利，而保皇会的广智书局就不得不靠编制翻印科场书来努力扭亏为盈。新文化运动如火如荼的盛况之下，从事新文化运动的各方都是千辛万苦。当然。由此带来的良好声誉，也会有利于运动家和商家，不是简单的盈亏可以计算的。

---

① 《传播新文化者应互相了解》，《民国日报·觉悟》，1920年7月8日，"通讯"，第4页。

人名索引

白坚武　012 098
边　沁　073
蔡和森　135 255 256
　　　　300 301
蔡　湘　254
蔡元培　012 044 046 051 052
　　　　053 054 062 074 075
　　　　078 079 081 098 099
　　　　130 139 140 141 145
　　　　148 178 180 187 191
　　　　244 253 254 316 317
　　　　332 351 386 431
曹汝霖　012 098
曹　锐　362
曾　琦　180 222 271 288
陈大齐（百年）　101

陈独秀　019 044 045 046 047
　　　　056 081 085 088 089
　　　　092 093 095 100 101
　　　　103 107 108 110 113
　　　　117 118 121 122 123
　　　　124 125 126 127 129
　　　　130 131 132 134 136
　　　　139 154 155 156 157
　　　　158 159 161 162 164
　　　　165 166 167 168 169
　　　　170 171 172 173 174
　　　　175 176 177 178 179
　　　　190 196 197 199 200
　　　　203 204 205 206 207
　　　　208 216 243 244 254
　　　　301 383 391 421 431

陈范予（昌标） 316 318 327	181 201 232 233
329 332 334 341 342	邓春兰 394
352	邓中夏 300
陈衡哲 041 141	杜　威 054 060 076 125 242
陈炯明 380 381 382	243 246 326 327 329
陈企白 377 378	351 360 365 367 389
陈启天 046 126 203 204 207	391 430
265 266 267 269 270	杜亚泉（伧父） 431
289 300	段祺瑞 011 012 079 085 097
陈启修 103 328 444	098 350
陈润霖 254	方东美 242
陈霆锐 130	方　豪 053 182 249 251
陈望道 317 322	费哲民 123 192
陈寅恪 013 035 037	冯季铭 312
陈　湑（愚生） 180 222	傅斯年 037 148 149 217
陈　垣 189	高君宇 300
陈主素 326	高一涵 089 101 109 119 130
谌志笃 362	244
成舍我 358 359	哥伦布（Columbus） 443
程演生 244	古香伯尔西（Gutenberg，古
戴季陶（天仇） 057 058 059	腾堡） 443
060 079 087 096 130	顾颉刚 017

人名索引　451

顾孟馀（兆熊）	101 244	
郭秉文	067	
郭沫若	044 261	
侯德榜	130	
侯绍裘	300	
胡汉民	079 103 130 201 419	
胡 适	019 041 042 044 045	
	046 047 048 054 071	
	080 081 085 086 089	
	090 091 092 093 094	
	095 096 099 100 101	
	104 105 107 110 114	
	115 116 117 118 119	
	121 122 124 125 126	
	127 129 130 131 132	
	134 135 136 139 140	
	141 142 144 145 146	
	147 148 149 150 151	
	152 154 155 156 157	
	158 165 179 180 185	
	187 188 190 191 196	
	197 198 199 200 204	
	205 206 207 208 213	
	214 215 216 217 218	
	220 236 238 244 250	
	256 257 262 266 267	
	269 270 273 285 286	
	294 301 318 351 367	
	368 389 396 397 409	
	413 414 415 416 417	
	431	
胡先骕	123 125 199 208 210	
	213	
黄国元	068 069 070 072 153	
	403	
黄日葵	183 251 300	
黄炎培	080 129 303 323 326	
	327 329 351	
黄仲苏	271	
加里勒俄（Galileo，伽利略）		
	443	
江亢虎	253	
蒋百里	413	
蒋介石	086 299	

蒋梦麟	053 068 075 077 078	白尼） 443
	079 081 087 090 091	柯劭忞 189
	099 130 140 141 145	克蒲拉（Kepler，开普勒）
	190 191 192 198 216	443
	348 402	孔　子 136 196 261 262
蒋作宾	130	拉布勒（Rabelais，拉伯雷）
金　布	350	443
靳云鹏	011 012 098	雷宝华 222
经亨颐	303 305 306 307 308	李　达 300
	309 310 311 312 313	李大钊 085 089 100 117 118
	314 315 316 318 321	120 121 123 130 180
	322 323 324 325 330	181 221 222 228 229
	331 332 333 334 336	230 231 232 233 239
	337 338 344 346 347	243 244 278 279 280
	349 350 351 367 368	289 295 300 328 431
	369	李汉俊（先进） 057
康白情	059 103 180 181 182	李济丞 372
	183 187 222 225 228	李石岑 186 391
	232 233 249 251 261	李石曾 251 255
	296	李叔同 307
康　德	073	李思纯 271
柯伯尼克斯（Copernicus，哥		李燮和 389

人名索引　453

梁启超（任公） 011 013 025
　　　　　　 027 037 050 055 174
　　　　　　 175 189 200 217 328
　　　　　　 348 386 389 413 431
　　　　　　 449
梁漱溟　044 251
梁思慜　370
廖仲恺　201 419
刘半农　089 101
刘衡如　272 282 283
刘仁静　280 296 300
刘师复　254
刘文典　101 130
鲁　迅　044 046 047 089 101
　　　　 106 110 111 112 113
　　　　 120 136
陆象山　073
陆宗舆　012 098
罗家伦　049 050 130 244
罗　素　178 211 271 391
马子贞　364
毛泽东　122 135 253 255 256

　　　　 257 258 300 301
孟寿椿　103 180 183 251
孟特涅（Montaigne，蒙田）
　　　　 443
缪伯英　300
缪金源　099 152 187 188 444
　　　　 445 447
潘光祖　385
培　根（Bacon） 443
戚　扬　388 389
钱　穆　015 016
钱玄同　089 101 102 105 118
　　　　 119 141 156 196 197
　　　　 260
任鸿隽　041 130 141 251
阮仲勉　383
沈定一（玄庐） 060 061 348
　　　　 350
沈兼士　130
沈尹默　089 101
沈泽民　300
沈仲九　312 329 332 345 347

施存统 318 341

司徒雷登 306 307

宋育德 389

苏甲荣 135 272 273 274 276 321

孙逸仙（中山） 045 046 055 056 079 116 131 201 214 232 296 419

邰爽秋 283

谭仲逵 041 141

汤尔和 129

汤化龙 055 328

汤 松 254

唐继尧 392 393

唐敬杲 432 434

唐 隽 177 178 179

陶孟和 101 130 185 244 414

陶知行 067 391

田 汉 221 261 264

屠敬山 189

汪精卫（兆铭） 130 201 419

汪懋祖 310

王光祈（润玙） 103 135 136 180 219 221 222 225 227 228 239 240 243 244 245 259 260 272 284 286 287 288 290 291 292 293 294 295 296 297 298 299

王克私（Philipe de Vargas） 216

王无为 353 357 358 359 363 366 375 381 387 391 392 393 394

王锡镛（庚三） 312

王星拱 101 244

王岫庐 430

王揖唐 374

王正廷 166

魏时珍（嗣銮） 221 259 260

吴蔼航 383

吴光祖 384

吴 宓 044 047 111 112

吴佩孚（子玉） 357 372 373

人名索引 455

吴　虞　　101 103 104 105	杨贤江　　247 249 277 300 329
吴稚晖（敬恒）　057 087 130	330
253 409 431	杨以德　　362
夏敬观　　320 334 335 337 338	叶楚伧　　130
350	易白沙　　101
夏康农　　132 133 136	易家钺（克嶷）　155 180 221
夏丏尊　　312	余家菊　　127 128 263 264 271
熊知白　　185 391	余天栋　　068 069
徐朗宣　　383	俞子夷　　326
徐树铮　　011 012 098	袁世凯　　011 098 102 296
徐特立　　254	袁同礼（守和）　180
徐彦之　　180 183 251 366	恽代英　　245 246 252 253 262
许德珩（楚僧）　180 181 182	263 264 270 271 280
249	284 300
许寿裳　　387 388 390	张东荪　　130 247 413
严　复　　384	张国焘　　053
严慰慈　　101	张敬尧　　390 391 398
阎锡山　　364 367 368	张静庐　　361 362 367 370 375
颜任光　　041 141	377 392 393
燕树棠　　041 141	张君劢　　055 328 413
杨葆元　　372	张申府（崧年）　101 178 244
杨昌济　　184 185 186 187	张闻天　　289 290 299 300 301

张星烺	189	朱黛痕	149 150 411
张　勋	011 102	朱剑凡	254
张耀宣	383	朱希祖	101 130
张一麐	130	朱执信	130 201 382 419
张　瞻	332	宗白华（之櫹）	221 227 228 233 234 236 237 238 239 250 259 260 261 271
章士钊	027 044 046 047 085 092 106 107 108 109 110 156 157 186 237 322 386		
		左舜生（学训）	221 241 244 271 288 295
章太炎	250		
章宗祥	012 098		
赵戴文（次陇）	368		
赵世炎	300		
郑伯奇	135 262 264 265 276		
郑曼陀	177 178		
郑振铎	046 400 401 411 412 426 427 428		
周恩来	362		
周斡庭	363		
周建人	130		
周作人	089 100 101 113 119 130 244		

人名索引　457

征引文献

报刊

《北京大学日刊》
《北京大学学生周刊》
《北京大学月刊》
《本社社务纪要》
《晨报》
《晨报副刊》
《大公报》(长沙)
《第二女子师范学校校友会汇刊》
《东方杂志》
《妇女杂志》
《公正周报》
《沪江大学月刊》
《甲寅周刊》
《建设》
《江苏省立第二女子师范学校校友会汇刊》
《教育潮》
《教育丛刊》
《教育新刊》
《教育杂志》
《教育周报》
《教育周刊》
《旅欧周刊》
《美术》
《美汉》
《民国日报》
《民国日报·觉悟》
《民心周报》
《闽星半周刊》
《努力周报》

《批评》

《青年生活》

《清华校友通讯》

《清华周刊》

《少年社会半月刊》

《少年世界》

《少年中国》

《少年中国学会会务报告》

《申报》

《沈阳高等师范周刊》

《盛京时报》

《时事新报》

《文艺会刊》

《现代教学丛刊》

《现代评论》

《新潮》

《新妇女》

《新教育》

《新民丛报》

《新青年》

《新人》

《新社会》

《新闻报》

《新学报》

《新学生》

《新月》

《新中国》

《星期评论》

《兴华》

《学生》

《学生杂志》

《语丝》

《浙江省立第一师范学校校友会志》

《浙江新潮》

《中国与南洋》

书籍论文

《经亨颐日记》，杭州：浙江古籍出版社，1984。

《李大钊文集》，北京：人民出版社，1984。

《鲁迅全集》，北京：人民文学出版社，2005。

《钱玄同文集》，北京：中国人民大学出版社，2000。

《浙江革命烈士书信选》，杭州：浙江人民出版社，1986。

坂井洋史整理《陈范予日记》，上海：学林出版社，1997。

卞僧慧纂，卞学洛整理《陈寅恪先生年谱长编（初稿）》，北京：中华书局，2010，第146页。

蔡和森：《蔡和森文集》，北京：人民出版社，2013。

曹伯言、季维龙编著《胡适年谱》，合肥：安徽教育出版社，1986。

曹伯言整理《胡适日记全编》，合肥：安徽教育出版社，2001。

陈平原：《"新文化"的崛起与流播》，北京：北京大学出版社，2015。

陈群等编《李四光传》，北京：人民出版社，1984。

陈守实：《学术日录［选载］·记梁启超、陈寅恪诸师事》，《中国文化研究辑刊》第1辑，上海：复旦大学出版社，1984。

陈万雄：《五四新文化的源流》，北京：生活·读书·新知三联书店，1997。

陈以爱：《"五四"前后的蔡元培与南北学界》，吕芳上主编《论民国时期领导精英》，香港：商务印书馆，2009。

陈以爱：《五四运动初期江苏省教育会的南北策略》，《国史馆馆刊》第43期，2015年3月。

陈以爱：《五四运动期间江苏省教育会的角色》，中国社会科学院近代史研究所主办"纪念五四运动90周年学术研讨会"论文。

陈智超编注《陈垣来往书信集》，上海：上海古籍出版社，1990。

邓绍基：《关于"新文化运动"这一名称》，中华书局编辑部编《学林漫录》第14集，北京：中华书局，1990。

房芳：《"新文化"如何成了一种"运动"——以"少年中国学会"为中心的探究》，《学术月刊》2009年第1期。

高平叔编《蔡元培全集》，北京：中华书局，1984。

高平叔：《蔡元培年谱长编》，北京：人民教育出版社，1996。

耿云志：《胡适年谱》，香港：中华书局香港分局，1986。

郭双林：《"甲寅派"与现代中国社会文化思潮》，北京：人民出版社，2015。

杭州一中七十五周年校庆筹备办公室编印《杭州第一中学

校庆七十五周年纪念册》，1983。

胡颂平编著《胡适之先生年谱长编初稿》，台北：联经出版公司，1990。

黄炎培著，中华职业教育社出品，中国社会科学院近代史研究所整理《黄炎培日记》，北京：华文出版社，2008。

蒋梦麟：《西潮》，沈阳：辽宁教育出版社，1997。

李永春、史飞：《少年中国学会与1920年北京大学学生游日团》，《民国研究》2014年秋季号。

李永春：《"问题与主义之争"和少年中国学会》，《安徽史学》2006年第3期。

李永春：《少年中国学会史》，重庆：西南师范大学出版社，2021。

梁启超：《饮冰室合集》，北京：中华书局，1989。

鲁迅博物馆鲁迅研究室编《鲁迅年谱》（增订本），北京：人民文学出版社，2000。

马宝珠：《中国新文化运动史》，台北：文津出版社，1996。

欧阳哲生编《胡适文集》，北京：北京大学出版社，1998。

欧阳哲生主编《傅斯年全集》，长沙：湖南教育出版社，2003。

欧阳哲生：《新文化的源流与趋向》，长沙：湖南出版社，1994。

彭鹏：《研究系与五四时期新文化运动：以1920年前后为

中心》，广州：中山大学出版社，2003。

钱穆：《中国历代政治得失》，北京：生活·读书·新知三联书店，2001。

桑兵：《"北洋军阀"词语再检讨与民国北京政府》，《学术研究》2014年第9期。

桑兵：《关键年代的小历史——1919年的事件与日常》，《社会科学战线》2018年第1期。

桑兵：《近代中国学术的地缘与流派》，《历史研究》1999年第3期。

桑兵：《清末各省大学堂与现代中国大学的缘起》，《清史研究》2022年第1期。

桑兵：《辛亥国事共济会与国民会议》，《近代史研究》2015年第2期。

桑兵：《辛亥汤寿潜的革命转向》，《民国档案》2021年第4期。

沈自强主编，赵子劼、徐柏年、黄梅英副主编《浙江一师风潮》，杭州：浙江大学出版社，1990。

孙玉蓉：《〈李四光年谱〉中出现的时间误差考索》，《天津大学学报（社会科学版）》第11卷第4期。

王光祈：《少年中国运动》，上海：中华书局，1924。

王光祈先生纪念委员会编印《王光祈先生纪念册》，1936年12月。

征引文献　463

王奇生：《革命与反革命：社会文化视野下的民国政治》，北京：社会科学文献出版社，2010。

王奇生：《新文化是如何"运动"起来的》，《近代史研究》2007年第1期。

吴小龙：《少年中国学会研究》，上海：上海三联书店，2006。

吴小龙：《少年中国学会研究——从最初的理想认同到政治思想的激烈论争》，中国社会科学院博士学位论文，2001。

吴元康整理《胡适史料续辑》，《民国档案》2008年第3期。

伍启元：《中国新文化运动概观》，上海：现代书局，1934。

肖永明、陈翔宇总主编，李清良、陈仁仁主编《岳麓书院讲演录》，长沙：湖南大学出版社，2022。

许恪儒整理《许宝蘅日记》，北京：中华书局，2010。

杨昌济：《达化斋日记》校订本，长沙：湖南人民出版社，1981。

杨剑龙：《"五四"新文化运动与基督教文化思潮》，上海：上海人民出版社，2012。

杨天石主编《钱玄同日记》（整理本），北京：北京大学出版社，2014。

袁一丹：《另起的新文化运动》，北京：生活·读书·新知三联书店，2021。

恽代英：《恽代英全集》，北京：人民出版社，2014。

张彬、经晖、林建平编《经亨颐集》，杭州：浙江大学出版社，2011。

张菊香、张铁荣编著《周作人年谱》（增订本），天津：天津人民出版社，2000。

张允侯、殷叙彝、洪清祥、王云开：《五四时期的社团》，北京：生活·读书·新知三联书店，1979。

章含之、白吉庵主编《章士钊全集》，上海：文汇出版社，2000。

浙江省立第一师范学校同学编印《浙潮第一声》，1920。

中共中央文献研究室、中共湖南省委《毛泽东早期文稿》编辑组编《毛泽东早期文稿》，长沙：湖南出版社，1990。

中国蔡元培研究会编《蔡元培全集》，杭州：浙江教育出版社，1997。

中国革命博物馆整理《吴虞日记》上册，荣孟源审校，成都：四川人民出版社，1986。

中国李大钊研究会编注《李大钊全集》，北京：人民出版社，2013。

中国社会科学院近代史研究所《近代史资料》编译室主编《五四运动回忆录》，北京：知识产权出版社，2013。

中国社会科学院近代史研究所编，杜春和、耿来金整理《白坚武日记》，南京：江苏古籍出版社，1992。

中国社会科学院近代史研究所编《五四运动与民族复

兴——纪念五四一百周年研讨会论文集》，北京：社会科学文献出版社，2021。

周策纵：《五四运动：现代中国的思想革命》，周子平等译，南京：江苏人民出版社，1996。

周月峰：《另一场新文化运动：五四前后"梁启超系"再造新文明的努力》，北京：北京大学出版社，2023。

壹卷
YE BOOK

洞见人和时代

官方微博：@壹卷YeBook
官方豆瓣：壹卷YeBook
微信公众号：壹卷YeBook
媒体联系：yebook2019@163.com

壹卷工作室
微信公众号